敦煌医学研究大成

总主编　李金田

敦煌医学与转化教育部重点实验室组织
中医学、中药学、中西医结合等学科编写

总 论 卷

主编　李应存　史正刚

中国中医药出版社
·北 京·

图书在版编目（CIP）数据

敦煌医学研究大成.总论卷/李金田总主编；李应存，史正刚主编.——
北京：中国中医药出版社，2020.5（2025.5 重印）

ISBN 978 - 7 - 5132 - 6170 - 8

Ⅰ.①敦…　Ⅱ.①李…②李…③史…　Ⅲ.①敦煌学—
中国医药学—研究　Ⅳ.①K870.64

中国版本图书馆 CIP 数据核字（2020）第 046591 号

中国中医药出版社出版

北京经济技术开发区科创十三街 31 号院二区 8 号楼
邮政编码　100176
传真　010-64405721
北京盛通印刷股份有限公司印刷
各地新华书店经销

开本 710×1000　1/16　印张 18　字数 224 千字
2020 年 5 月第 1 版　2025 年 5 月第 2 次印刷
书号　ISBN 978 - 7 - 5132 - 6170 - 8

定价　90.00 元
网址　www.cptcm.com

服 务 热 线　010-64405510
购 书 热 线　010-89535836
维 权 打 假　010-64405753

微信服务号　zgzyycbs
微商城网址　https://kdt.im/LIdUGr
官 方 微 博　http://e.weibo.com/cptcm
天猫旗舰店网址　https://zgzyycbs.tmall.com

如有印装质量问题请与本社出版部联系（010-64405510）

《敦煌医学研究大成》编委会

虎峻瑞（银川市第三人民医院）

金　华（甘肃中医药大学）

段永强（甘肃中医药大学）

袁仁智（甘肃省中医院）

曹　晴（甘肃中医药大学）

梁永林（甘肃中医药大学）

蔺兴遥（甘肃中医药大学）

《敦煌医学研究大成·总论卷》编委会

季文达（甘肃中医药大学）

曹　晴（甘肃中医药大学）

章天明（甘肃中医药大学）

梁永瑞（甘肃中医药大学）

梁丽娟（甘肃中医药大学）

梁建庆（甘肃中医药大学）

葛　政（中国中医科学院）

陈　序

　　"敦者，大也。煌者，盛也。"敦煌，这个诗一般的名字，既是历史上该地区社会经济贸易和文化状况的实情描述，也是对国际显学——"敦煌学"博大精深内涵的高度概括。敦煌石窟实乃一座"艺术的殿堂"，发现于1900年的敦煌藏经洞，从中出土了公元4～11世纪的佛教经卷、社会文书、刺绣、绢画、法器等文物5万余件。这一震惊世界的发现，为研究中国及中亚古代历史、地理、宗教、经济、政治、民族、语言、文学、艺术、科学技术提供了数量相当巨大、内容极为丰富的珍贵资料，因而被誉为"中古时代的百科全书""古代学术的海洋"。

　　敦煌文化是一种多元交融、包容开放的"和谐"文化。不同民族、国家和地区的人们在这个舞台上进行着经济、文化的交流、碰撞和融合，共同推动了社会的发展和文明的进步。各种文化在这里汇聚，各美其美，美人之美，美美与共。因为多元共存，敦煌壁画才显得崇高唯美、鲜活生动；因为开放包容、和谐共存，敦煌遗书才成为了"学术的海洋"。著名敦煌学者季羡林先生指出："世界上历史悠久、地域广阔、自成体系、影响深远的文化体系只有四个：中国、印度、希腊和伊斯兰，没有第五个；而这四个文化体系汇流的地方也只有一个，那就是中国的敦煌和新疆地区，再没有第二个。"在这种多元文化的浇灌下，催生出一朵朵艳丽的艺术和科技奇葩，而敦煌中医药文献则被学术界誉为是"敦煌学"中的新宠。

　　自1915年春罗振玉得"《本草经集注·序录》残卷"并影印

刊行，敦煌遗书医学卷首次面世至今已阅百年。在此期间，国内外的学者们对敦煌中医药文献的整理研究一刻也没有停止过。然相比较而言，20世纪70年代以前为初步整理、原件复制及个别卷子研究阶段。

1959年，我曾在《人民保健》第二卷上发表《关于敦煌石室旧藏〈伤寒论·辨脉法〉残卷》的论文，是根据当年中医研究院院长鲁之俊出访英伦带回的大英博物馆原件照片考证的，此照片材料当年交由我整理研究。其主要内容经研究整理结果如下：

《伤寒论·辨脉法》残卷的名称问题：由于该残卷卷首缺，无题，所以关于残卷的名称问题，学者们有不同的看法，罗福颐称之为《脉经》残卷，日本学者渡边幸三则称之为《伤寒论》残卷或《辨脉法》残卷。前者称之为《脉经》残卷，我们认为易与王叔和《脉经》相混淆；后者称之为《伤寒论》残卷或《辨脉法》残卷，我们认为亦不够明确。经我与陈维养医师详细核对，其内容与现存的《伤寒论·辨脉法》大致相同，不过因残卷卷首缺，作者未能肯定，所以不能贸然称之为《张仲景伤寒论·辨脉法》残卷，但我们认为称之为"《伤寒论·辨脉法》残卷"较为妥当。

《伤寒论·辨脉法》残卷抄写年代的推测：因为该残卷系敦煌石室的旧藏，所以在推测残卷的抄写年代之前，有必要简略地讨论一下残卷何时传入敦煌的问题。敦煌位于我国西北，自汉时起它便是我国通向西域的孔道。西汉张骞出使西域以后，中国与西域的交通就很频繁。魏晋南北朝时，由于国内连年混战及外族侵入，汉族南迁，所以对西域的交通便远逊于前，甚至中断。隋统一中国（581年）以后，人民生活较为安定，生产力也有提高，促进了经济和文化的发展，与西域通商的需要亦随之而来。所以隋炀帝时与西域的通路就有北道、中道及南道三路，其中北道、中道是经过敦煌的，可见敦煌在隋朝时是相当重要的地方。唐朝，特别是自唐太宗至唐玄宗的百年中，继承隋朝，经营西域有加无已，自开元以后，对外交通除陆路外尚有繁盛的海路（南可通印度、南洋、波斯、大食，北可通日本、朝鲜），但对西域的交通则大不如前，尤其是公元 763 年"安史之乱"以后，河陇一带被吐蕃所占，其后虽曾收复，但唐亦无力控制，因此经敦煌至西域的道路就陷于冷落的地位。交通的繁盛必然带来文化的交流。以上简短的回顾说明，自汉代起就有经敦煌和西域通商及文化交流的历史。但如认为残卷早在汉时便传入敦煌的话，那显然是不可能的。因为从书写字体上看，残卷的字体是楷书，而汉时尚盛行隶书。至于魏晋南北朝虽已用楷书，但从其与西域交通的情况来看，可能性是极小的。由此可见，残卷以隋末唐初传入敦煌的可能性最大。同时，在敦煌石室所发现的文物中也以唐初的为最多，这也说明了上述的可能性。

应当提及的是，残卷中有许多字没有避讳，如坚（杨坚，隋文帝，581—605 年）、世（李世民，唐太宗，627—649 年）、治（李治，唐高宗，650—683 年）等。残卷中未避讳的可能因素有二：一因残卷非官书，避讳可以不严格；二为残卷的抄写年代可不在以上三个皇帝在位之时，但却可在隋末唐初的其他时间。

总之，我与陈维养教授认为残卷的抄写年代在隋末唐初的可能性最大。这也说明《辨脉法》的著作年代很可能在隋末唐初，或者更早些。

我与陈教授曾对《伤寒论·辨脉法》残卷与现存《伤寒论·辨脉法》作了比较：在对《伤寒论·辨脉法》残卷（以下简称残卷）与成无己《注解伤寒论》（以下简称成本）、赵开美重刻宋本《伤寒论》（以下简称赵本）及康熙年间陈世杰重刻《金匮玉函经》（或称《伤寒论别本》）（以下简称玉函）中的辨脉法内容作了比较，发现了以下几个问题：

其一，《伤寒论·辨脉法》残卷中有四段文字为成无己《注解伤寒论》及赵开美重刻宋本《伤寒论·辨脉法》中所没有的。今抄录于下：

嗳嗳如吹榆荚名曰数。

趺阳脉微涩，少阴反坚，微即下逆，则躁烦，少阴紧者，复即为难，汗出在头，谷气为下，复难者，愈微溏，不令汗出，甚者，遂不得便，烦逆鼻鸣，上竭下虚，不得复通。

脉虚而不吐下发汗，其面反有热，令色欲解，不能汗出，其身必痒。

跌阳脉浮而微，浮则为虚，微即汗出。

其二，在核对过程中我们发现，残卷与《金匮玉函经·辨脉法》间之出入较少，而与成本及赵本之"辨脉法"出入较多，成本、赵本相互间出入亦少。这可能因为《金匮玉函经》自元佚后至清重现，其间后世未有更多文字上的修订之故。所以，残卷的出现，对于校勘《伤寒论·辨脉法》是有一定意义的。

其三，残卷文字较为简洁，"者""也"之类文字较少，成本与赵本则较多，玉函次之。这可能因为当时印刷术尚未发明，纸张的使用也不如今日普遍而方便，能省去的字尽量省略，所以文字较为简洁。

关于《金匮玉函经》是否清代伪托的问题：清代陈世杰重刻的《金匮玉函经》有人认为是清代伪托的，但也有人不同意，意见颇不一致。我们在对照敦煌旧藏《伤寒论·辨脉法》残卷与现存《伤寒论·辨脉法》的内容时发现，成本及赵本中所缺的四段文字在《金匮玉函经》中都有。此外，上面已经提到，《金匮玉函经·辨脉法》与残卷间文字出入较成本、赵本"辨脉法"与残卷间的文字出入为少。这些有力地说明，康熙年间陈世杰重刻的《金匮玉函经》系清代伪托的说法是值得商榷的。

我们认为，敦煌石室旧藏的《伤寒论·辨脉法》残卷对于研究仲景著作具有一定的价值。

唐诗云："沉舟侧畔千帆过，病树前头万木春""春来遍是桃花水，不辨仙源何处寻"。对敦煌中医药学文献的研究，自20世纪80年代以来便进入了系统整理、全面研究和蓬勃发展的阶段。成立于20世纪70年代末的甘肃中医药大学，早在建校之初就开展了对敦煌中医药文献的研究，并代有传人，学者辈出，取得了辉煌的研究成果。赵健雄教授的"敦煌医学研究"课题得到了当时国家教委（教育部）的立项资助，首次提出了"敦煌医学"的概念，确立了敦煌医学系敦煌学分支的地位。继其后者有李金田、李应存教授等，对敦煌医学文献研究有素，是当代敦煌医学研究的著名学者。自 2015 年起，我组织编纂"中华文化与中医学"系列丛书，由他的学术团队编写的《敦煌文化与中医学》，以独特的敦煌文化内涵立意，核心要素凝练升华到位，论证说明内容充实，从文化的大背景下审视中医学术发展的内在原因所在，取得新进展。

到了 2019 年，李金田教授的团队又对敦煌医学研究的成果进行了全面的梳理总结，以《敦煌医学研究大成》丛书的规模呈现给同行学者和广大读者。在分卷中，除对《诊法卷》《医方卷》《本草卷》《针灸卷》等传统基本内容的研究成果集中展示外，还对当今备受读者关注和青睐的《养生杂论卷》进行了挖掘整理。另外，《形象医学卷》《藏医学卷》和《专著与人物卷》的设立也很有创意，不仅使敦煌医学的内涵更加丰富，同时也将所有在敦煌医学研究领域有一定影响的学者及其著作推而广之，为学习和研究者提供了更加广阔的平台与空间。该套丛书的编纂，无疑是敦煌医学研究成果的集大成者，对广大的同行学者也将具有"检点行装再出发"的现实意义。

《敦煌医学研究大成》丛书即将陆续付梓面世，金田教授邀我作序，谨以此序祝贺本书面世。

陈可冀

2019 年 12 月于北京

*陈可冀：中国中医科学院教授，中国科学院院士，国医大师。

郑 序

在敦煌壁画和敦煌文献之中，敦煌医学图像资料相对研究的人少一些。敦煌医学研究主要集中在敦煌文献资料中，就这些文献资料来说，主要有医理方面的资料，更多的是本草类医学文献、医方类医学文献、针灸类医学文献和养生类医学文献，敦煌医学的研究也主要集中在这些方面，甘肃中医药大学有从事敦煌中医研究的传统，而且成果卓著。

我留校初期，1983年中国敦煌吐鲁番学会成立之后，开始对敦煌文献进行了有计划的整理和研究。那时作为刚从学校里出来的我，虽然在北京大学、首都师范大学、杭州大学等地方进修过，但对研究则处于懵懂状态，既没有研究方向，也不知道如何进行研究。我经常给其他老师做助教，先后做过周丕显、张代经、马明达老师的助教，特别是马明达老师，兴趣很广，而且有中医的家学传统，对敦煌医学文献兴趣浓厚，他让我跟着他从事敦煌医学文献的整理和研究。

我对医学一窍不通，一点基础都没有，从1983年后半年开始依靠着一本王重民的《敦煌遗书总目索引》，守着两柜子的敦煌微缩胶卷，开始了艰难的录文工作，为此到中医学院买了他们的教材，还有中医学原理等书，囫囵吞枣地看了很多这方面的书，特别是买了李时珍的《本草纲目》，从头到尾看了一遍。1984年年底，敦煌医学文献整理分给了中国中医研究院（现中国中医科学院）的马继兴先生。马继兴先生是有名的中医学家，因此马明达老师建议我们放弃敦煌医学文献整理研究，改行做历史、地理和敦煌史地文献的研究，以后再也没有动过敦煌中医文献，那些当年的录文还放在书房的角落里。这是我与敦煌医学研究的一段缘分。

后来甘肃中医药大学的李应存教授跟我攻读博士，主要从事俄藏敦煌医学文献的整理研究；河西学院医学院的田永衍教授从上海中医药大学博士毕业到敦煌学研究所做博士后，我是他的合作导师。他们俩是我指导过从事医学文献研究的学生。有了这层关系，我与甘肃中医药大学的合作交流慢慢多了起来。加上他们申请下来了敦煌医学国家重点实验室和甘肃省敦煌医学重点研究基地，则联系更加紧密切。

甘肃中医药大学有敦煌医学研究的传统，特别是将近40年持之以恒地发展敦煌医学研究，将敦煌医学作为学校的特色学科，拥有了敦煌医学的话语权，占领了敦煌医学研究和开发利用的高地，且具有无可替代的地位。尤其是李金田校长主持工作以来，对敦煌医学的推进更大，成立了敦煌医学研究及文化传承专业委员会，将敦煌医学研究推向国际，将敦煌医学的视野推向了世界。

敦煌医学研究不仅关注敦煌医学文献，还关注敦煌的其他文献研究，关注其他学科的研究成果。首先是敦煌历史文献资料的研究。敦煌地理文献记载，唐敦煌的文化建设中设置有医学。P.2005《沙州都督府图经》记载了三所学校州学、县学和医学："医学：右在州学院内，于北墙别构房宇安置。"根据《新唐书·百官志》记载，州设医学博士一人"掌疗民疾苦"。P.2657《唐天宝年间沙州敦煌县差科簿》记载："令狐思珍载五十一，翊卫，医学博士。"医学博士就是敦煌医学中教授医学知识的老师，令狐家族也是敦煌的世家大族，因此令狐思珍的医学知识具有家传性质，应当说是医学世家。P.2862唐《天宝年代敦煌郡会计牒》记载，敦煌郡草坊"合同前月日见在杂药，总贰佰陆拾斤"。乌山、双泉、第五、冷泉、广明等五成"合同前月日见在杂药，总壹佰伍拾斤叁两"。这些军队驻守的地方保存这么多草药，主要是军队将士使用，同时我们推测驻守的军队中肯定有敦煌医学培养出来的生员服役。病坊"合同前月日见在杂药,总玖佰伍拾斤贰拾枚"。制药工具有铛、釜、盆、罐、锁、刀、镘头、锹、泥漫、床、食柜、药柜、药杵、药臼、吃单、步砣、食单、鏊子、案板、手罗、拭巾、白氎、席、绯绝、盘、甋、瓮、碗、匙、箸、木盆、食盒。病坊可能与我们今天医院的功能差不多,很可能就是敦煌地区最早的医院。从事敦煌医学研究还要关注敦煌地理文书记载的全国各地的特色物品即土贡,其中就包括名贵药材的出产地。比如 P.2522《贞元十道录》记载,当归出产于悉州、柘州、静州、保州、恭州、翼州等,麝香出产于悉州、柘州、静州、保州、霸州、恭州、翼州等,羌活出产于柘州、静州、保州、恭州等,升麻出产于霸州,大黄出产于翼州。敦煌市博物馆藏唐地志残卷也记载很多地方特色药材出产地,不同地方出产的药材其作用差别很大,用药非常注意药材的产地。这些记载都应当引起我们的关注。

晚唐五代,敦煌涌现出了一批医学家,他们对敦煌医学的发展起到了很大的推动作用。吐蕃占领敦煌之后,敦煌地区的学校制度遭到了破坏,敦煌医学同州学、县学一样被破坏,医学教育同汉文化一样从官府走向民间、走向寺院,寺学教育发展起来。其接替州学起到了培养医学人才的责任。

僧人要求有五明,五明中就有医明。从吐蕃统治时期起,一批僧人出生的医学家活跃在敦煌地区,其中有索崇恩、翟法荣等。他们既是敦煌地区的名僧,也是敦煌地区的名医。

索崇恩的医学事迹见于 P.4010+P.4615《索崇恩和尚修功德记》。其记载:"性逸巢游,倚绳床而不待。劲持高操,低意下人;蕃落信知,众情恢附。虎徒祇顺,□驾先迎;劝以八关,布行十善。瓜、凉、河、陇,相节尊重。门师悲同药王,施分医术。故使道应神知,得垂加被,则天□(花)落沼,花无染着之衣;饭念香城,饭有人天之供。瓶添行潦,鏊舍无余。尊座洞户,费除积聚;求□□日,造寺办心。不求有□之财,但取自来□□。□银缕像,饰就万□;紫磨庄龛,日供千箔。闻声两集,割己纳于佛前;应响云奔,徙负输于造寺。"索崇恩是敦煌的名僧，吐蕃和张氏归义军时期担任过都教授，吐蕃宰相和节度使都很尊重他，大中五年（851年）唐宣宗皇帝给吴洪辩的授牒中就记载了向索崇恩赐丝绸等物品，说明他的地位很高、影响力很大。

瞿法荣是归义军建立之后第二任都僧统，他的事迹载于P.4660《都僧统瞿和尚邈真赞并序》。其记载："前河西都僧统京城内外临坛大德三学教授兼毗尼藏主赐紫故瞿和尚邈真赞。河西后都僧统京城内外临坛供奉大德都僧录兼教谕归化大法师赐紫沙门悟真撰。兹绘像者，何处贤良。瞿城贵族，上蔡豪强。璧去珠移，柯叶分张。一支从宦，徙居敦煌。子孙因家，棣萼连行。间生斯息，桂馥兰芳。幼挺英灵，跱步殊常。风威卓荦，壮志昂藏。出家入道，雅范凤彰。游乐进具，止作俱防。五篇洞晓，七聚芬香。南能入室，北秀升堂。戒定慧学，鼎足无伤。俗之襟袖，释侣提纲。传灯暗室，诲喻浮囊。五凉师训，一道医王。名驰帝阙，恩被遐荒。迁加僧统，位处当阳。符告紫绶，晶日争光。机变绝伦，韵合宫商。灵山镌窟，纯以金庄。龙兴塔庙，再缉行廊。鏊舍房资，供设无疆。丰修恳恳，景福禳禳。翼恁谋孙，保期永昌。成基竖业，富与千箱。天命从心，寝疾于床。世药无效，色力转尫。美角先折，今也则亡。门人聚哭，哀恸穹苍。林间水噎，殿上摧梁。一如荼毗，涕泪无侠。邈生前兮影像，笔记固兮嘉祥。使瞻攀兮盼盼，想法水兮汪汪。沙州释门法师恒安题。"他的医术被称作河西一道的医王，足见瞿法荣的影响不仅仅在佛教事业上，而且在医学上的造诣也很高。

此外还有敦煌佛教教团中法律索智岳，他的事迹载于P.4660《前沙州释门故索法律智岳邈真赞》。咸通十一年（870年）他死后，时任河西都僧统京城内外临坛供奉大德都僧录唐悟真专门为他撰写邈真赞，对他进行了高度赞颂："间生仁贤，懿德自天。早明梦幻，喜预真诠。投缁割爱，顿息攀缘。鹅珠谨护，浮囊鉴全。真乘洞晓，儒墨兼宣。六精了了，三寸便便。威仪出众，心地无偏。琢磨存念，若矢在弦。涛（陶）染靡亏，理事穷研。寒松比操，金石齐坚。上交下接，众所推先。殷勤善诱，直示幽玄。药闲中道，病释两遍。门传孝悌，习敦壁田。见探汤兮隐后，闻善士兮趋前。芳名才秀，可惜少年。奈悬蛇兮遘疾，何梦奠兮来迁。神游净界，骨瘗九泉。叹朝华兮夕落，嗟福命兮非延。三界火宅，八苦交煎。修短荣枯，业系能牵。门徒悲兮切切，俗感兮绵绵。贸丹青兮彩遐，笔毫记兮功镌。"

另外还有金光明寺的索法律。文德二年（889 年）他死后，都僧统唐悟真也为他撰写了邈真赞。P.4660《金光明寺索法律邈真赞并序》记载："钜鹿律公，贵门子也。丹［墀］之远派，亲怃则百从无疎。抚徒敦煌，宗盟则一族无异。间生律伯，天假聪灵；木秀于林，材充工用。自从御众，恩与春露俱柔；勤恪忘疲，威与秋霜比严。正化无暇，兼劝桑农。善巧随机，上下和睦。冀色力而坚久，何梦奠而来侵。邻人辍春，闻者伤悼。赞曰：堂堂律公，禀气神聪。行解清洁，务劝桑农。练心八解，洞晓三空。平治心地，克意真风。灯传北秀，导引南宗。神农本草，八术皆通。奈何梦奠，交祸所钟。风灯运促，瞬息那容。缋像真影，睛盼邕邕。请宣毫兮记事，想殁后兮遗踪。"称赞他精通神农本草和八种医术。

敦煌文化的特色就是中西文化交融与碰撞，特别是敦煌地区胡人在文化交流中扮演了重要的角色。敦煌医学事业同样体现出中西文化交流的特点，粟特人医学家史再盈就是其中的代表。

五代后晋时期，敦煌有个粟特人医学家，学兼中西，医术兼具中医和印度医学的造诣，敦煌文献 S.4363《后晋天福七年（942 年）七月史再盈改补充节度押衙牒》记载了他的事迹："敕归义军节度使牒。前正兵马使银青光禄大夫检校太子宾客兼试殿中监史再盈。右改补充节度押衙。牒奉处分，前件官，龙沙胜族，举郡英门。家传积善之风，代继忠勤之美。况再盈幼龄入训，寻诗万部而精通；长事公衙，善晓三端而杰众。遂使聪豪立性，习耆婆秘密之神方；博识天然，效榆附宏深之妙术。指下知六情损益，又能回死作生；声中了五脏安和，兼乃移凶就吉。执恭守顺，不失于俭让温良；抱信怀忠，无乖于仁义礼智。念以久经驱策，荣超非次之班；宪帙崇阶，陟进押衙之位。更宜纳效，副我提携；后若有能，别加奖擢。件补如前，牒举者，故牒。天福柒年柒月贰拾壹日牒。使检校司徒兼御史大夫曹示。"司徒指归义军节度使曹元深，曹元深就是因为史再盈的医学造诣且兼具中西而擢升他为节度押衙，由此可见敦煌地区的医学家以学兼中西为荣。

敦煌药材市场上常见的药材既有出产于西域的胡椒、高良姜、荜茇、诃梨勒等，也有出产于中原的人参、橘皮、芍药等。硇砂主要出产于粟特的康国。应当说，敦煌药材市场上的大部分药材主要靠进口。敦煌的药材市场上，外来药材充斥。从敦煌文献记载看，敦煌市场上既有专门开店卖药、坐堂行医的胡人，也有长途贩运的胡商。他们把波斯、印度等西域地区的药材贩运到敦煌进行出售，同时把敦煌市场上的其他商品运到西域地区销售。因此，敦煌地区虽然出产药材不多，但是敦煌药材市场上的药材却非常丰富，有从中原地区进口的，也有从西域贩来的，还有从吐蕃贸易所得的。我们从敦煌市场上的商品可以看到敦煌在中外科技文化交流中的作用，以及这种交流发展的程度。

晚唐五代，敦煌贸易市场上之所以有大量的外来药材，主要是中外药材商人的结果。敦煌文献中有许多关于东来西往药材商人的记载。《辛巳年（981年）十二月十三日周僧正于常住库借贷油面物历》记载，壬午年二月"十四日酒伍瓮，渠北坐瞿胡边买药用"。这是粟特人在敦煌开店售药的记载。本卷文书还记载，三月"九日酒壹瓮，阿柴唁胡边买药用"。这位阿柴唁不是胡人，而是吐谷浑人或吐蕃人，表明藏药在敦煌市场上也有出售，反映出当时藏汉文化在敦煌地区交流之频繁。另记载："七月一日粟壹斗买赤钱子用。"

《归义军衙内油面破历》记载了一批从事药材生意的僧人。他们中有波斯人、于阗人、印度人、凉州来的温末僧人和中原来的汉僧等。文书特别注明"廿六日支纳药波斯僧面壹斗"。所谓"纳药"，实际上是带有归义军官府垄断性质的商业贸易交换。同时也看出归义军政权对中外药材贸易非常重视。

西域地区出产的药材在敦煌市场上比较常见，根据敦煌文献记载，主要有胡椒、高良姜、荜茇、香附子、诃梨勒等。《某僧向大德乞药状》记载了一位僧人向当寺大德乞药治病的情况。所乞请的药有橘皮、桂心、附子、香白芷、茱萸、干姜、芍药、高良姜、草豆蔻、芎䓖、人参、胡椒、诃梨勒、黄麻、地黄、细辛、黄药、天麻、牛膝、天南星、牵牛子、茯苓、槟榔、荜茇、黄连等，其中大部分不产于敦煌地区。根据《魏书·西域传》的记载，波斯以出产胡椒、荜茇、石蜜、诃梨勒、香附子、千年枣、无食子、盐绿、雌黄等而著称。《旧唐书·西戎传》记载波斯出产无食子、香附子、诃梨勒、胡椒、荜茇等药物。由是得知，胡椒、荜茇、诃梨勒、高良姜等出产于西域地区，橘皮、桂心、干姜、芎䓖、槟榔等出产于中原南方地区。《医方》记载的所用药物中有胡椒、诃勒。诃勒即诃梨勒。特别是诃梨勒作为波斯地区的特产，在敦煌地区使用普遍。

《己丑年（929年）五月廿六日应管内外都僧统为道场纳色目榜》记载，当时受戒式叉尼须向普光寺方等道场纳色目中有诃梨勒：“应管内外都僧统榜。普光寺方等道场纳色目等印三科。右奉处分，令置受戒道场，应管得戒式叉沙弥尼等，沿法事，准往例合有所税，人各麦油一升，掘（橛）两筳，诃梨勒两颗，麻十两，石灰一升，青灰一升，苴其两束。诸余沿道场杂要敷具，仍仰道场司校量差发，不得偏并，妄有加减。仍仰准此条流，不在违越者。己丑年五月廿六日榜。”诃梨勒达到了每个受戒者都能交两颗的要求，足以说明诃梨勒在敦煌贸易市场上是一种比较常见的外来药物。敦煌研究院所藏《酒账》记载“廿一日，支纳诃梨勒胡酒壹瓮”，说明交纳者为胡人，是一种进口药物。除此之外，作为药物和香药进入敦煌贸易市场的也很多。《蒙学子书》药物部第十记载有龙眼、荔枝、槟榔、鳖甲、生姜、人参、胡椒、川芎、穿山甲、陈橘皮、安息香等，也表明敦煌药物市场上外来商品之丰富。矾分两种：一是铁矾，宋·陈元靓《事林广记·辛集卷之一》药石辨正记载，铁矾出自河东石灰中，色如铁黑。二是“金线矾，波斯矾是也，形状微黄味淡，如牙硝为用火溶之，以物引之，如金线者，乃真"。敦煌市场上的矾是从波斯贸易进口的金线矾还是从河东得来的铁矾，我们还没有证据说明，但是无论是来自何处，都是敦煌地区的进口商品。

大量香药由丝绸之路进入敦煌市场，故丝绸之路也称香药之路。《吐蕃占领敦煌时期乾元寺科香帖》记载："道澄下张上座……计廿一人，共科郁金、乳头、旃檀香等分共一两。戒临下法闰……法颙，准前科。道初下惠悟……法明，准前科。自省下静寂……平平，准前科。你妙灯下惠藏……普明，准前科。慈恩下杜真空……菩提。以前六件三色等香各二两，限今月十三日送纳乾元寺。"这是出家之时寺院对拟出家的僧尼科征的香药，说明这些香药在敦煌地区十分常见。

《金光明最胜王经卷第七》记载："沐浴之法，当取香药三十二味，所谓菖蒲、牛黄、苜蓿香、麝香、雄黄、合昏树、白及、芎䓖、枸杞根、松脂、桂皮、香附子、沉香、旃檀、零陵香、丁子、郁金、婆律膏、笔香、竹香、细豆蔻、甘松、藿香、苇根香、吐脂、艾纳、安息香、芥子、马芹、龙花须、白胶、青木皆等分。"这些香药有出产于龟兹、大秦、波斯、康国、漕国、天竺。就是说，这些香药基本出产于印度、波斯等地，大都是外来的。

《年代不明（980—982年）归义军衙内面油破用历》记载："甘州来波斯僧月面七斗，油一升。牒密骨示月面七斗。廿六日支纳药波斯僧面一石，油三升。""汉僧三人，于阗僧一人，波罗门僧一人，凉州僧一人，共面二斗。""胡牒密骨示月面七斗。"牒密骨示可能是来自西域回鹘或者黠戛斯等地的商人，波斯僧很可能商队中的景教徒，他们都是从事药材贸易的胡人。医学是中西文化交流的主要内容，敦煌不仅有胡医，还有从事医药贸易的胡商，商品中也有来自西域的药材，其身份有官员、商人，还有僧人充斥其中。

随着西域的医学家和从事医药生意的胡商进入敦煌，西域的医术也进入敦煌并得到传播。S.381《龙兴寺毗沙门天王灵验记》记载："龙兴寺毗沙门天王灵验记。本寺大德僧日进附口抄。大蕃岁次辛巳［岁］闰二月十五日，因寒食，在城官僚百姓就龙兴寺设乐，寺卿张闰子家人圆满至其日暮间，至寺看设乐。遂见天王头上一鸽，把一小石打鸽不着，误打神额上指甲许破。其夜至家卧，未睡，朦胧见一金蛇，突圆满眼上过，便惊觉怕惧，遍体流汗，两眼急痛，黑暗如漆，即知是神为害。至明，令妹牵手至神前，志心忏谢，晨夜更不离，唯知念佛。便向僧智寂处受得天王咒，念佛诵咒，经六日六夜五更，闻有语声：'何不念佛行道？'圆满思惟：'眼不见，如何行道。'又闻耳中：'但行道自有光明。'忽见一枝莲花赤黄色，并有一灯，去地三尺，亦不见有人擎。但逐灯花道行，至后院七佛堂门，灯花遂灭，便立。乃闻闹语声，乃是当寺家人在外吃酒。回至后厨门便入，片时即散。其灯花依前还见，又逐灯花，行至神前，圆满两目豁然，依前明朗，一无障碍。圆满发愿，一生施身与天王作奴供养。自尔已来，道俗倍加祈赛，幡盖不绝，故录灵验如前记。鸣钟振响觉群迷，声振十方无量度。救拔众生长夜苦，一切地狱得停酸。闻钟卧不起，护法善神嗔；现世福德薄，来世受蛇身。咸通十四年四月廿六日题记耳也。"表面看这是灵验记，实际上就是白内障手术在敦煌的典型案例。此外，同样的白内障手术案例还记载于《沙州释门都教授张金炫阇梨赞并序》。曰："阇梨童年落发，学就三冬。先住居金光明伽蓝，依法秀律师受业，门弟数广，独得升堂。戒行细微，蛾（鹅）珠谨护，上下慕德，请往乾元寺，共阴和上（尚）同居。阐扬禅业，开化道俗，数十余年。阴和尚终，传灯不绝，为千僧轨模，柄一方教主。慈母丧目，向经数年；方术医治，意（竟）不瘥退。感子至孝，双目却明；后经数年，方尽其寿。幽两寺同院，此寺同湌，如同弟兄。念其情厚，略述本事，并赞德能。炫教授门弟诸贤请知旧事。因婆两目再朗，复是希（稀）奇，笔述因由，略批少分。希哉我师，解行标奇。处众有异，当代白眉。量含江海，广运慈悲。戒珠圆洁，历落芳菲。孝过董永，母目精晖。一方法主，万国仍希。禅枝恒茂，性海澄漪。帝王崇重，节相钦推。都权僧柄，八藏蒙施。示疾方丈，世药难治。阎浮化毕，净土加滋。声闻有悟，忧苦生悲。菩萨了达，生死如之。灵神证果，留像威仪。名传万代，劫石难移。"张金炫母亲的感子至孝双目却明就是白内障手术，只不过敦煌人将其神化而已。白内障手术就是由胡人医学家带入中国的医术，它在敦煌传播足见外来医学在敦煌的影响力。

敦煌医学研究还要关注历史学的资料。

研究敦煌医学还要关注敦煌其他文献的敦煌医学资料，比如相面、解梦中的医学内容。这些既是中国古代人民生活经验的总结和实践，也是医学知识在其他学科的普及和传播。敦煌解梦文献中非常注重人的面部气色。面部气色分本色和客色，相面主要看客色，根据客色推测人的身体状况和运气。面部黄色滋润是好气色，其次黑色、白色、青色和红色都是不好的颜色。黑色、青色和白色表示身体有病，红色表示肝火旺盛，容易生气。特别是风面有尘，就是我们说的面色土苍苍的，也是不好的颜色。哪些颜色好呢？根据敦煌相书记载，眉目白黑分明，面色光白，光泽滋润，眼目鲜明，面如满月，言语清朗捷利，行走稳健，龙虎凤行，具备这些特征的肯定身体强壮，精神饱满，这与中医诊断中的"望"是一个道理。这里面毫无疑问有迷信和宗教的成分，但也有人们生活经验的总结。敦煌梦书的很多记载同样了反映人的身体状况，也是医学研究的内容。我们应当将敦煌研究的领域扩展一些，注意与其他学科的交叉，并接受其他学科的内容，这对敦煌医学的发展和提升会起到积极的作用。

李金田校长主持编纂的《敦煌医学研究大成》丛书，邀我为之写序，我对敦煌医学没有深入的研究，只能将自己的一些肤浅认识写出来，权为其研究做个引子吧！

2019 年 12 月于兰州大学

*郑炳林：兰州大学教授，长江学者，兰州大学敦煌研究所所长。

前 言

立足新时代，扛起敦煌医学研究的大旗

在恢宏灿烂的"敦煌学"体系中，"敦煌医学"确属新宠。

20世纪70年代以前，学者对敦煌文物医学史料的研究也仅限于对原件的复制和初步的整理。如1915年春，罗振玉得到日本橘瑞超从敦煌石窟中劫走我国现存最早的原抄本草学著作《本草经集注序录》残卷影印本，遂影印刊行，这是敦煌遗书医学卷的首次面世。1925年，罗振玉辑印的《东方学会丛书·敦煌石室碎金》，又收入了他从日本狩野直喜处转抄的《〈食疗本草〉残卷》。1948年，罗福颐从当时北平图书馆收存的英、法劫走的敦煌遗书照片中选取医药部分，与日本黑田源次的《法国巴黎国立图书馆藏敦煌石室医方书类纂稿》手抄本、黑田氏影印的原藏于德国普鲁士学士院的四种敦煌古医书相参照，加上罗氏家藏的卷子，共计残卷、残简50件，摹写汇集成《西陲古方技书残卷汇编》。1958年，王庆菽等发表《英国伦敦不列颠博物馆藏敦煌卷子中的古代医药方文献图片》。随着研究的逐步开展，罗振玉、王国维、李盛铎、王重民、刘铭恕、向达、罗福颐、范行准、姜亮夫等学者致力于敦煌遗书的整理和编目，其中涉及医药残卷的编目及阐述题跋者。期间也有对于个别医学卷子的专门研究，有20余篇论文发表。其中具有代表性的如：范行准的《敦煌石室藏六朝写本本草经集注校注》、日本渡边幸三的《罗振玉

敦煌本〈本草集注序录〉跋的商榷》、日本中尾万三的《〈食疗本草〉之考察》、侯详川的《中国食疗之古书》、戴志勋的《食疗本草之研究》、日本渡边幸三的《〈食疗本草〉的书志学研究》、洪贯之的《唐显庆〈新修本草〉药品存目的考察》、马继兴的《在我国历史上最早的一部药典学著作——唐〈新修本草〉》、尚志钧的《现存〈唐本草〉残卷的考察》、谢海洲的《补辑〈新修本草〉》、陈可冀的《关于敦煌石室旧藏〈伤寒论·辨脉法〉残卷》、马继兴的《唐人写绘灸法图残卷考》等。关于敦煌壁画中医学内容的研究，最早是周宗岐对196窟刷牙图的报道，他发表的《揩齿考——从敦煌壁画"揩齿图"谈到我国历代的揩齿、刷牙和洁齿剂》论文，揭开了研究敦煌壁画医学史料的序幕。

进入20世纪80年代，敦煌文物医学史料的研究出现了系统整理、全面研究的繁荣局面。首先是藏医文献的整理和研究。洪武娌的《敦煌石窟〈藏医杂疗方〉的医史价值》和王尧等的《敦煌本藏医学残卷介绍》最先在《中华医史杂志》1982年4期发表。紧接着，洪武娌和蔡景峰又发表了《现存最早的灸法专著——〈敦煌古藏医灸法〉残卷》。更有分量的成果是中央民族学院罗秉芬、黄布凡编译出版的《敦煌本吐蕃医学文献选编》。书中收载藏文抄写的吐蕃时期藏医文献四卷，作者精心考证，汉文翻译，并经著名藏医强巴赤列审定。藏医残卷抄写于公元8～9世纪，在《四部医典》成书之前，是迄今所见西藏最早的古文献。卷中论及多种常见病的藏医治法，以及火灸和割刺放血疗法，说明早在8世纪，藏医已具有相当水平；同时可见唐代汉、藏医学的交融和印度、波斯医学的传入，反映出当时各民族文化、各种医药学的广泛交流。

敦煌医药残卷因近古而广泛应用于散佚医籍的辑校，颇具规模的有《新修本草》和《食疗本草》两书。《新修本草》是唐政府在公元659年颁发的我国乃至世界第一部国家药典，敦煌《新修本草》残卷（P.3714、S.4534、P.3822）等存药46种，最早的抄写时间距该书颁行不到10年，朱墨杂书，极近原貌，故以该卷为可靠底本。1981年，尚志钧辑校的《唐新修本草》全书辑复本出版。《食疗本草》是唐代孟诜所撰的我国第一部食疗专著,敦煌《食疗本草》残卷(S.76)存药 26 种,朱墨分书,基本保持了原书体例。1984 年,谢海洲等辑复的《食疗本草》,即以敦煌残卷为可靠底本。随着研究人员和涉足的范围不断扩大,研究论文日益增多。如王洪图的《敦煌古医经残卷与〈素问·三部九候论〉之异文考释》、谭真的《敦煌本〈食疗本草〉残卷初探》、马继兴的《敦煌出土的古针灸图》、王惠民的《敦煌壁画刷牙图考论》、黄仑等的《敦煌石窟气功功法概要》、欧阳广瑛的《敦煌补益方中十味药物微量元素分析》、张军平等的《敦煌长寿方药延缓衰老的实验研究》、张侬的《敦煌〈脉经〉七方考》、王冀青的《英国图书馆藏〈备急单验药方卷〉的整理和复原》等。

1988 年,马继兴主编的《敦煌古医籍考释》出版。该书是系统整理研究敦煌遗书医学文献的专著。书中收载敦煌卷子医书 80 余种,分为医经类,五脏论类,诊法类,伤寒论类,医术类,医方类,本草类,针灸类,辟谷、服石、杂禁方类,佛家、道家医方类,医史资料 11 类,每种医书按照"书名""提要""原文""校注""按语"及"备考"6 项叙述,书前有"导言",阐述敦煌医学卷子的来源、保存情况、整理研究工作、文献学特征、时代考察和学术价值。该书的特点和重要意义是:全面收载了现存可见的各种敦煌遗书中的医药文献;文献学研究精详,诸如卷子的形制、出处、成书年代、撰者、抄写年代及文字校注等,翔实可靠;简述了每种医书的主要内容、方药功用、主治、方义,以及与其他古文献资料的对照和阐发,概述了敦煌医药文献的学术价值。该书将敦煌医药文献的研究推进到系统整理研究阶段,有很高的学术价值和实用价值。

至此,敦煌医药文献的整理研究逐渐成为敦煌学中的新宠,成为敦煌宝藏中最后绽放的奇葩。

成立于 20 世纪 70 年代末的甘肃中医学院(2015 年更名为甘肃中医药大学),建院伊始就对敦煌医药文献的整理研究表现出了极大的关注。自 1984 年起,赵健雄、徐鸿达、王道坤、张绍重、丛春雨、张侬、宋贵杰、李金田、李应存、史正刚、刘喜平、李应东等百余名老师主持或参与了敦煌医药文献的整理、考订、阐发，敦煌医方的临床实践，敦煌方药的药理研究，以及敦煌医学的教学尝试等。到目前为止，35 年中，已经出版的研究专著有赵健雄的《敦煌医粹》，丛春雨的《敦煌中医药全书》，刘喜平的《敦煌古医方研究》，李应存等的《俄罗斯藏敦煌医药文献释要》，李金田、戴恩来的《敦煌文化与中医学》等 15 部，公开发表研究论文 150 余篇，先后获得国家社科基金和教育部科研项目资助 4 项、甘肃省及兰州市科学研究项目资助 20 余项。特别是由赵健雄、王道坤、徐鸿达等主持完成的"敦煌医学研究"项目，首次提出了"敦煌医学"的新概念，指出其内涵是整理研究敦煌遗书、敦煌壁画，以及其他敦煌文物中医药史料的一门科学。敦煌医学是敦煌学新的分支，与敦煌文学、敦煌史地、敦煌音乐、敦煌舞蹈属同一层次，而与中医学、西医学不是并列概念。1989 年，该项目通过部级鉴定，全国著名的医学史、中医文献学、中医学、敦煌学专家方药中、刘渡舟、李经纬、余瀛鳌、施萍亭、齐陈骏、周丕显等对该项研究给予了很高评价，认为"令人信服地确立了敦煌医学作为整个敦煌学分支学科的地位"，填补了敦煌学研究的空白，居国内外领先地位。1991 年，该成果获得国家科技进步三等奖。"敦煌中医药馆"也于 1993 年获普通高等学校优秀教学成果省级一等奖、国家级二等奖，被科技部、中宣部、教育部、中国科协确定为全国青少年科技教育基地。

1994 年，丛春雨团队在马继兴《敦煌古医籍考》的基础上，对敦煌医学的卷子又一次进行了较为全面的整理，涉及的卷子数量增至 80 余种，突出阐述了壁画医学（形象医学）的内容，初步实现了对敦煌医药文献的全面整理。

此后，以李金田、李应存、史正刚、刘喜平等为代表的新一代学者，在继续挖掘整理敦煌医学文献的基础上，将敦煌医学的研究成果成功地用于教学，开设了"敦煌医学汇讲"选修课，深受学生的好评，作为"特色教学"项目，得到教学水平评估专家的首肯。

2012 年，教育部在甘肃省批准建立了第一个以医药类基础研究与应用基础研究为主的重点实验室——"敦煌医学与转化"重点实验室，下设敦煌医学文献研究基地、敦煌医学实验研究基地、敦煌医学临床应用与转化基地 3 个基本功能平台，参与研究的专兼职科研人员达 65 人。其中教授、主任医师 37 人，具有博士学位者 28 人，涵盖中医学、敦煌学、文献学、药理学、药剂学、病理学、分子生物学、临床医学等多个学科，为敦煌医学文献、文化传承、方药应用基础及临床应用研究等奠定了坚实的基础，确定了敦煌医学学术特色的挖掘、敦煌医学文献的数字化信息提取与整理、基于甘肃中藏药资源的敦煌古医方应用基础研究、敦煌医学研究成果的转化应用等 4 个研究方向。实验室针对敦煌医学发展过程中存在的文献资料散在、信息资源共享度不高、敦煌医方及诊疗技术的机制研究不够深入、敦煌医学成果转化应用不够广泛等瓶颈问题，以敦煌医学传承研究为起点，以敦煌医学开发转化研究为重点，系统挖掘敦煌医学学术特色，推动信息资源快速查询与共享，开展敦煌医方和其他诊疗技术的基本理论及作用机制研究，推进敦煌医学成果转化。截至目前，实验室已设立开放科研基金 80 余项，实现成果转化 9 项：①院内制剂：敦煌消定膏、敦煌消痹痛贴、敦煌活络洗液、敦煌石室大宝胶囊、平胃胶囊、姜胃灵胶囊；②敦煌古方美容面膜：美白玉颜面膜、养颜消斑面膜；③其他：敦煌 272 腹带。

2015 年，李金田、戴恩来主编的《敦煌文化与中医学》，以独特的视角、翔实的史料、严谨的论证，阐明了敦煌文化与中医学思想的内在联系。其得到总主编陈可冀院士的好评，出版后荣登"2017 年度好书推荐"榜。

2016 年，我校第一附属医院（甘肃省中医研究院）潘文、袁仁智出版的《敦煌医学文献研究集成》，收录了自敦煌藏经洞发现后近百年来研究敦煌医学的论著和部分论文。其以目录概览和文章辑录的形式，从文献研究、临床应用、实验观察、其他相关研究四个方面，全方位、多层次地展示敦煌医学博大精深的内容，以为中医学人及敦煌学研究者提供学术参考。同年年底，袁仁智的导师、南京中医药大学教授沈澍农的《敦煌吐鲁番医药文献新辑校》，将敦煌医学文献的收集整理推向了一个新的水平。

2019年，世界中医药学会联合会"敦煌医学研究及文化传承专业委员会"成立大会在甘肃省敦煌市召开，李金田教授当选为专家委员会第一届理事会会长。专家委员会将以设立敦煌医学论坛、承办学术会议、请进专家交流、派出访问学者等多种形式，增强学术氛围，扩大国内外学术影响力，推动敦煌医学的转化研究，并让敦煌医学走出馆藏、走向课堂，走出经卷、走向实践，走出国门、走向国际。

早在20多年前，赵健雄教授就曾对敦煌医学的研究前景作过满怀信心的展望：目前研究涉及的敦煌遗书医学卷近百卷，随着国内外敦煌遗书的不断发现和公布，医学资料还会进一步充实，尽快编辑出版一部《敦煌医学文献全集》，已为研究所急需。敦煌壁画中医学内容的全面深入考察，必将有新的发现；敦煌出土的汉简及其他文物中的医学史料，需要细致的发掘和认真整理；遗书、壁画和文物的综合研究，更有待于开拓。可以预言，随着敦煌学的发展和敦煌文物考古事业的推进，敦煌医学史料的发掘整理研究一定会有丰硕的成果和重大的发现，敦煌医学研究成果在发展应用方面，前景十分广阔。

如今，伟大祖国的中国特色社会主义发展已经进入了高质量发展的新时代，敦煌医学的文献研究也应该掀开崭新的篇章。正像习近平总书记在2019年9月19日视察敦煌研究院时所指出的："研究和弘扬敦煌文化，既要深入挖掘敦煌文化和历史遗存蕴含的哲学思想、人文精神、价值理念、道德规范等，更要揭示蕴含其中的中华民族的文化精神、文化胸怀，不断坚定文化自信。""要推动敦煌文化研究，服务共建'一带一路'，加强同沿线国家的文化交流，增进民心相通。要加强敦煌学研究，广泛开展国际交流合作，充分展示我国敦煌文物保护和敦煌学研究的成果。"

因此，全面总结100多年来敦煌医学文献研究的成果，挖掘、拓宽新的研究空间和领域，已经是摆在我们面前的历史任务，我们责无旁贷，又必当仁不让。

立足新时代，我们必须扛起敦煌医学研究的大旗！

为此，我们组织编写了这套《敦煌医学研究大成》丛书，其框架结构及内容如下。

《敦煌医学研究大成·总论卷》 李应存、史正刚主编。该卷主要论述了敦煌藏经洞遗书的发现及医学卷子的来源、保存情况；敦煌医学的概念、学术价值及敦煌医派概要；敦煌医学研究的经历、现状及展望；敦煌医学主要内容介绍；甘肃中医药大学（原甘肃中医学院）在"传承敦煌医学文化、提升学生综合素质、凸显敦煌医学办学特色"等方面的概况。

《敦煌医学研究大成·简明总论卷（英文版）》 李应存、史正刚主编，张艳萍翻译。该卷是从《敦煌医学研究大成·总论卷》中精选出适合国外读者学习以及适于国际交流的内容，将其翻译成英文，让敦煌医学真正走出国门，造福于人类，同时展示我们在敦煌医学领域的研究成果。

《敦煌医学研究大成·诊法卷》 田永衍主编。该卷上卷对英、法、俄等国所藏敦煌医学文献中 8 类 27 部诊法类卷子，在前人研究基础上，以高清图影与文字对照的形式，进行进一步的整理校勘与注释，尤其对前人校注中可能出现的错误与疏漏进行了进一步考证；下卷以题录加摘要的形式摘编了近 40 年学术界对敦煌诊法类卷子的研究论文，以期能够较为全面地反映敦煌诊法类卷子的研究现状。

《敦煌医学研究大成·医方卷》 刘喜平、段永强主编。敦煌古医方，创源久远，现存单方、复方 1100 余首，涉及医经卷号达 28 首，为敦煌遗书医学卷子存量文献之最。内容涉及内、外、妇、儿、五官、皮肤诸病证，另有食疗方剂、佛道教方剂、疗服石方剂、藏医方剂和美容方剂，寓意丰富，但散存佚文，尚有缺憾。今之应用，须辨疑识惑，明晰方证，继承发挥。故本卷以原汁敦煌医文医方为基，借鉴前贤名家研究之果，并经图文相应、医文补充、方源校录、组方配伍、方义解析、用法功效、临证应用等方面研究归类，疏证呈现，以期敦煌古医方更为今用。

《敦煌医学研究大成·本草卷》 梁永林、杨志军主编。在本草学方面，古抄卷子本主要保留了隋唐及其之前本草类著作的写本，即《本草经集注》《新修本草》《残本草》《食疗本草》。该卷主要整理275味药，按功效进行分类，列出原文，进行释文、校注，并对各味药从药性、功效、临床应用、用法用量等现代角度进行诠释。

《敦煌医学研究大成·针灸卷》 严兴科、魏玉婷主编。该卷分为两部分。第一部分重点撷取了敦煌医学针灸文献中《灸经图》《新集备急灸经》《灸经明堂》《明堂五脏论》《针灸甲乙经》《脉经》《吐蕃藏文针灸图》等敦煌针灸学的核心内容，对经卷原文进行了整理，并对主要研究专家注解进行了汇总和分析。第二部分包括敦煌针灸文献的理论研究，主要对敦煌针灸经络理论进行了整理比较，梳理和总结了敦煌针灸疗法的现代应用与研究资料，以促进敦煌针灸医学的传承和发展。

《敦煌医学研究大成·养生与杂论卷》 朱向东、袁仁智主编。该卷从敦煌食疗药物及其医方、精神疗法与气功在养生中的重要作用、敦煌佛教相关养生、敦煌道教相关养生、养生杂论五个方面展开论述。一方面反映了佛教、道教对中医养生的影响，以及敦煌作为佛教圣地是多种文化交流的有力象征；另一方面，与佛教、道教相关的医学养生卷子具有很大的理论研究潜力与医用价值。

《敦煌医学研究大成·藏医学卷》 本考主编。该卷用藏汉两种文字编著。上卷为英国和法国所藏藏文敦煌古藏医药文献和我国敦煌附近发现的古藏医文献藏文原文摹写，部分附有复制的图片；中卷为敦煌古藏医药文献的汉文译释；下卷在前人研究的基础上，对敦煌古藏医文献进行了进一步的校勘，对9世纪初叶藏王厘定藏文正字法前的古藏文进行了译注。附录以题录的形式将近40年学术界对敦煌古藏医文献的研究成果进行了汇总。

《敦煌医学研究大成·形象医学卷（英汉对照）》 王进玉主编。浩如烟海的壁画和莫高窟藏经洞绘画，描绘了不少古代医疗卫生发展演变以及中西交流方面的历史图像。本卷对敦煌医学图像的研究与展望进行了综合阐述，精选了100多幅壁画和藏经洞保存的精美绘画，从医疗活动、针灸图像、卫生保健、药师佛信仰与心理疗法、养生修炼、环境卫生、体育活动等方面予以介绍，图文并茂，赏心悦目。另以题录加摘要的形式摘编了截至目前学术界涉及医学图像的主要图书和研究论文。本卷四色印刷，英汉双语照排，有助于国际交流。

《敦煌医学研究大成·人物与专著卷》　袁仁智、王燕主编。该卷全面而系统地介绍了敦煌遗书自面世以来对涉医文献进行研究的重要人物及著作。人物介绍侧重每位学者在敦煌医学研究方面的主要贡献。著作介绍侧重研究的具体对象、研究方法、研究体例及提出的新观点或解决的新问题。

唐诗云："却顾所来径，苍苍横翠微""回看射雕处，千里暮云平"。该套丛书无论从广度和深度都是一个新的展示，将会成为敦煌医学研究史上的新节点。回望敦煌医学研究走过的百年之路，犹如苍山叠嶂，亦如千里暮云，更无异于诗一般的山花烂漫！而此情此景的呈现，离不开甘肃中医药大学"敦煌医学与转化教育部重点实验室"的精心组织，离不开中医学、中药学、中西医结合三大学科的具体实施，离不开各卷主编、副主编、编委们的精心打造和用心良苦，以及中国中医药出版社田少霞责任编辑的辛勤付出。在此一并致以诚挚的感谢！

特别感谢中国中医科学院教授、中国科学院院士、国医大师陈可冀先生，兰州大学教授、长江学者、兰州大学敦煌研究所所长郑炳林先生能拨冗作序，为本书增光添彩，其奖掖后学之用，功莫大焉！

古人说得好，文献的整理校对犹如扫落叶一般，一遍有一遍的问题。遗书残卷，年久风化，辗转伤损，字迹漶漫，本就有相当大的难度，加上水平所限，谬误在所难免，至于见仁见智之不同，更不待表。恳切希望同行大家能不吝赐教，以便再版时修订提高。

2019 年 12 月

编写说明

　　本书包括上篇、下篇、附篇三部分。上篇分三章介绍了藏经洞遗书的发现及医学卷子的来源保存情况，敦煌医学的概念、学术价值及敦煌医派概要，以及敦煌医学研究的经历、现状及展望。下篇分五章介绍了敦煌医学的主要内容概况，包括敦煌医理类著作、敦煌诊法类著作、敦煌本草类著作、敦煌医方类著作、敦煌针灸类著作等。附篇主要介绍了甘肃中医药大学在凸显敦煌医学办学特色、传承敦煌医学文化、提升学生综合素质方面所取得的成绩。本卷编写体例、内容说明如下：

　　一、所引原文以具体内容为单位，标第×行—×行号。对原卷残缺部分，为保持原貌，原文中"▭▭▭▭"表示前缺文字数不清，"▭▭▭▭"表示中间缺文字数不清，"▭▭▭▭"表示后缺文字数不清。

　　二、对原卷中辨认不清、释读不出的字，用"□"表示，每"□"表示缺一字；"某"表示"某"字有缺损而补。

　　三、原卷夺字脱文，用"〔 〕"括入所夺、所脱文字。

　　四、原卷字误，原字后用（ ）括入今天正确的字，对有疑义的字，包括该字模糊不清或难以辨认，原字后用（？）表示。

　　五、为了引文保持原貌，原卷中的俗体字、异体字全部照录。

　　六、原卷子录文中插入了部分原卷子图片，以供鉴赏。

《敦煌医学研究大成·总论卷》编委会

2020 年 1 月

目 录

上篇　敦煌医学概述

第一章　藏经洞遗书的 发现及医学卷子的 来源保存情况

第一节　藏经洞遗书的发现

一、概述

一般认为，在公元 1900 年（光绪二十六年，为庚子年）的夏天，在甘肃省敦煌莫高窟藏经洞中（图 1–1）发现了 5 万余卷的遗书，即敦煌遗书（又称敦煌写本、敦煌卷子、敦煌文书等），包括 5 ～ 11 世纪多种文字古写本及少量印本，既有官方文书，又有私人文书。这些遗书的发现，震惊了国内外学术界，引起了国内外学者的关注与研究，从而在世界上兴起了一门新的学科——敦煌学。然而这些敦煌遗书被相继而来的外国探险家、学者们窃去大部分，其中包括英国的斯坦英、法国的伯希和、日本的橘瑞超、俄国的奥登堡等，部分为国内私人收藏，造成了我国文化事业不可估量的损失。窃余的文书，于 1909 年由清政府学部解省送京，入藏京师图书馆（今国家图书馆前身）。早在 1930 年，爱国学者陈寅恪先生就沉痛地说："敦煌学者，吾国学术之伤心史也。其发现之佳品，不流入于异国，即秘藏于私家。"[1]

图 1-1　如今的敦煌莫高窟藏经洞 [2]

二、藏经洞遗书的发现过程

所谓藏经洞，是指敦煌莫高窟五百佛像洞窟中之一座密室，此密室伯编 163 号洞，今编 16 号窟。据台湾黄永武博士主编《敦煌宝藏》[3] 记载，此密室四周为砾岩，洞门用砖封砌，涂刷灰粉，复绘以壁画，其中藏有两万余轴释道经典、文史资料及数百件供养用之彩绘幢幡（chuángfān）等。藏经洞为洪䇅影堂（纪念室），由族人及弟子内塑洪䇅真容并立告身碑〔洪䇅，亦称吴僧统、吴和尚，唐沙州僧人，幼时出家，长即为僧，有辩才，谙蕃语，传译佛经，精研唯识。大中二年（848年）力助张议潮起事有功〕。关于敦煌藏经洞遗书发现的时间及过程，刘进宝所著的《敦煌学述论》中认为，由于现存记载相互矛盾，加之缺乏可靠的历史证据，其发现时间及过程有以下几种说法。

1. 王道士墓志说

这种说法是根据王圆箓道士墓志（《太清宫大方丈道会司王师法真墓志》）记载，藏经洞发现于清光绪二十五年，即 1899 年。其墓志是民国二十年（1931 年）赵玉明、方至福为其师去世百日而立。其文载："民国廿年古七月卅日为吾师王法真仙游之百日，门弟子咸愿碑记行略，请命绅耆，众皆曰可，何幸如之！夫吾师姓王氏，名圆箓，湖北麻城县人也。风骨飘然，尝有出世之想，嗣以麻城连年荒旱，逃之四方，历尽魔劫，灰心名利，至酒泉以成道，道行高洁，稽首受戒，孳孳修炼，迨后云游敦煌，纵览名胜，登三危之名山，见千佛之古洞，乃慨然曰：'西方极乐世界其在斯乎！' 于是建修太清宫，以为栖鹤伏龙之所。又复苦口劝募，急力经营，以流水疏通三层洞沙，沙出壁裂一孔，仿佛有光。破壁，则有小洞，豁然开朗，内藏唐经万卷，古物多名。见者惊为奇观，闻者传为奇物。此光绪廿五年五月廿五日事也……千佛洞太清宫徒子孙赵玉明、方至福稽首谨诔。"此说立《墓志》者乃王道士的徒子徒孙，此时虽距藏经洞发现时间已有三十年之久，但作为藏经洞的发现者，王道士生前对他们讲述的藏经洞发现的具体情况应较为可靠。

2.《缘督庐日记》说

此说发现于光绪二十六年（1900年），是年为庚子年，在光绪三十年叶昌炽《缘督庐日记》中记载："莫高窟开于光绪二十六年，仅一丸泥，砉（xū，破裂声）然扃（jiōng，用外关闭门窗用的闩钩门户）镢（jué，箱子上装锁的环状物）自启，岂非显晦有时哉？"叶氏记载此事之年，距发现藏经洞只有三年，比较可信。

3.《功德碑记》说

据立于光绪三十二年（1906年）的《重修千佛洞三层楼功德碑记》（碑嵌于今编16号窟甬道南壁）记载："庚子孟夏，新开洞壁偏北，复掘得复洞，内藏释典充宇，铜佛盈座，侧有碑云唐大中五年沙门洪䇾立。""庚子孟夏"即1900年孟夏天，其说比较可信，因为王道士曾参与三层楼修建之事。

4.《催募经款草册》说

《催募经款草册》是以王道士名义撰写，上报催拨经款的。据《催募经款草册》记载："至贰拾陆年伍月贰拾陆日清晨，忽有天炮响震，忽然山裂一缝，贫道同工人用锄挖土，欣出闪佛洞壹所，内有石碑一个，上刻大中五年国号，上载大德悟真名讳，系三教之尊大法师。内藏古经万卷，上注翻译经中《印度经》《莲花经》《涅槃经》《多心经》，其经名种颇多。于叁拾三四年，有法国游历学士贝大人讳希和，又有阴（英）国教育大臣司大人讳代诺二公至敦煌，亲去千佛洞，请去佛经万卷。"《崔募经款草册》对藏经洞的发现说得十分具体，即1900年6月22日，与庚子孟夏之说吻合。

5. 蓟草陷入壁缝说

此说根据黄永武《敦煌宝藏》（图1-2）记载："时在光绪二十六年（1900年）阴历四月二十八日。王道士以替汉人念经维生，并邀一杨姓助手抄经。杨某喜抽皮丝烟，并以一根当地土产之蓟蓟草充作纸捻吹。是日杨某将余烬未熄之蓟蓟草插入墙缝，以待再用，不意草茎陷入壁缝，若中有空。杨、王二人遂疑其中另有洞天，乘夜凿壁而入，发现白布筒子重重迭迭，每布筒装经十卷，古画平铺地面，数量可观。于是举世闻名之石室藏书，乃赫然呈现。"此说未见旁证，可作参考。

图1-2　黄永武主编的《敦煌宝藏》

综上所述，敦煌藏经洞遗书的发现时间，除王道士墓志说在光绪二十五年外，其余均认为在光绪二十六年，即1900年（庚子年），并且此说目前为学术界所公认。但我们认为王道士墓志说系师徒相传，应该更为可靠，故敦煌藏经洞遗书的发现时间为 1899 年也很有道理。

第二节 敦煌医学卷子的来源保存情况

一、敦煌医学卷子的主要来源

敦煌医学卷子主要来源于我国甘肃敦煌出土的古卷子医书，另外还包括西域其他地区的个别医学残卷。敦煌出土的古卷子医书主要是指 1900 年被莫高窟道士王圆箓在今编 16 号窟石室中发现的敦煌遗书中的医学卷子。敦煌遗书自发现后，相继被英国的斯坦英、法国的伯希和（图 1-3）、日本的橘瑞超等盗购。此后由于国际学术界的重视与轰动，清廷才正式下令封存残余卷子收归京师，但在解运途中又多散失及被劫盗，故运到北京后仅存 8600 卷劫后的残卷。关于这段历史，黄永武《敦煌宝藏》序文记载较为详细，而且以民族正义感来耻责王圆箓及外国强盗。

其文是："石室宝藏之出现，实为我国民族共有之文化资财，而不幸发现于无知王道士之手，加以清廷颟顸（mānhān 糊涂不明事理），不知其为稀世之国宝，故随王道士化缘奉赠者已不少。其时世界列强，正谋瓜分中国，藉探险游离之名，作间谍侦察之实者，各国人士皆有，私绘地图，密探虚实，乃至对古物遗珍顺手牵羊者比比皆是。石室宝藏既露白，觊觎（jìyú 觎，非分的希望或企图）者众，然此乃国有之公物，剽掠者不论其与王道士之私约如何，终不为我中华炎黄子孙所默许！首先劫走敦煌石室经卷画幢者为斯坦英，斯氏藉译员蒋师爷之助，到达莫高窟千佛洞，据斯氏自著书中所述，窃卷每在深夜，复由王道士之悔惧与寺院众人之激怒，可知其以金钱作引诱，交易并不顺利，经卷被劫，实在是惧外心理与诈骗手段下，强迫无奈之结果。斯坦英所得计满装写本之箱子二十四件，满装画绣等美术品之箱子五件，雇用骆驼四十头，先运往印度，成立西域图书馆，后载往英国，藏于大英博物馆。斯氏所选，大抵以卷子幡画较完整清晰者为主。继斯氏之后而来盗宝者，有法人伯希和与日人橘瑞超等，伯氏以"幸僧不识字"之欺蒙手法，专选卷未有年月、署名、题记之卷本，尝谓'竭三周之力，运之始尽'，共取得写本十余筐，计六千余卷。伯氏所得，就学术研究之观点而言，较斯氏尤有分量，然就我国文化资财而言，损失亦愈大。斯时游目回顾我流沙石室，恰似虎狼吞罢，鸥鹰翔集。日人橘氏至敦煌石室，亦获取卷轴数百卷。俄人鄂登堡、美人华尔纳，或取残卷，或以胶布和药贴于壁上，切割壁画。鄂氏取走约三千号卷子，现藏列宁格勒亚洲民族研究所。华氏割掠一四五、一四四、一四一、一三九号唐窟之精美壁画二十余方，现藏波士顿博物馆。直待伯希和二度来北京，所得敦煌鸣沙石室古卷轴已先运归，仅出示行箧中尚存数卷，即震惊中国之学术界，学界深致艳羡，亦徒呼负负！幸伯氏告罗振玉氏，谓洞藏当未全虚，尚存八千余卷佛经，罗氏乃电请陕甘总督毛实英购取，又以甘肃贫瘠，必致为难，乃提议由京师大学堂购取，计八千卷。所惜押运途中，以草包捆扎，运送之官吏，多自盗取，将一卷撕裂成二三，以符清册所列之卷数，而没入何彦升、李盛铎、刘廷琛之手者不少，今日本京都有邻馆所藏敦煌残卷六十六种，即何彦升之旧物，此辈鼠窃，亦令人齿冷！"

这段文字清晰地说明了敦煌遗书被盗的经过。

图1–3　伯希和考察队在敦煌莫高窟[4]

敦煌医学卷子是敦煌遗书的组成部分，并随着敦煌遗书的被盗，丢失而先后收藏于国内外公私图书馆及个别藏书家手中，另外还有下落不明者已无法查考。仅据 1962 年商务印书馆出版的《敦煌遗书总目索引》的有关统计，有目可考的敦煌卷子就有 22500 卷，这些卷子中绝大部分为佛经，还包括史籍、方志、杂家、书契、语言、文学、艺术、科技等杂著，其中有关医学的卷子至少在 70 种以上。目前公布的已在 100 种以上。这也是既知我国出土的医学卷子中为数最为丰富的。

二、敦煌医学卷子的保存情况

1. 流落国外的敦煌医学卷子

图 1-4　英国国家图书馆外景 [5]

目前在国外收藏敦煌卷子主要是英国国家图书馆（图 1-4）（迄1991 年 8 月编至 13677 号），其编号均简称"S"或"斯"，其中与医学有关的卷子有 30 余种。法国国家图书馆，所藏均为伯希和所获 7000 多个卷号的文书，其编号均简称"P"或"伯"，其中与医学有关的卷子有 30 余种，此外尚有若干藏文医学卷子。俄罗斯科学院东方学研究所圣彼得堡分所据目前公布《俄藏敦煌文献》统计就有 19000 多个卷号的文书，其中与医学有关的卷子有 20 余种，日本方面保存的敦煌卷子的地方有龙谷大学图书馆、天理大学图书馆、大谷大学图书馆、东京国立博物馆等，以及个别私人收藏，但总的数量不多，为1000卷。专门的医学著作已知有1908年由日人橘瑞超与吉川小一郎二所获的《本草经集注·序录》残卷一种，现藏于龙谷大学内。

2. 散见国内的敦煌医学卷子

在国内保存敦煌卷子最多的是北京图书馆（现为国家图书馆），共藏约16000卷号的文书。此外有敦煌研究院、中国历史博物馆、故宫博物院、甘肃省博物馆、北京大学图书馆等，在台湾的图书馆内也有部分收藏，但大部分为佛家典籍，未见专门医书。据《敦煌古医籍考释》介绍，国内曾由私人保存敦煌残卷的主要有罗振玉、李盛铎、刘幼云等人。其中罗振玉氏收藏有《疗服石医方残卷》一种，系罗氏在津沽书肆中购得后，影印入于其所辑的《贞松堂藏西陲秘籍丛残》中。李盛铎氏旧藏《新修本草序例卷上（第一卷）》残卷一种，又有《换须发方》一种，也见自该书，编号分别是No.0228与No.0232，均见《敦煌遗书总目索引》引《李氏鉴藏敦煌写本目录》。此外，敦煌医学卷子流落国内民间者尚有河北威县中医张偓南家藏的《辅行诀脏腑用药法要》。

3. 敦煌以外的西域医学卷子

除敦煌出土的医学卷子外，在我国广大西北地区（西域）也有若干医学卷子出土，它们的抄写时代基本也在隋唐前后，但其数量甚少，主要包括5个方面：①吐鲁番出土卷子（今新疆维吾尔自治区吐鲁番地区）。②黑城出土卷子（今甘肃省山丹县境内）。③吐谷浑出土卷子（今青海及四川境内）。④楼兰出土卷子（新疆维吾尔自治区鄯善县）。⑤于阗出土卷子（今新疆维吾尔自治区和田县）。

第二章　敦煌医学的概念与学术价值

第一节　敦煌医学的概念

敦煌医学是敦煌学的重要分支，是关于整理研究应用敦煌遗书、敦煌壁画及其他敦煌文物中医药史料的一门学科。赵健雄教授等认为，敦煌医学是一个较为复杂的概念，与"中医""西医"不是等同概念，对这一概念的正确理解，可以从地名学、医学内容及医学体系三个方面来认识。

首先，要想正确理解敦煌医学为何是以地名学来命名，就应该先从敦煌学的概念谈起，因为敦煌医学是敦煌学的重要分支。关于敦煌学的概念，1930年陈寅恪先生在为陈垣先生的《敦煌劫余录》一书作序时说，此书乃"治敦煌学者，不可缺之工具也"。并说："敦煌学者，今日世界学术之新潮流也。"此为中国学者第一次提出敦煌学这一概念。此外，1925年8月，日本学者石滨纯太郎在大阪怀德堂讲演时，使用过"敦煌学"一词。1940年向达先生在修订《唐代俗讲考》时，也沿用了敦煌学这一名词。可见，当时学术界所谓之敦煌学仅仅是指整理研究敦煌遗书而言。后来，随着敦煌石窟艺术的研究逐渐深入，敦煌石窟艺术亦成为敦煌学研究的主要对象了。著名敦煌学专家段文杰先生在《敦煌研究文集·前言》中说："敦煌学的研究对象包括两个部分：一部分是敦煌石窟……一部分是藏经洞出土的缮本图书。"今人刘进宝在《敦煌学述论》中对敦煌学的概念进行了这样的表述："所谓敦煌学，就是指以敦煌遗书、敦煌石窟艺术、敦煌学理论为主，兼及敦煌史地为研究对象的一门学科。"我们认为，刘进宝先生对敦煌学概念的论述是较全面而切合实际的。敦煌学之所以要以地名相称，这是因为 1900 年在敦煌发现了 50000 卷左右的敦煌遗书和在敦煌保存下了以莫高窟、榆林窟、西千佛洞为代表的大量石窟艺术的缘故。正是由于这些缘故，使敦煌学成为世界上唯一以地名学命名的国际显学，敦煌莫高窟也在 1987 年 12 月被联合国教科文组织列为人类珍贵文化遗产。这种独特的以地名学命名是中国独一无二的。在敦煌学中，敦煌医学是一个重要分支，以地名学相称也是非常切合实际的。这一命名既避免了某些片面性，又与"敦煌文学""敦煌艺术"等命名相呼应，因而受到普遍认可。

其次，由于敦煌是古丝绸之路的重镇，处在"华戎所交一都会"的特殊地位，东西方文化在此的汇聚与交流，使敦煌医学的内容包括了中医药学、藏医学、西域医学和印度医学，尤其在其相互交流与影响中产生的壁画医学内容及佛教医学内容是在中国以至世界医学史上都是非常奇特与珍贵的。根据马继兴《敦煌古医籍考释》，这些医学内容可按医经类、五脏论类、诊法类、伤寒论类、医术类、医方类、本草类、针灸类、佛家道家医方类、医史资料类等进行分类。

再者，关于敦煌医学体系问题，我们认为，敦煌医学体系仍属于传统医学体系，其体系不属于某一种医学体系，而包括以中医学为主的多种医学体系，如其中的藏医内容属藏医学体系等。当然，随着对敦煌医学进行更深入的研究，其概念的含义也在进一步深化，这就跟敦煌学概念的发展过程一样，也在不断地趋于完善。

第二节　敦煌医学的学术价值

敦煌医学在丰富隋唐前后医学典籍、提供古医籍校勘和辑佚的依据、补充汉代以前医方、解决医史研究争议的问题及反映以隋唐时代为主医药学术的辉煌成就等方面有非常重要的学术价值。著名中医文献学家马继兴主编的《敦煌古医籍考释》对其进行了高度概括。

一、极大地丰富了隋唐前后医学典籍宝藏

这主要表现在以下三个方面：

1. 弥补了隋唐前后时期医学文献的一大空白。我国在公元4世纪至10世纪初，即六朝至唐末五代时期医学著作种类和数量均已相当繁多，据隋、唐史志所载不下二三百种。这些著作除了极少数是汉魏以前的古医书外，绝大多数都是六朝以后之人撰写的，而这个时期的大批医书能够比较完整保存下来的却只有屈指可数的几部医书，其中包括《肘后备急方》《诸病源候论》《备急千金要方》《千金翼方》《外台秘要》等书。敦煌医学卷子为这一历史时期传世医书的短文现象弥补了很大的空白。如《黄帝内经》在敦煌医学卷子就有好几种，除P.3287《素问·三部九候论》外，尚有俄 Дx02683、Дx11074《黄帝内经》节选本、俄 Дx00613《黄帝内经》《难经》摘录注本、Дx17453《黄帝内经·素问》节选本等，这些均填补隋唐前后《黄帝内经》研究的空白。

2. 敦煌医学卷子，属于隋唐史志所未载者占绝大多数。这一事实既说明了收入史志中的医学书目是有很大局限性的，同时也说明了广泛散见于当时民间的医书不论书名方面或品类方面还是广泛存在的。如俄藏敦煌文献 Дx00924 的内容就是"妇科疾病民间单验方"。

3. 敦煌医学卷子，是迄今为止除极少量汉墓出土医书外，我国最古的一批医书实物，也是文字和内容最多的。在20世纪70年代，我国继敦煌医书之后，虽然又有长沙马王堆汉墓医书、武威汉墓医书及江陵张家山汉墓医书相继出土，但均不如敦煌医书数量多。正是由于它们都是在中国刻版印刷术以前写成的墨迹，故远较之现存各种刻印本医书为古，从而也具有很高的文物价值。

二、为古医籍的校勘和辑佚提供了重要依据

1. 为多种传世古医籍的校勘提供了早期根据

由于敦煌医书均是公元 10 世纪初以前的文献，因而可为隋唐及以前的传世古医籍的校勘提供重要的旁证。如：P.3287《三部九候论》是组成《素问·三部九候论》一篇的重要原文，因而可供校勘该篇之需；P.3481《病形脉诊》可供校勘今本《灵枢·邪气脏腑病形》一篇参考；S.202《伤寒论》甲本及 P.3287 可供校勘今本《伤寒论·辨脉法》《伤寒论·伤寒例》参考等。

2. 为辑佚复原古医籍提供重要内容

在我国历史上有些重要古医籍原书早佚，或虽有传本但已有很多残缺，而在敦煌医学卷子中保留有其佚文者可为辑佚复原古籍提供重要内容。例如：唐代初期由政府组织医官撰写的药典性著作《新修本草》一书，自宋代以后早无传本，仅有佚文散见于历代本草著作及其他文献中。敦煌医书中有关《新修本草》的卷子共有 4 种，即 S.4534、P.3714、S.3822 及李氏旧藏（即李盛铎）均系早期不同的传写本。又如唐代孟诜撰写的《食疗本草》，原书早佚，仅存佚文，而 S.76《食疗本草》残卷即为早期写本之一。再如佚名氏撰《张仲景五脏论》原书早佚，仅有部分佚文见《医方类聚》一书中，而敦煌卷子则有 P.2115、S.5614、P.2755、P.2378、Дx01325V 五种写本等等。

3. 提供了未见著录的古医籍早期传本

这类著作在敦煌医学卷子中为数最多，如 P.3477 的《玄感脉经》、P.3655《明堂五脏论》《青乌子脉诀》等。

三、对古佚"经方"的重要发现

所谓古佚"经方"，是指汉以前医方的统称。在《汉书艺文志·方技略》中曾专门就"经方"含义作了论述，并收载了"经方"类著作 11 种，274 卷，它们均是西汉以前的医学方书，但早已全部失传。在张

仲景等人医书中虽引录了一些古"经书"的佚文，但缺遗尚多，远非全貌，现在通过敦煌出土的《辅行诀脏腑用药法要》却发现了不少久已失传的古代"经方"。此书虽非陶弘景原著，但系隋唐时人传录陶氏佚文而成。其时上距汉季未远，故所引录当时所见"经方"之文多系北宋以后学者与医籍所未能得见者，因而具有重要的历史意义。例如《辅行诀脏腑用药法要》中的小、大阴旦汤，小、大阳旦汤，小、大青龙汤，小、大白虎汤，小、大朱雀汤，小、大玄武汤等小、大"六神"汤方，在弥补古佚"经方"以及张仲景《伤寒杂病论》原文方面具有很高的学术价值。

四、多方面的医药学术成就

敦煌医学卷子的内容，充分反映了以隋唐时代为主的医药学术的光辉成就，主要表现在以下几个方面：

1. 医学理论方面

在敦煌医学卷子中，属于医学理论的专著不多。其中除医经类的两种卷子（即 P.3287、P.3481）外，又可见于数种五脏论类著作。这些著作对五脏、经脉、腧穴等生理病理的论述有些是在《黄帝内经》等古医籍理论基础上的进一步发挥或补充，有些则是不见于传世古医籍或通行诸说者。例如：P.3477《玄感脉经》有"九脏者，形脏四，头角、耳目、口齿、胸中也，……"一段，其中"头角"的功能是"精识之主"。而在《素问·三部九候论》中虽也有相同记载，但后者却未记"头角"的功能。所谓头角是指头脑而言，而这种认为头脑具有精神意识即"精识"作用的提法，在既知资料中是时代最早的。

2. 诊断学方面

在敦煌医学卷子中，诊断学成就主要是脉学。在 S.5614《平脉略例》《五脏脉候阴阳相乘法》《亡名氏脉经第一种》《亡名氏脉经第二种》，P.3477《玄感脉经》，P.3655《七表八里三部脉》《青乌子脉诀》等书中分别论述了诊脉部位、方法、脉象特征及主病等问题。这些脉学内容有些是直接承袭或辑录自王叔和《脉经》一书佚文者，如《平脉略例》中的寸、关、尺三脉的沉阴绝、浮阳绝及阴实、阳实等类脉象主病法；《五脏脉候阴阳相乘法》中的五脏平脉与贼、实、虚、微4种脉象所致的脉象、病机、预后等。有些是与传世古脉学的著作记述互有出入或不见于传世医书者，如S.5614《平脉略例》中的19种脉象主病；P.3477《玄感脉经》中的23种脉象主病及6种死脉脉象；P.3287《亡名氏脉经第二种》根据寸、关、尺三部的不同脉象主病所确定的用药处方及针灸等。又如P.3655《七表八里三部脉》中的脉诀除无"九道脉"外，与传世的《王叔和脉诀》内容基本相同，估计应是《王叔和脉诀》的一种早期传抄或节录本。

3. 本草学方面

敦煌的医学卷子，首先保存了南北朝及唐代4种重要本草学著作的若干早期传本。其中的《本草经集注》和《亡名氏本草序例》（S.5968）均是药物总论，主要论述药物的三品、配伍、气味、采制、剂型、主病之法、分量、炮制、诸病通用药、解诸药毒、不宜入汤酒病及药物七情等药物的应用。《新修本草》是唐代政府组织医官纂修和颁行全国的药学专著。敦煌医学卷子共有4种残本。所存药物总数虽然只有46种，较之原书药数850种尚相差甚多。但它们均是现已发现《新修本草》最古的抄录本的实物，因而是非常宝贵的。S.76《食疗本草》一书残卷共存可供食用的药品26种，每种又各附有医方共82方。此外在敦煌医学卷子中对地道药材的应用也很重视，如P.2115《张仲景五脏论》的单验方中的"河内牛膝""上蔡防风""中台麝香"等。同时在某些医方卷子中还提供了道家所用的药物隐名的资料，如《不知名医方第二种》（S.1467）的九物牛黄丸方中的"九精"均是水精龙骨、火精牛黄、天精空青、地精雄黄、死人精荆实、青龙精玉屑、玄朱精玄参、朱雀精赤石脂。

4. 方剂学方面

在现存敦煌医学卷子中保存的医方数量，据《敦煌古医籍考释》所收载的粗略统计至少在 1100 首以上。其中，除个别见于前代医学方书的古方外，大都是六朝隋唐医家通过验证的经效医方，而且还有不少单验方。这些医方治疗疾病的范围也极广泛，有内科、外科、妇产科、儿科、五官科的疾病等。此外，还有一些美容方，如面脂、面膏、生发、衣香等。这些医方的剂型，除了常用的汤剂、丸剂、散剂及膏剂等外，还有外用膏摩方、药酒方、药水洗浴水、灌肠方、点眼药方、药水染发髭方、肛门或阴道坐药方等等。有些医方还是迄今流传的很有效的简便医方。如《辅行诀脏腑用药法要》一书中用矾石点眼治疗跌扑之法与迄今流传的验方相同；用硝石、雄黄散剂着舌下治中恶、急心痛、手足逆冷方与现代治疗急性心肌梗死的有效西药硝酸甘油原理与疗效相同，且早于后者 1000 年以上。

5. 针灸学方面

敦煌医学卷子中 S.6168、S.6262 的《灸法图》及 P.2675 的《新集备急灸经》是唐代写绘带有穴位图谱的两部灸疗专著。像这样的针灸图形实物，也是目前保存最古老的。它们不仅在治疗各种病证时取用孔穴较之同类针灸书籍有其特色，而且还有一些不见于传世灸书中的孔穴名称，如手、足髓孔、两脚五舟、天门、小腹俞等。在孔穴部位上与通行针灸书有很多不同之处。另外，P.3655《明堂五脏论》一书所记载的五脏六腑腧穴部位也多有与传世本针灸古书相异者。这说明，隋唐以前各针灸流派之间的差异是确实存在的。

6. 道医、佛医方面

敦煌医学的卷子中有不少是关于佛医、道医的，如道家的辟谷诸方、疗服石方，佛家医方的神妙补心丸方、金光明最胜王经卷第七中之香药三十二味（图 2-1）等。尤其佛家医方，以药物治疗和佛家咒语相结合为特点。如治疗"眼上白皖"（P.2665），在用郁金、青黛水洗眼睛 7 天的同时，要求患者在东方日出时面向太阳向净明德佛忏悔等。这种佛家咒语可使患者从精神上获得解脱，加上药物治疗，使得患者气血通畅，脏腑功能协调而病愈。这种药物治疗与心理治疗相结合的方法是值得提倡与借鉴的，它从不同的角度和侧面反映了当时医药学术的成熟。

图 2-1　金光明最胜王经卷第七（香药三十二味）

五、解决了医史研究中若干长期争议的问题

医学史的研究往往因原始资料的缺乏而使某些涉及确定年代的问题由于学者们的不同意见而长期不得解决。敦煌医学卷子的发现，由于其抄写年代下限不晚于五代末期是确凿无误的事实，故可以在此基础上对于若干长期争议的年代问题做出进一步的正确判定。例如：宋本《伤寒论》是迄今《伤寒论》传世本中最早的一种。对于该书的"辨脉法"和"伤寒例"两篇撰年问题曾存在多种不同意见。如清代喻昌、钱璜、魏荔彤、沈金鳌等认为"辨脉法"是张仲景原文；日本木村长久氏认为"伤寒例"是张仲景原文；明代黄仲理、柯琴、陈桷等认为"辨脉法"和"伤寒例"均是王叔和所编；清·曹禾认为"伤寒例"是"唐宋俗医"传抄时改编；方有执认为"伤寒例"是金·成无己所编；日本川越正淑氏认为"辨脉法"和"伤寒例"均是五代高继冲掺入等等。现在通过敦煌医学卷子中隋唐时人写录的"辨脉法"及"伤寒例"的部分内容，证明此二篇的撰年必在五代及宋代以前。虽然尚不能据卷子确定此

二篇撰者系张仲景或王叔和的问题，但完全可以排除上记"唐宋俗医"及成无己、高继冲之说。这也至少为此两篇撰年的下限截止时代提供了依据。

六、提供了最早的藏医学古文献

敦煌遗书的医学卷子中共有5篇珍贵的藏医药文献，其主要来自1983年由罗秉芬、黄布凡编译的《敦煌吐蕃医学文献选编》。这些藏医文献是迄今所见西藏最早的古文献之一，它们为藏族医药学的起源提供了最新资料，在民族医药发展史上具有极为重要的作用。如P.T1057号《藏医杂疗方》及P.T.1044号，P.T.127号两份《藏医针灸方》是3份十分可贵的医学记录。据王尧等古藏文专家考证，它是8世纪左右吐蕃时期的作品。在《藏医杂疗方》短短4000多字译文中，所涉及的内容却十分广泛和丰富，其中包括临床各种、诊断、药物、炮制、病因病理、疗法等内容，可以说是古藏医的一部临床手册。在P.T.1044及P.T.127号卷子中记载了藏医火灸疗法，治疗涉及内、外、妇、儿、五官各科，急性、慢性病和传染病，许多灸法与汉医有别，同时还提及火灸时间以春季疗效最佳，往后渐次减弱，冬灸则只对局部支脉和病证有疗效。此外卷子中还记载了6种特殊的取穴方法，如利用体表解剖标志取穴法、骨突标志取穴法、五官标志取穴法、指压感觉取穴法及特定体位和姿势取穴法等。这种取穴法不仅增加了穴位的准确性，同时有利于疾病的诊断和治疗。卷中还提到"象雄"等地域及外来医学的治疗方法，如"用突厥的外科治疗法，以铁械治疗败疽也可"等，说明藏医学也是在不断吸收外来医学成果中丰富本民族的医学，特别是从理论到实践都受到中医学极为深刻的影响。

七、别具一格的敦煌壁画医学内容

在敦煌莫高窟，至今仍保存着492个洞窟。45000m²的壁画和2000多尊塑像，是世界上最伟大的文化艺术宝库之一。丰富多彩的敦煌壁画虽然以佛经故事为主要内容，但同时也生动地反映了当时社会人民的现实生活状况，如耕作、捕鱼、驾车、舟渡、弹琴、嫁娶及胡商往来等。医疗卫生作为人民生活的一个重要部分，自然在壁画中有所反映，从而成为研究我国古代医学的珍贵资料。赵健雄等根据其所见，将医学内容分为练功与运动、卫生保健、诊疗疾病三个方面。

1. 练功与运动

敦煌壁画中有不少生动而形象的练功与运动的画面，尤为可贵者，是它反映了印度、西域文化的输入。在西魏第285窟西壁正面佛龛上部，画有14幅菩萨禅定和外道的图像，其中左侧7幅菩萨禅坐修身图像，心静一境，确实达到了"恬惔虚无"的境界，类似"内功""静功"；右侧7幅外道图像模仿某些动物有特征性的动作姿态，苦练修行，颇似五禽戏的功法，略近"外功""动功"。此外，在北魏第260窟、五代第98窟、北凉第272窟、北魏第257窟、西魏第249窟及晚唐第156窟等洞窟均能体现出许多生动而形象的练功与运动，今天虽然我们不能对其练功与运动的有关动作一一命名，但如能深入研究，必能探求其真谛。

2. 卫生保健

早在夏商时代，我们的祖先已有洗脸、洗手、洗脚、洗澡的良好卫生保健习惯，甲骨文中有"沬""浴"等字及酒除虫的记载即为其证。隋唐时期，我国已有了拔牙、补牙和镶牙的技术。敦煌壁画中形象地描绘了一些卫生保健的画面。北周第290窟人字坡顶东坡的清扫图，画着两个人在清扫院落，一人在有顶的厕所内大便，院内栽满花木，环境幽静清新，给人以舒适之感。晚唐第196窟西壁劳度叉斗圣变图中，画着劳度叉漱口、刷牙、剃胡须、洗头的情景。这幅珍贵的刷牙图，说明当时我国已发明牙刷，比欧洲1640年才出现牙刷要早700多年。再如盛唐第23窟的戴帽防雨及五代第61窟北壁的煮沸牛奶等画面情景，均形象逼真地反映了当时卫生保健的实况。

3. 诊疗疾病

秦汉至隋唐时期，中医学迅速发展，张仲景、华佗、皇甫谧、孙思邈等名医辈出。研究领域出现了专科专题，分宗前进的局面，内容涉及诊法、本草、方剂及临床各科。同时，随着丝绸之路的开辟，印度、阿拉伯诸国的医药知识也随佛教传入我国。在敦煌壁画中也有许多有关诊疗疾病及佛教医药故事。如：北魏第257窟西壁的鹿王本生画面展现了一个佛教故事，从这个故事的侧面，反映出当时对溺水可救及恶疮的认识。北周第296窟窟顶北坡东段福田经变画中，《敦煌医粹》画一患儿得了急病，母亲焦急万分，侍女请进一手拄拐杖快步赶来的老医生，医童抱着医疗用具紧跟在后，将"拯道贵速"的高尚医德形象生动地跃然于壁画，给人以亲切之感。

图 2-2 段兼善所绘得医图（甘肃中医药大学敦煌医学馆藏）

综上所述，敦煌医学在填补学术空白、纠正前人错误及改变某些传统说法方面有非常重要的作用，从古医籍的校勘、辑佚到古佚"经方"的发现，从医理到诊断，从本草到医方，从针灸到临床，从佛医、道医到藏医，乃至壁画医学的展示，大大丰富了古丝绸之路的医药学术成就。尤其是绚丽多彩的敦煌壁画医学，它是研究祖国医学难得的形象资料。对于它的发掘整理与深入研究，必将为祖国医学增辉添彩。

第三节 敦煌医派概要

敦煌医派乃敦煌医学学派之简称，是指研究传承敦煌医学过程中形成的自成一派的学术主张与临证思路，甘肃中医药大学等机构在敦煌医学的传承与应用方面已具备这一学派特色。2006 年 5 月李应存在其博士论文《敦煌写本医方研究》的答辩中首次提出敦煌医学学派的概念，得到有关答辩专家赵健雄、王道坤等教授的充分肯定。2010 年 11 月底，在庐山杏林论坛，其获得国医大师陆广莘教授的赞同，并为李应存教授题写了"希望敦煌医学研究很快出现中国学派"。2011 年在安徽黄山召开的第三次全国中医学术流派主题发言中，李应存讲述了《敦煌医学研究概况及流派浅探》，论文获的优秀论文二等奖（图 2-3）。

2012 年 6 月由王道坤、李应存、朱立鸣教授指导的硕士研究生杨晓轶同学的学位论文《敦煌医学学派形成与初步研究》顺利通过答辩。

近年来，李应存教授在临证中根据敦煌医学中的脏腑补泻大法确立了敦煌医学泻肝补肾法、泻肝宣肺法、泻肝实脾法、补肾宣肺法等治法方药，用于指导临床实践，疗效明显。这些治法已在国际国内学术会议进行了交流，发表有关论文 10 余篇，得到学界认可。如在学术推广与交流方面，2017 年 10 月 25 日由敦煌医学研究所、"敦煌医学与转化"省部共建教育部重点实验室、敦煌医学文献整理与应用研究中心、国家中医药管理局"十二五"重点学科敦煌医学学

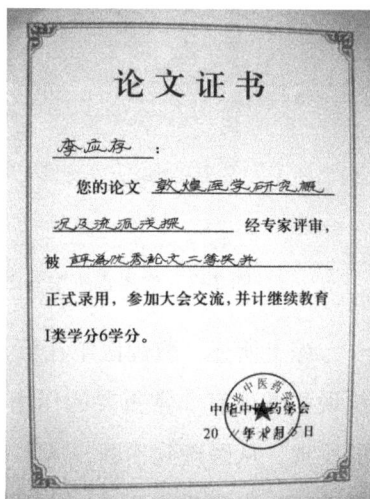

图 2-3 李应存教授的《敦煌医学研究概况及流派浅探》在第三次全国中医学术流派会议上获二等奖

科联合主办，敦煌医学研究所李应存教授在为甘肃中医药大学 200 多名师生做了题为《千年医卷与敦煌医派传薪》的学术讲座；2018 年 9 月 19 ～ 21 日由中国中医药研究促进会主办，中医学术流派分会、甘肃中医药大学承办的"中医学术流派分会第三届学术年会"在甘肃中医药大学成功举办，李应存教授《敦煌医派传薪与临证》的学术报告（图 2-4），得到了各位专家和参会人员的高度评价。2019 年 8 月在浙江桐乡市召开的由中国中医药研究促进会主办的"中医学术流派分会第四届学术年会"上，李应存教授做了题为《敦煌医学清咽宣肺法治疗咽喉肿痛兼咳嗽的经验》学术报告，受到与会专家、学者的热烈欢迎和高度评价。

图 2-4 李应存教授在中国中医药研究促进会中医学术流派分会年会做
《敦煌医派传薪与临证》学术报告

第三章　敦煌医学研究的经历、现状及展望

　　敦煌医学的研究开始于 20 世纪初。由于敦煌医学卷子多夹杂在于浩繁的佛教典籍之中，致使长期以来在国内外医药界不能获见其全部内容。因此，赵健雄教授将敦煌医学的研究分为两个阶段，我们认为是客观的，20 世纪 70 年代以前为第一阶段，主要表现为对部分医药卷子的原件复制、初步整理、编目及个别卷子的研究方面。20 世纪 80 年代以来为第二阶段，《敦煌古医籍考释》《敦煌医粹》及《敦煌中医药全书》《敦煌医药文献辑校》等著作的面世，标志着敦煌医学研究进入了系统整理、全面研究的新阶段。

第一节　敦煌医学的初步整理与个别卷子的研究

一、敦煌医学卷子原始资料的复制

　　1912 年元月，日本桔瑞超与寻找他的吉川小一郎会合敦煌，并从王道士的密室中得到了 600 余卷敦煌遗书，其中包括我国现存最早的原抄本药物学著作《本草经集注·序录》残卷。1915 年春，罗振玉得其影本，遂影印为《开元写本本草集注序录残卷（敦煌石室本）》（图 3-1）于 1916 年刊行[6]，1955 年上海群联出版社又复印出版。1924 年，罗振玉辑印的《东方医学会丛书初集·敦煌石室碎金》中，在收录了他从日本狩野直喜处转抄的《食疗本草·残卷》的同时，收录了唐兰、罗振玉所写的《食疗本草残卷考》。1948 年，罗福颐从当时北平图书馆收存的英、法劫走的敦煌遗书照片中，选取医药部分，参以日本黑田源次之《法国

巴黎国立图书馆敦煌石室医方书类纂稿》手抄本，及黑田氏影印的原藏于德国普鲁士学士院的 4 种敦煌古医书，加上罗氏家藏的卷子，共计残卷、残简 50 件，摹写成《西陲古方技书残卷汇编》[7]。1949～1951 年，王庆菽同志留学英国伦敦，有机会遍阅了藏在英、法两国的敦煌抄卷 12000 余卷。她把在伦敦博物馆的 7000 卷遍阅后，加以分类，并将有关文学、历法、占算、医药等资料重点地拍了一些显微照片。其中医药文献共拍了 18 卷，计 80 余页。后王庆菽同志将这些显微照片送中医研究院鲁之俊院长加以处理，并由陈邦贤作了初步检查分析，分为 5 类，包括张仲景五脏论及平脉略例残卷、脉经残卷、食疗本草及新修本草残卷、医方残卷、灸法及灸图残卷等[8]。

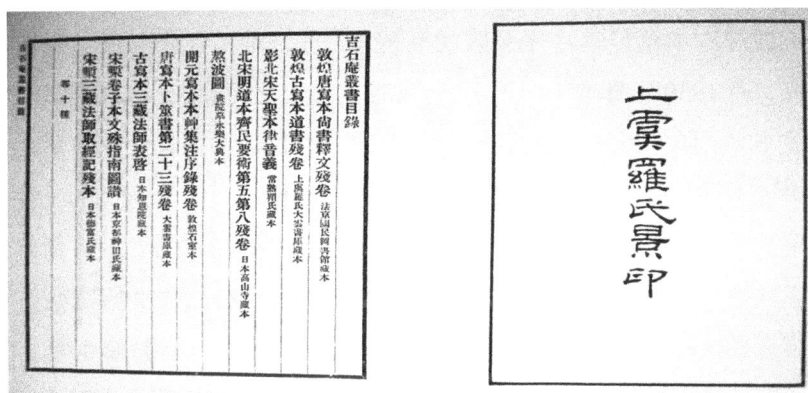

图 3-1　国家图书馆藏，罗振玉影印 . 开元写本本草集注序录残卷
（敦煌石室本）（吉石盫丛书，第一集目录），1916 年

二、敦煌医学卷子的整理与编目

随着敦煌学研究的逐步开展，其中一些学者致力于敦煌遗书的整理和编目，在有关医学残卷的编目及题跋方面，也发表了不少文章，并出版了一些书籍。主要有唐兰、罗振玉编写的《食疗本草残卷考》[9]，日本中尾万三校核的《鸣沙石室古本草》[10]，范凤源整理的《敦煌石室古本草本校录》[11]，万斯年译的《中亚细亚出土医书四种》[12]，罗振玉撰写的《敦煌本本草集注序录跋》[13]，罗振玉整理的《疗服石方》[14]，罗福颐

整理的《祖国最古的医方》[15]，王重民整理的《敦煌古籍叙录·食疗本草》[16]，范行准整理的《敦煌石室六朝写本本草集注考录残卷校注》[17]，王国维所写的《唐写本食疗本草残卷跋》[18]（1959 年中华书局据商务旧本断句影印），日本芳村修基整理的《藏医文献残叶》[19]，商务印书馆1962 年 5 月编辑出版的《敦煌遗书总目索引·敦煌医学文献目录》[20] 等。

三、敦煌医学卷子个别题目的研究

对敦煌医学卷子的研究，有不少专业论文发表，主要涉及《本草经集注》《食疗本草》《新修本草》《张仲景五脏论》及《唐人写绘灸法图残卷》的研究等。其中对《本草经集注》的研究，有范行准的《敦煌石室六朝写本〈本草经集注〉考》[21]；日本渡边幸三作、王有生译的《罗振玉敦煌本本草经集注序录跋的商榷》[22] 等。对《食疗本草》残卷的研究，有 1930 年日本中尾万三《〈食疗本草〉之考察》，为该书最早的辑注本[23]；侯详川的《中国食疗之古书》[24]；戴志勋的《食疗本草之研究》[25]；日本渡边幸三的《食疗本草的书志学研究》[26]；朱寿民的《食疗本草及其作者》[27]；范风源订正的《敦煌石室古本草》[28] 等。对《新修本草》残卷的研究，有洪贯之的《唐显庆新修本草药品存目的考察》[29]；马继兴的《在我国历史上最早的一部药典学著作——唐新修本草》[30]；朱颜的《谈我国历史上第一部药典——为唐新修本草颁行一千三百周年而作》[31]；尚志钧的《现存唐本草残卷的考察》[32]；谢海洲的《补辑新修本草》[33] 等。对医经和针灸残卷的研究，有陈可冀的《关于敦煌石室旧藏伤寒论辨脉法残卷》[34]、日本宫下三郎的《敦煌本〈张仲景五脏论〉校译注》[35] 和马继兴的《唐人写绘灸法图残卷考》[36]。

四、敦煌壁画医学内容的研究

对壁画中医学内容的研究首推周大成。他最早研究莫高窟第 217 窟的盛唐"得医图"[37]：画面中一位贵妇人坐在床上，旁边有一妇人，抱着一个患病的小儿，表示"如子见母"。而室外台阶下，一位侍女正引着一位手拄拐杖的郎中快步入堂，后面还紧跟着一位手捧医具的青年女子，表示"如病得医"。这幅画展示了1000多年前唐代的民间医事活动。另一位是周宗岐，他对"揩齿图"即莫高窟第196窟"劳度叉斗圣图"中的揩齿部分深有研究，他发表的《从敦煌壁画"揩齿图"谈到我国历代的揩齿、刷牙和洁齿剂》论文[38]，在防治口腔疾病方面有重要价值和意义，这幅绘画是我国最古的一幅有关口腔卫生方面的绘画，画中展示了一个受戒者在被剃过头之后，为了清洁牙齿，蹲在地上，左手拿着漱口水瓶，用右手中指在揩他的前齿。

第二节　敦煌医学卷子的系统整理研究

由于敦煌医学卷子大多夹杂散在于浩繁的佛教典籍之中，因此，在20世纪70年代以前，一直未能得到系统的整理，进入80年代以后，以马继兴主编的《敦煌古医籍考释》为代表，表明敦煌医学卷子的研究进入系统整理阶段，与《敦煌古医籍考释》同年出版的《敦煌医粹》为系统研究敦煌遗书医药文献的另一专著，在此基础上于90年代又出版了《敦煌中医药全书》等著作。

一、《敦煌古医籍考释》

《敦煌古医籍考释》（图3-2）马继兴主编，徐鸿达、张士卿协编，是第一部系统整理研究敦煌医学卷子的专著。书中收载敦煌医学卷子80余种，分为医经类，五脏论类，诊法类，辟谷、服石、杂禁方类，佛家、道家医方类，医史资料类11类。每种医书均按照"书名""提要""原文""校注""按语"及"备考"6项叙述，书前有"导言"，阐述敦煌医学卷子的来源、保存情况、整理研究工作，文献学考察和学术价值。赵健雄将该书的特点和重要意义归纳为以下几点。

1. 全面收载了现存可见的各种敦煌遗书中的医药文献。

2. 文献学研究精详，诸如卷子的形制、出处、成书年代、撰者、抄写年代及文字校注等，翔实可靠。

3.简述了每种医书的主要内容，方药功用、主治、方义以及与其他古文献资料的对照阐发，概述了敦煌医药文献的学术价值。

4.该书将敦煌医药文献的研究推进到系统整理研究阶段，有很高的学术价值和实用价值[39]。

二、《敦煌医粹》

《敦煌医粹》赵健雄著，为系统研究敦煌遗书医药文献的另一专著。

图 3-2 马继兴主编的《敦煌古医籍考释》

其收载了学术价值较高的医经七卷，本草四卷，按原文、校勘、注释、按语 4 部分编写。该书作者赵健雄将其特点概括为：

1.选取精粹，注重学术意义和现实应用价值，使读者执简驭繁，获其精要。

2.校勘与注释分论，校勘明细而不繁琐，注释详明而不冗赘，尤注重学术经验之提高钩玄。

3.按语侧重阐发医学上的应用，画龙点睛，科学实用。

4.书末附有重要医卷的研究论文 5 篇，阐发其学术价值。

三、《敦煌中医药全书》

《敦煌中医药全书》丛春雨主编。该书是在《敦煌古医籍考释》《敦煌医粹》等著作的基础上，对敦煌医学卷子进行的又一次全面整理研究。该书的特点可归纳为：

1.以总论的形式概括了敦煌石窟艺术、敦煌遗书及敦煌中医药文献的艺术价值与学术价值。

2.广泛收录了藏医学及灸法图等内容。

3.突出阐述了壁画医学（形象医学）的内容。

4.对医学卷子的内容述要精详。该书作者综合了各家的考证，对其成书年代与作者均进行简明扼要的考证，并阐发其基本内容与学术特点，以突出实用。

图3-3 甘肃学者撰著的部分敦煌医学研究著作

四、《敦煌医药文献辑校》

《敦煌医药文献辑校》马继兴辑校。该书系敦煌文献分类录校丛刊中的一种，为目前收录敦煌医药文献最全面的一部书。收录包括当时已公布的俄藏医学卷子在内共计84种，其内容分为医经诊法类古籍、医术医方类古籍、针灸药物类古籍及其他医术类古籍4部分。

五、《医宗真髓》

《医宗真髓》王道坤、尹婉如著。该书作者在其所著的《医宗真髓》卷六敦煌医方选粹中，特意从1000多首医方中，精选出72首，并分为神仙救急方、延年益寿方、疗百病方、五脏补泻方、美容方、外用方、五官疾病方、霸药方八类，以献读者。

六、《敦煌石窟秘方与灸经图》

《敦煌石窟秘方与灸经图》张侬著。该书作者对敦煌石窟秘方中更切合实际运用的医方按简释、功效、主治、方解、按语、歌诀进行了罗列与归类，以供翻检之便，同时对《灸经图》残卷进行了复原与考证。书中还列举了部分医方及《灸经图》中穴位的临床应用。

七、《如病得医——敦煌医海拾零》

《如病得医——敦煌医海拾零》范新俊著。该书作者将自己多年来发表的 10 余篇有关敦煌医学研究的论文收录到该书中，并附录古今敦煌医学文献论著目录。

八、《敦煌石窟秘藏医方》

《敦煌石窟秘藏医方》王淑民主编。该书从读者实际出发，基本按主治疾病分类，并将《辅行诀脏腑用药法要》作为首选医方书列于诸方之前，共分为 65 类医方，每方均按注释与按语两部分进行分析。

九、《敦煌中医药精萃发微》

《敦煌中医药精萃发微》丛春雨著。该书分为正篇与副篇两部分。正篇对敦煌中医药文献中的精粹内容按照医经篇、诊法篇、灸疗篇、本草篇、方剂篇等分类进行了阐发。副篇为作者近年来发表的论文汇编。

十、《印度梵文医典〈医理精华〉研究》

《印度梵文医典〈医理精华〉研究》陈明著。《医理精华》是一部古印度著名梵文医典，成书于 1400 多年前。该书是第一部对其全面整理研究的专著。分上、下两篇，其中上篇为《医理精华》文本研究，下篇为《医理精华》文本翻译，在上篇《医理精华》文本研究中，作者以《医理精华》为例，对印度古医学在敦煌的情况进行了实例分析。该研究是作者的博士学位论文，2001 年被教育部、国务院学位委员会评为全国优秀博士学位论文。

十一、《赵健雄医学文粹》

《赵健雄医学文粹》赵健雄著。该书收录了作者多年来从事医、教、研方面的主要论文，包括敦煌医学研究、中医理论与临床研究、中西医结合研究三部分。其中敦煌医学研究的论文作者精选了14篇，主持的卫生部项目敦煌医学研究1993年获国家科技进步三等奖。

十二、《殊方异药——出土文书与西域医学》

《殊方异药——出土文书与西域医学》陈明著。该书作者以西域出土胡语文书，尤其是梵语文献为依据，系统地论述了我国医学界长期隐而未彰的西域医学问题，尤其是这些胡语医学文献所反映的中印医学交流问题。本书内容除第一章前言介绍西域出土医学文书之研究史及最后一章为结语外，正文共分十一章，论述了敦煌吐鲁番出土的西域医学文书（尤其是胡语医学文书），颇具特色。所涉及的胡语医学文书包括：鲍威尔于1889年在新疆库车发现的梵语医学文书——《鲍威尔写本（Bower Manuscripts）》、斯坦因于敦煌莫高窟藏经洞发现的梵语——于阗语双语医典《耆婆书（Jīvaka–pustaka）》、伯希和在敦煌莫高窟藏经洞发现的梵文医学文书等。

十三、《敦煌佛儒道相关医书释要》

《敦煌佛儒道相关医书释要》李应存、史正刚著。本书分六部分对敦煌佛儒道相关医书进行了释要，其包括写在佛书正面或背面的医书（如P.3481《针灸甲乙经·卷之四·病形脉诊》节选本、P.2115《张仲景五脏论》等）、写在儒书正面或背面的医书（如P.3378V《杂疗病药方》等）、写在道书正面或背面的医书（如P.2882V天宝七载张惟澄奏上杂疗病方残卷等）、佛书中本身所包含的医学内容（如S.5598V《毗沙门天王奉宣和尚神妙补心丸方》、P.3230金光明最胜王经中之香药洗浴方等）、道教所利用的医书（P.4038疗病养生延年方、S.5795辟谷长生方等）及佛道所共用的医书（《备急单验药方》）。这一方面反映了佛、儒、道对中医学的影响，同时也反映了敦煌作为佛教圣地是多种文化交流的有力象征；另一方面与佛、儒、道相关的这些医学卷子，具有很强的理论研究潜力与临床应用价值。本研究为作者承担的 2005 年度国家社科基金西部项目的阶段性成果之一。

十四、《敦煌写本医方研究》

《敦煌写本医方研究》李应存著。本书在前人研究的基础上，对已刊布的残存有医方组成的 46 种敦煌写本医方卷子进行了较为系统的研究。研究结合古今医理、医方、本草等相关文献及今人的研究成果，以临床实用为目的，进一步体现古为今用的宗旨。绪论中概述了敦煌医方研究状况、基本内容、研究价值及研究方法。第一章对敦煌医方的历史年代、定名与治病范围进行了全面研究。第二章中全部列出了敦煌医方书中医方数量与方名，以便对其全面了解与研究。并对药物组成分别按现行《中药学》教材及《本草纲目》的分类法进行了分类对比，进一步体现组成医方的药物大都既是现行《中药学》教材的核心药物，又是《本草纲目》中除极少数部类无药物之外，其余部类均有敦煌医方中的药物，可见敦煌医方中选用药物之广泛，而且有些药物的用法及药用部位颇具特色，丰富多彩。第三章中结合临床各科，按照内科医方、外科医方、男科医方、妇科医方、儿科医方、美容美发医方、五官科医方、急救医方、时气外感疾病方等对其医方进行较为全面的分析。第四章论述了敦煌医方中道教、佛教所利用的主要医方。第五章中对敦煌医方中的个别问题进行了探讨，包括：疗服石方与现代职业病，敦煌单验方与儒佛道的关系，缺药物组成之医方四色神丹的药物组成及相关问题，外来药物的代表——诃梨勒的组方、少数民族之医方书的代表——敦煌《藏医杂疗方》的科学价值等五个方面。第六章对敦煌写本医方研究作了结论性的概括。

十五、《实用敦煌医学》

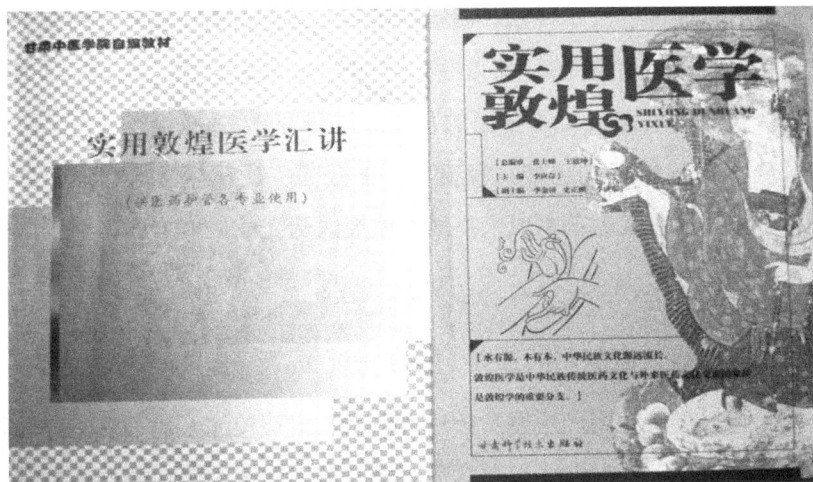

图 3-4　国内首创的敦煌医学教材

　　《实用敦煌医学》张士卿、王道坤总编审，李应存主编。该书分上篇、下篇与附录三部分。上篇为敦煌医学概述，主要讲述敦煌藏经洞遗书的发现及医学卷子的来源、保存情况；敦煌医学的概念及学术价值；敦煌医学研究的经历、现状及展望。下篇为敦煌医学内容精选，主要讲述敦煌医理类著作；敦煌诊法类著作；敦煌本草类著作；敦煌医方分类选要；敦煌针灸类著作等。附录主要介绍了甘肃中医学院（现为甘肃中医药大学）敦煌医学教学与科研概况。其目的是将敦煌医学中最实用、最核心的内容直接应用到教学、科研、临床中去，并为永久发扬敦煌医学的学术特色做应有的贡献。本书可作为广大医、教、研人员及医学爱好者了解、应用敦煌医学中精华内容的必读之作，也可作为一部高等院校独具特色的优秀教材。

十六、《俄罗斯藏敦煌医药文献释要》

　　《俄罗斯藏敦煌医药文献释要》李应存、李金田、史正刚著。俄罗斯藏敦煌医药文献主要指敦煌地区出土的医药文献，目前公布的有 30

余种之多，这些医药文献大多为 1992 年以后首次公布的，其内容包括医理、医方、针灸、佛医、祝由等内容，将其进行全面的整理与研究，对于突出敦煌传统医学特色，创新临床实践，提高治疗效果等均有重要的现实意义。作者在 2005 年度甘肃省自然科学基金的支持下，对俄罗斯藏敦煌医药文献进行了全面的释要。该研究于 2008 年 5 月份通过鉴定，全国著名专家赵健雄、余瀛鳌、王振国、钱超尘、郑炳林、李正宇、马德鉴定后认为：本成果在俄藏敦煌医药文献研究方面，达到国际领先水平。

十七、《〈辅行诀脏腑用药法要〉校注考证》

《〈辅行诀脏腑用药法要〉校注考证》王雪苔校注。该书由国内外著名的针灸学家、中国中医科学院资深研究员王雪苔编著，共分三篇。上篇收载《辅行诀脏腑用药法要》繁体字校注本、简化字厘定本及作者的校注厘定说明；下篇收载作者对《辅行诀脏腑用药法要》的调查与考证的论述，包括对《辅行诀脏腑用药法要》的调查与校勘考释、真伪考、撰者考、诸种传本和校勘、增订、改编本的辨析与评论等；附篇收集了有关《辅行诀脏腑用药法要》的资料选编，包括转抄本原件（全文）影印、张大昌序与追记本原稿（全文）影印、中研本原稿（部分）与打印原件（全文）影印、一九七六年卫生部中医研究院老专家座谈会纪要、张大昌来信原件影印、一九七六年调查取证材料原稿影印 、依张大昌草图摹绘之三皇四神二十八宿图等。总之，作者以翔实的资料和深入的研究，对这部重要的中医药古籍加以校勘整理，对继承和挖掘中医药宝库具有重要学术价值，其中的脏腑辨证用药法则及众多处方对今人临证用药具有很好的指导、借鉴和实用价值。其内容珍贵、考证有据。

十八、《辅行诀五藏用药法要传承集》

《辅行诀五藏用药法要传承集》张大昌、钱超尘主编。该书由著名中医文献学家钱超尘教授主持编写（因张大昌先生已故），其间，钱超尘先生两次深入张大昌的家乡河北邢台，深入实地调查研究，总凡发掘出了 21 种极有价值的不同抄本，其中多数是张大昌的弟子抄出，也有张大昌本人及其挚友所录的本子。其内容包括前言、《辅行诀五藏用药法要》抄本说明、抄本访求记、传承诸本（21 个抄本辑录）、相关论文（有关《辅行诀五藏用药法要》的论文 23 篇，如钱超尘撰写的《〈汤液经法〉〈伤寒论〉〈辅行诀〉古今谈》、王雪苔撰写的《对〈辅行诀脏腑用药法要〉的调查与校勘考释》）等。《辅行诀五藏用药法要传承集》的出版填补了中医文献史的一项空白，同时也给今人提供了一部脏腑用药配伍组方的全"新"的规矩与理法，有助于在临床取得一些新的突破。

十九、《敦煌古医籍校证》

《敦煌古医籍校证》陈增岳编著。敦煌医学文献经过多次的整理，取得了可喜的成绩，但在语言方面的一些疑难仍未解决。本书针对三种整理本子中的不足，做了一些校勘拾遗工作。

二十、《辅行诀五藏用药法要研究》

《辅行诀五藏用药法要研究》衣之镖、衣玉品、赵怀舟编著。本书分上下两篇，分别从学术思想和历史背景两方面详细论证和描述了与《辅行诀》相关的理论问题和历史现象。上篇《辅行诀》之学术管窥的表述逻辑是着眼于现实的，即首先承认《辅行诀》存在着不同的传抄本系统，并罗列其典型文本三种；接着推出笔者在此基础上完成的整订文本稿，并保留藏经洞本复原稿；继而详细阐述其中蕴含的学术理念和整订思路。下篇《辅行诀》时地人寻迹的表述方式是着眼于历史的，该篇从《辅行诀》题名作者陶弘景先生的学术、人文背景谈起，并沿着陶氏生前身后《辅行诀》一轴的历史命运，渐次展开与之相关的时事、地缘、人物和文本形态的细致追溯和描述，并以《辅行诀》出洞后的第二故乡和近代主人的情况为其终结。

二十一、《敦煌佛书与传统医学》

《敦煌佛书与传统医学》李应存主编。本书分四章对敦煌佛书与传统医学相关内容进行了研究。第一章主要阐释了写在佛书正、背面的医书，包括《针灸甲乙经·卷之四·病形脉诊》节选本（P.3481）、《张仲景五脏论》（P.2115）、用药指南及男、妇两科方（S.4433V）三种。第二章主要阐释了敦煌佛书中的医学内容，包括佛书陀罗尼杂集四天王所说大神咒略抄中之眼耳腰病方（P.2665V）、《毗沙门天王奉宣和尚神妙补心丸方》（S.5598V）、金光明最胜王经中之香药洗浴方（P.3230）、《救诸众生苦难经》《新菩萨经》中的十种死病（S.3417）、《劝善经》中的七种死病（P.3036）、《佛说痔病经》中的痔病（S. 5379）、佛书《四分律删繁补缺行事钞》中的"治病所须"（P.2215）、佛家辟谷诸方甲本（P.2637）、五辛文书中之佛家修身养生方（P.3244）等。第三章主要阐释了敦煌佛书与医学的有关问题，包括敦煌单验方与佛儒道关系、与佛家关系密切的敦煌诃梨勒组方、敦煌佛书中的医学内容与佛教的世俗化、敦煌毗沙门天王奉宣和尚神妙补心丸方、敦煌遗书中佛家咒语与药物疗法、敦煌张仲景《五脏论》中的佛家思想、敦煌药师佛的崇拜与《药师经疏》中的医学内容、"药王菩萨本事品"中的"如病得医"与敦煌医家等。第四章主要结合第一至第三章内容对本研究的结论进行了概括性论述。

图 3-5 李应存主编的《敦煌佛书与传统医学》

二十二、《敦煌医药文献真迹释录》

《敦煌医药文献真迹释录》袁仁智、潘文主编。本书以高清晰的图影及敦煌医药图版为底本，首次以图版、录文和注文对照的形式对敦煌藏经洞出土的医药卷子和敦煌出土汉代医简给予全新解读，弥补了前人只出录文而无图版之憾，为读者的研究提供了便利。收录了英藏、法藏、俄藏、日藏医药卷子，同时包括敦煌汉简中的医药残简。

二十三、《中国出土古医书考释与研究》

《中国出土古医书考释与研究》马继兴著。本书是对我国境内出土的择其内容相对完整丰富、学术价值高、有进一步研究与开发价值的古医书文献进行系统考释与研究。包括敦煌古医书、武威汉代医简、马王堆汉墓医书及其他出土医书。其中敦煌医书占据绝大部分，进一步整理、校正、更正了原有研究的错误及不恰当之处，是对敦煌医学的进一步总结。

二十四、《敦煌医学文献研究集成》

《敦煌医学文献研究集成》潘文、袁仁智主编。本书收录了自敦煌文献发现百年来的研究敦煌医学的论著和部分论文，以目录概览和文章辑录的形式，从文献研究、临床应用、实验观察、其他相关研究 4 个方面全方位、多层次地展示敦煌医学博大精深的内容。

二十五、《敦煌吐鲁番医药文献新辑校》

《敦煌吐鲁番医药文献新辑校》沈澍农主编。本书主要研究敦煌藏经洞与吐鲁番及周边地区出土的中医药学遗书。选取其中保存较好的百余件进行研究，对其文献研究作全景式的描述，并举例揭示本研究范围的主要难点与存在问题；分论主要对各个卷子逐渐录写、校勘、注释，并在每个卷子开头处列表载该卷子的基本信息。

二十六、《辅行诀五脏用药法要临证指南医案》

《辅行诀五脏用药法要临证指南医案》陈志欣著。分为上下两篇。上篇《辅行诀五脏用药法要》验案，是作者 40 年来，学习运用《辅行诀五脏用药法要》之医案。《辅行诀》制方严谨，科学性强，选择医案中疗效好，接近原方的案例。每方1～3例，集合成册。其中有"释"有"引"，并加了按语，表明处方思路，依原书的顺序，先五脏泻汤，后五脏补汤，救误诸劳损，六神汤，救卒死等依次排列。下篇《处方正范》案例。先师一生博览群书，披沙拣金，以集经方成书，尽是古方用药精辟者。笔者在医疗实践中多以此方取效。此处收入具有代表性的医案，通过现代化的显像和生化检测手段，证实了其客观疗效，从而肯定了《处方正范》的学术价值。《辅行诀五脏用药法要临证指南医案》文字通俗，内容丰富，学术观点独特，适合广大中医工作者或中医文化爱好者阅读。

二十七、《敦煌写本医籍语言研究》

《敦煌写本医籍语言研究》王亚丽著。本书从文本用字、词汇、语法、文化方面对敦煌写本医籍进行研究，用字方面探讨了敦煌写本医籍用字现象及特点，并提供字典未见之字例和书证。语法方面选取量词的使用作为重点考察对象，为宋以前的量词使用提供了大量翔实的材料，其中部分量词的使用修正了旧说。

二十八、《敦煌文化与中医学》

《敦煌文化与中医学》陈可冀总编，李金田、戴恩来主编。本书分上下两篇。上篇展示了敦煌之文化源流、宗教、文学、艺术、典制、民俗、科技及敦煌文化的本质与内涵；下篇则对敦煌医学文献和涉医壁藏中有关中医诊法、本草、针灸、医方、养生、医事制度及风俗等方面内容进行了详尽的阐述。

图3-6 敦煌文化与中医学

二十九、《敦煌医学文献与传世汉唐医学文献的比较研究》

《敦煌医学文献与传世汉唐医学文献的比较研究》田永衍著。本书分为四章介绍，敦煌医学文献产出的历史背景，S·202 卷子的研究，S·5614 卷子的研究及《辅行诀》非藏经洞遗书考。是作者各人论证的锦集，对敦煌医学的内容作了更深入的探讨与挖掘。

三十、《敦煌遗书及古代医籍同名方集萃》

《敦煌遗书及古代医籍同名方集萃》李廷保编著。本书是通过细心阅览敦煌遗书，从中提取记载的敦煌古医方 28 首，对应分编为 28 篇，分别搜集整理校订以前古籍中出现的同名方共计 2056 首，同时列出方源、别名、方药和主治。

三十一、《敦煌针灸文献辑释与临证发微》

《敦煌针灸文献辑释与临证发微》王银平、张宗权主编。敦煌针灸医学是敦煌医学的重要组成部分，包括针灸专著残卷和综合医著残卷中的针灸内容，为针灸学提供了诸多未见著录或是与现存文献不同的版本，有极高的文献学价值。《敦煌针灸文献辑释与临证发微》分上、下两篇。上篇主要介绍敦煌针灸文献，下篇主要收集了综合医著医方中的针灸文献。研究分析了敦煌针灸文献的医理与临床价值，适合中医院校科研工作者、针灸专业临床工作人员及在校师生阅读参考。

三十二、《辅行诀五脏用药法要二旦四神方述义》

《辅行诀五脏用药法要二旦四神方述义》衣之镖编著。由于《辅行诀》与《伤寒论》同源异流而视角有别，之前对此书的研究甚少，直接影响到全面理解《伤寒论》以及仲景经方之意旨。唯深入理解参悟《辅行诀》中条文方义，方能正确解读其中辨证施治之精髓，作者有感于此，乃从《周易》和《黄帝内经》学术思想入手，分析陶弘景所倡诊疗外感天行之升降阴阳、交互金木、既济水火三大法则，发现与刻下通行的一些学说及《伤寒论》学理有所出入，而提出了一些"一己之见"，汇为此册，取名《辅行诀二旦四神方述义》，意在深刻阐释辅行诀中诸方奥义及临床运用。

三十三、《辅行诀传人张大昌遗著》

《辅行诀传人张大昌遗著》陈志欣主编。本书为中医张大昌先生遗著的合集。张大昌先生的关门弟子陈志欣将其所藏遗稿，选择保存完好的做蓝本，校对出版，供大家研究、学习。遗著共有19部分，基本囊括了全部著作。如《医统心法一册》医理部分论述;《医诀》诊断学的总结;《二十四神方》《处方正范》处方之总诀;《药性四言韵语》药物部分;《三十六脉》用表式文体，简而精的总结出了脉的宗旨。以上部分著作，具是理、法、方、药总诀式代表作，体现了先生的经家学术思想，义理深奥，语言精辟。这次再版，均是两种以上稿本，相互参照，相互校对，尽量保持原稿原貌，有变动或有不一致的均加注说明。

第三节　敦煌医学卷子的全面研究

对敦煌医学卷子的全面研究，归纳起来大致包括医理类、藏医类、本草类、医方类、针灸类、医事类及外来医学类等著作的研究。周丕显在《敦煌学辑刊》第二集上发表了"敦煌科技书卷丛谈"一文;1984年王道坤等发表了《敦煌医学初探》一文［甘肃中医学院学报,1984（1）]，同时张绍重等发表了《敦煌石室医药文献类萃》一文［甘肃中医学院学报，1984（1）];1985年赵健雄、徐鸿达、王道坤等发表了《敦煌石窟医学史料辑要》一文，文中从敦煌壁画中的医学内容及敦煌遗书中的医药文献两大部分进行了论述［《敦煌学辑刊》，1985（2）];1986年，朱定华等[40]从医学卷子的文献价值，学术价值及成书年代进行了首次全面概述。

一、医理类著作的研究

敦煌医理类著作包括医经类、五脏论类、诊法类等著作，这类著作的研究主要体现为：

1. 用于传世古医籍的校勘与研究

如敦煌卷子 P.3287《三部九候论》中着重提出了"以左手去足内踝上五寸，指微按之，以右手指当踝上微而弹之"的字样，这使《素问·三部九候论篇》"以左手足上，上去踝五寸按之，庶右手足当踝而弹之"等字样的解释及操作方法更加明朗易解，为其校勘提供了重要的校勘旁证，并解决了《内经》古诊法中的未解之谜。又如敦煌卷子 P.3481《病形脉诊》可供校勘今本《灵枢·邪气脏腑病形》一篇参考[41]。又如俄 Дx02683、Дx11074 为《黄帝内经》中《素问》与《灵枢》部分内容之节选，可与传世的《黄帝内经》进行对校，对考察《黄帝内经》有关版本的流传有意义。其次节选内容对临床指导作用大，实用性强。其中俄 Дx02683 碎片内容为《灵枢·淫邪发梦第四十三》中之后部的残文、Дx11074 内容与《灵枢·淫邪发梦第四十三》中之前部的残文，其所反映的是中医学梦诊的内容，从中可以看出，抄录者对辨梦诊病很重视。再者，节选内容重视季节气候对疾病轻重的影响，并以此推测疾病的预后，如 Дx02683《黄帝内经·素问》中第 10～14 行（为《黄帝内经·素问·阴阳类论篇第七十九》中之节文）就论述了这个问题。我们现在也观察到老年性慢性支气管炎多在冬天发病等，今后更应重视这方面的研究。又如 Дx02683《黄帝内经·素问》中 7～9 行（为《素问·阴阳类论篇第七十九》中之节文）中论述了阴阳气逆为厥的老人与小孩在四时季节的不同预后[42]。还有俄 Дx00613《〈黄帝内经〉〈难经〉摘录注本》主要论述了人体荣卫之气的运行、呼吸与人体脉动的关系、手太阴肺与寸口的关系以及三部九候决生死、处百病之医理。摘录原文虽残，但行文简练，将《黄帝内经》与《难经》的有关内容融为一体，使医理与分部诊病相互对照，并杂以己见。我们从原文的录释中清楚地看到，有部分地方与《黄帝内经》《难经》的有关内容不符，且文字表达多有出入，因此，我们认为，俄 Дx00613虽并非是对《黄帝内经》《难经》进行完整摘录的注本，但仍对于研究《黄帝内经》与《难经》的不同注本及指导临床实践有较为重要的意义，尤其对三部九候脉诊的原理意义重大[43]。俄藏敦煌文献 Дx17453 系隋唐医家抄录的《黄帝内经·素问》的又一写本，首先，俄 Дx17453《黄帝内经·素问》残卷对研究《黄帝内经·素问》版本的流传及校勘有重要意义。其次残卷中的内容对于指导临床实践也有现实意义，如俄 Дx17453 第1～3行为《黄帝内经·素问》"刺疟篇"最后部分的内容，主要论述了针刺髓会绝骨出血治疗风疟骱酸痛甚及针刺至阴治风疟身体小痛等针刺疗法。以针刺手法治疗疟疾方法独特，为后世医家开拓了针刺手法治疗疟疾的新思路。又如俄 Дx17453《黄帝内经·素问·气厥论篇》第3～9行为《黄帝内经·素问·气厥论篇》开头部分的内容，主要论述了由于脏腑之气不顺而致五脏六腑间的寒热相移，将脏腑寒热盛极相传之病机与临床表现相结合的论述，奠定了中医脏腑辨证的基础，值得进一步研究[44]。

2. 填补了中医学某些术语解释中的空白

在敦煌医学卷子 P.3477《玄感脉经》（图3-7）中有"九脏者，形脏四，头角、耳目、口齿、胸中也"一段，其中"头角"的功能是"精识之主，"而在《素问·三部九候论篇》中虽也有相同记载，但后者却未记"头角"的功能。所谓"头角"是指头脑而言，而这种认为头脑具有精神意识即"神识"作用的提法，在既知资料中其时代是最早的[45]。

又如，在古医书中的"明堂"一词，即指鼻中而言，对于针灸图上"明堂图"中的"明堂"的含义，在传世医书中无明确之解释。但在P·3655《明堂五脏论》中则指出"明者命也，堂者躯也"。因而针灸图中的"明堂图"系指具有生命的人体图，这是一种十分恰如其分的正确解释[46]。

图 3-7 敦煌医学卷子 P.3477《玄感脉经》部分内容

3. 学术特色研究

赵健雄通过对敦煌写本张仲景《五脏论》的考析，总结出该书主要包括以下特点：阐述天人合一、表里相应的整体观念；提出"四大五常，假合成身，若有不调，百病俱起"的古印度医学内容；强调脏腑辨证和辨证论治；重视药疗，批判服石；是地道药材的较早记载；论述了药物的性质、炮炙；阐发了药物的主治、功效；发展了药物的品种[47]。又如丛春雨对《辅行诀脏腑用药法要》的流传、鉴定及所载心病证治四方之病机。治则和组方特色作了探秘[48]。李金田对张仲景《五脏论》中本草学内容进行了简述[49]。

4. 新发现的《张仲景五脏论》

李应存等新发现俄 Дx01325V 为《张仲景五脏论》，具有有重要的现实意义。首先，俄 Дx01325V《张仲景五脏论》的发现，使敦煌写本《张仲景五脏论》增加为 5 种，即 S.5614、P.2115、P.2378、P.2755、Дx01325V。可见这部对丰富中医理论及指导临床实践有重要价值的医书在当时广为流传，颇具影响。今天仍具有重要的发掘与利用价值。其次，进一步证实了俄藏、英藏、法藏敦煌文献之间的密切联系，可以初步推断其亦出自敦煌莫高窟藏经洞[50]。

5. 成书年代及作者考证

关于成书年代问题，S.5614 张仲景《五脏论》，马继兴等从避讳用字角度，认为系唐初写本，而罗福颐先生从字体及装潢考之，似出五代或宋初等。

关于作者问题，大多数学者认为《五脏论》非张仲景所著，如马继兴、谭宗达、赵健雄、朱定华等，他们根据古籍薄录记载的题名，所载医家、医方及药物情况来考证。而杜雨茂等[51]认为《五脏论》的作者就是张仲景，只是因为该文为抄写本，距仲景已远，在传抄过程中，后人篡改或删节难免，个别地方，其或已非仲景之旧。李金田结合上述观点进一步对张仲景《五脏论》成书年代及作者进行了考证[52]。

6. 解决了医史研究中某些争议的问题

宋本《伤寒论》是迄今《伤寒论》传世本中最早的一种。对于该书中"辨脉法"和"伤寒例"的撰年及作者曾存在不同意见，清·曹禾氏认为"伤寒例"是"唐宋俗医"传抄时改编；方有执认为"伤寒例"是金·成无己所编；日本川越正淑认为"辨脉法"和"伤寒例"均是五代高继冲掺入者。马继兴先生根据敦煌卷子中隋唐人写录的"辨脉法"及"伤寒例"的部分内容，保证上述此二篇的撰年必在五代及宋代以前。至于撰者究系张仲景或王叔和的问题，虽然尚不能根据卷子确定，但完全可以排除上记"唐宋俗医"，成无己及高继冲之说[53]。

7. 诊法类著作研究

俄 Дx08644"《脉经》节选本"对诊法有重要的现实意义：其一，《脉经》乃西晋太医令、著名医学家王叔和所撰，为我国现存的第一部脉学专著，系统阐述了诊脉方法、诊脉理论及诊脉的临床意义，对24种脉象的形态特征作了明确的表述，并使"独取寸口"的诊脉方法得到进一步完善和推广，至今仍为中医临床所习用。现传世本王叔和《脉经》是宋·臣林亿等人整理而成，俄 Дx08644"《脉经》节选本"系唐代写本，虽是节选本，但早于宋代，是现存最早的"《脉经》节选本"，因此，在研究《脉经》版本的流传与校勘等方面意义重大。其二，脉象与所主病证相互关联，论述简明扼要，某些地方描述更具体，如"关脉伏，胃中有水气"比传世本"关脉伏，中焦有水气"定位更准确。某些症状的描述更具有古朴风貌，如将"溏泄"写作"泄宿"，将"苦满吞酸"写作"苦乔酢"等。这些都值得我们进一步研究[54]。

二、藏医类著作的研究

截至目前，出自敦煌石窟的藏医药文献至少在 5 篇以上，这些珍贵的古藏文手写本为藏族医药学的起源提供了最新资料。其研究内容可分为：

1. 翻译整理

中央民族学院王尧等[55]在整理流落在国外的敦煌古藏文文献时，对发现的 P.T.1059 号《藏医杂疗方》与 P.T.1044 号及 P.T.127 号两份《藏医针灸方》进行了细致的汉译，这对藏医学史的研究起到了非常积极的作用。其后，中央民族学院的罗秉芬、黄布凡又编译出版了《敦煌吐蕃医学文献选编》，对其作者精心考证，并译成汉文，书中共收载藏文抄写的吐蕃时期藏医文献四卷[56]。王尧等作者从文字苍古、风格朴素的特点及书写字形的特征，认为它是公元 8 世纪的藏医文献，是迄今所见最早的古藏医文献之一[57]。

2. 专题研究

中央民族学院的罗秉芬对敦煌本吐蕃医学文献《火灸疗法》从其由来、成书年代、早期藏医基础理论及藏医受汉族中医影响的历史事实等方面进行了研究[58]。洪武娌[59]就"敦煌石窟《藏医杂疗方》的医史价值"进行了探讨，认为该《藏医杂疗方》虽短短 4000 多字，所涉内容却相当丰富和广泛，可以说是古藏医的一部临床手册，同时它在相当大的程度上保持了早期藏医的真实面貌，是不可多得的珍贵医药文献，更为批判藏医外来说提供了有力的依据。接着洪武娌和蔡景峰[60]又发表了论文《现存最早的灸法专著〈敦煌古藏医灸法残卷〉》。该文首先对敦煌藏医灸法残卷的内容作了简介，从编写体例到独特的取穴方法，从临床病证到生理解剖，从病因病理到症状诊断，从灸疗方法到其他外治法均作了较为详细的论述，充分体现了藏医学是独具民族特色的医学。其次，作者根据文献记载及考证，认为该灸法残卷是现存最早的灸法专著。最后，作者对灸法残卷在针灸学及藏医学上的意义进行了研讨，尤其在针灸的起源、经络的起源及针灸与时间医学等方面进行了较为细致的阐发。赵健雄等对敦煌遗书中的四件藏医文献从其概况与学术价值两方面进行了探析[61]。李应存从临床实用的角度出发，综合了藏医、中医、西医的有关研究成果，从 10 个方面浅述了其科学价值，即结扎止血、放血排毒兼以碳剂内服而治出血；内外合治，共治瘰疬痈肿；治喉咽病痛，吮熏两法并用；疗牙龈病变，吮吐莨菪之根；心口疼痛，冰片能愈；怀疑中毒，吐法为妙；治疗中暑，饮食宜清淡，以辛香清解为要；呃逆不止，按、烤、喷嚏则止；医黄水疮，檗汁涂则愈；人患疥疮，外用杀虫治疥。除此之外，《藏医杂疗方》中还有许多地方是具有科学性的，直至今天仍有发掘的价值，如认识到肝病表现为肝痛肿大、脸色青黄、眼黄，这与现代医学的认识基本一致等[62]。

三、本草类著作的研究

在敦煌医学卷子中保存了南北朝及唐朝代的 4 种重要的本草学著作的部分传本。即《本草经集注》（龙 .530），《亡名氏本草序例》（S.5968），《食疗本草》（S.76）及《新修本草》残卷（S.4543）。这些研究主要为：

1. 用于散失医籍的辑校

虽然敦煌出土的《新修本草》的药物总数只有 46 种（原书 850种），《食疗本草》残卷仅存食用药品 26 种，但他们均是现已发现的最早抄录本，因而其价值是非常宝贵的，尤其对散失古医籍的辑校显得尤为重要。如 1981 年尚志钧辑校的《唐·新修本草》即以敦煌《新修本草》残卷作为可靠底本[63]。

2. 考析研究

赵健雄对敦煌残卷《新修本草》及《食疗本草》进行了考析，并对《食疗本草》残卷在本草学中的贡献做了初步研究，其中包括 4 个方面：首先是食疗药物的总结和发展；其次是对药物功效的增补；其三是对服食宜忌的发挥；最后是对采集、修治及食疗地域性的阐发 [64]。赵健雄对敦煌遗书地志残卷中土贡药物进行分析后认为，由于《名医别录》和《唐本草》原书均已亡佚，这篇中唐时期所写的地志残卷就成为迄今所见记载药物原产地的早期原件文献 [65]。

四、医方类著作的研究

（一）敦煌医方的整体归纳研究

马继兴主编的《敦煌古医籍考释》是第一部系统整理研究敦煌医学卷子的专著。书中对现存敦煌医学卷子中保存的医方数量作了粗略统计，认为这些古医方至少有 1100 首以上。其中除了个别见于前代医学方书的古方上，大都是六朝隋唐医家通过验证的经效医方，而且还有不少单验方。如用硝厂雄黄散着舌下治中恶、急心痛、手足逆冷方与现代治疗急性心肌梗死的有效西药硝酸甘油的原理与疗效相同，且早于后者 1000 年以上 [66]。

赵健雄等在其所著的《敦煌医粹》中精选了对临床治疗疾病有重要作用的 P.2565、P.2662、P.3930、S.5435 四种医方卷号共计 45 首医方，如 P.2565 中之疗痰饮内消方、四时常服方，P.2662 中之黄连散方、丈夫虚肾热客数苦自泄不止方等，对这些医方除进行了简明扼要的注释外，还在按语中紧密结合临床实践及中医理论作了深刻透彻的分析，如 P.2662 中之疗瘦病人粪酒后按语云："瘦病指慢性营养不良、消耗性疾病，主要因脾、肾不足所致，人粪酒方用人尿、人粪、曲、豉、葱白等清热解毒、补脾益肾、祛瘀生新，自当有效。"又如 P.3930 中之治人猝死其脉如常方（包括皂荚末吹入耳鼻、菖蒲末着口舌上、桂心末着舌下）后按语云："以皂荚末吹鼻起'死人'，亦见于《备急千金要方》卷二十五，敦煌卷又增菖蒲末方。值得指出的是，敦煌卷以脉象来判断人卒死是否'真死'，其脉如常者，非真死，可救；无脉者，则真死，救治亦难，这在临床上很有实用价值"[67] 等。

王道坤等在其所著的《医宗真髓·卷六·敦煌医方选粹》中，特意从 1000 多首医方中，精选出 72 首，并分为神仙救急方、延年益寿方、疗百病方、五脏补泻方、美容方、外用方、五官疾病方、霸药方八类，以献读者[68]。

《敦煌中医药全书》中对当时所公布的医方进行了全面的整理研究，同时丛春雨在其所著的《敦煌中医药精萃发微》中对一些重要医方按内科疾病方、外科疾病方、妇科疾病方、儿科疾病方、五官科疾病方、美容美发方、食疗方、佛医道医方、疗服石方进行了阐发[69]。

张侬的《敦煌石窟秘方与灸经图》中对其中更切合实际运用的医方按简释、功效、主治、方解、按语、歌诀进行了罗列与归类，以供翻检之便[70]。

李应存在 1992～1993 年间对敦煌残卷妇科医方按月经病、带下病、妊娠病、产后病等进行分类，并参考古今医药文献结合临床对其进行了全面的释要[71]。

张士卿、李应存主编的教材《实用敦煌医学汇讲》（甘肃省教育厅重点教学改革项目）中亦将医方归纳为一大类专章介绍，并将所精选的临床颇具实用的医方按内科医方、外科医方、妇科医方、儿科医方、美容美发医方、男科医方、五官科医方、急救医方、佛教医方、道教医方进行分类选讲，亦颇受同学们的认同与欢迎[72]。

王淑民教授从读者实际出发，编写了《敦煌石窟秘藏医方》一书。该书基本按主治疾病分类，并将《辅行诀脏腑用药法要》作为首选医方列于诸方之前，共分为 65 类医方，每方均按注释与按语两部分进行分析[73]。

陈明博士通过对敦煌医学卷子 P.2666、S.6177V、P.3930、Дx00924 及《医心方》中的有关内容仔细比较后，发现它们之间有相互关联的内容[74]，这一点笔者与陈明博士的看法相同。

张如青教授对俄罗斯藏敦煌文献中部分医方如除咳逆短气方[75]、钟乳散方[76]等进行了释读考证。

张瑞贤教授等人在研究龙门石窟药方时发现，英藏敦煌卷子和法藏敦煌卷子有不少与龙门石窟药方有关的内容，并在其主编的《龙门药方释疑》一书中收载了与龙门药方有关的敦煌医学卷子 P.2666、S.3395、S.9987、P.3596、S.3347 等全部内容[77]。

张侬对敦煌《脉经》残卷中 700 首古医方考证后认为，这些医方的名称与传世《脉经》中的 7 首有名无药古医方相符，其中治风膏、前胡汤、平胃丸、瞿麦汤、滑石散的药物组成、主治等都是前所未闻的医史资料，为研究《脉经》医方提供了重要依据[78]。

（二）敦煌医方的分类整理研究

1.《辅行诀脏腑用药法要》的医方研究

敦煌卷子《辅行诀脏腑用药法要》是一部非常重要和珍贵的医书，自敦煌藏经洞出土后于民国初年（1915 年）被王圆箓卖给河北威县的张偓（wò）南先生，遗憾的是在"文革"期间被毁。据《敦煌古医籍考释》等介绍，现流传者为张偓南之嫡孙张大昌的弟子抄本（甲本）及张大昌追忆本（乙本）。王淑民对《辅行诀脏腑用药法要》考证后认为，其乃后人辑录陶弘景之论而成，成书年代约在南北朝末期至五代间，其中保存了大量古代经方，为今人研究仲景之前医方提供了依据，并可补《伤寒论》中已佚之经方。王淑民教授通过对《汤液经法》的成书年代、《辅行诀脏腑用药法要》方与张仲景方的比较后认为，《伤寒杂病论》《辅行诀脏腑用药法要》方当同源于《汤液经法》[79]。

李应存等结合诸家之见，首先对其被毁及今抄本、撰著年代、抄写年代、内容与治病范围进行的简要的介绍，其次为了便于临床使用，对该书中的 55 首医方分别按照方名、组成、原文证候、病机、方解等作了简明的释要[80]。同时李应存等认为，该书内容基本完整，书中主要以五脏为中心论述疾病的临床表现与治疗方法，特别是其中五脏病证方、救诸病误治泻方、救诸劳损病方、大小二旦汤、大小六神汤、救卒死中恶开窍方等的主治及配伍，不仅有很高的学术价值，而且颇具临床实用性[81]。在该书未发现之前，一般认为阴、阳旦汤有3个，但方药已佚；谢盘根通过该书发现阴、阳旦汤有5个，即大小阳旦汤、大小阴旦汤、正阳旦汤，且方、药、证俱全，为历代悬而未决的"阴、阳旦汤"疑案提供新的文献资料[82]。谢氏还通过对此卷考核发现"四神汤"即青龙、白虎、朱鸟、玄武大小8个古佚经方俱在。但仲景著作只可见大小青龙汤、白虎汤、真武汤。通过与仲景记载"四神汤"对照，认为《辅行诀脏腑用药法要》及仲景所记"四神汤"皆源于《汤液经法》，且《伤寒论》中"四神汤"一方不缺，只是有的医方为避道家之称，改用方中主药命名[83]。

张永文通过对《辅行诀脏腑用药法要》与《伤寒杂病论》比较后认为，两者方药相同或相近的方剂共18首，大部分在组成、药量、主治及加减变化等方面基本相同，只是方名有异。《伤寒杂病论》源于《汤液经法》，通过《辅行诀脏腑用药法要》可再现《汤液经法》原貌[84]。

张侬等通过探讨《辅行诀脏腑用药法要》与《伤寒论》所载医方的五种密切关系，亦认为两书均承袭古书《汤液经法》[85]。吴红彦等以此书为依据，探讨桂枝汤可能源于《汤液经法》之"小阳旦汤"，《辅行诀脏腑用药法要》为进一步探讨桂枝汤类方提供了重要线索[86]。

梁永林等在《辅行诀脏腑用药法要》启发下认为运用取象比类法将中药五味归属于五行（味辛属木、味咸属火、味甘属土、味酸属金、味苦属水）的配属关系更能反映药味的功效作用，能较好解释临床用药的一些规律，对指导临床用药有较高价值[87]。

张永文发现《辅行诀脏腑用药法要》中对五脏苦欲补泻配方原则的记载，与林亿校本《内经》有所不同，其所载内容更为合理，可再现《汤液经法》原貌[88]。

李应东认为，《辅行诀脏腑用药法要》所载医方以五脏虚实辨证论治，以五行五藏理论指导用药，并经五窍治五脏病，充实了中医急救医学的内容。配伍用药也独具一格，具有临床实用价值[89]。

从春雨详细解析了《辅行诀脏腑用药法要》中所载24首五脏病证方剂，认为这些医方体现了中医药学同病异治、辨证论治的原则。并对该卷5首救急方进行分析，认为这5首妙用开五窍以救卒死中恶的医方，充分证实了人体局部和整体的辨证统一。尤其"着舌以通心气"一法，对中恶、急心痛或真心痛患者，以硝石雄黄散含舌下或随涎咽下进行急救，从而保证给药最佳途径。这与现代医学用舌下含药治疗急性心肌梗死、心绞痛一类疾病的方法如出一辙[90]。

徐浩从《辅行诀脏腑用药法要》探讨了经方组方法则和配伍规律[91]。

2.《备急单验药方卷》的研究

敦煌写本 S.3347、S.3395 是第一批公布的英藏敦煌文献中的两个医学写本，在《敦煌古医籍考释》与《敦煌医药文献辑校》中 S.3395 被命名为《不知名医方第三种》，S.3347 被命名为《不知名医方第十三种》。写本 S.9987A 残片《敦煌医药文献辑校》命名为《不知名医方第十八种》。写本 S.9987B2V 残片为《备急单验药方卷》卷首序文部分。

1989 年，兰州大学王冀青教授在伦敦大不列颠图书馆考察敦煌写本时发现 S.3347、S.3395、S.9987（两个残片）4 个写本"内容、纸质、书法、字体、格式、墨色等完全相同"，并且指出"《（备）急单验药方卷》已知 4 块残片中，S.9987·BACK2（即 S.9987B2V）为书名标题及序文，自然是原卷的首部；S.9987·FRONT（即 S.9987A）修复前与标题序文部分紧贴在一起，以卷子形制推测，它离卷首不会太远；至于其余两块残片，我们无法断定孰先孰后，暂以较长 S.3347 号置于较前位置，将 S.3395 号排在最后。"这是一个重要发现[92]。

1999 年，张瑞贤先生在其主编的《龙门药方释疑》中发现《备急单验药方卷》4 个残卷与《龙门药方》有密切联系，据其考察："不知名医方第 13 种（S.3347）载方 77 条，与《龙门药方》完全相同或基本相似的有 25 条。S.3395 共有 34 条，多支离，难与《龙门药方》相对照。""在 S.9987.FRONT 中也有与《龙门药方》相同类似的条文。"这一发现说明敦煌《备急单验药方卷》与《龙门药方》有传承关系；以此为线索，发现龙门药方与敦煌医学卷子 S.3347、S.3395、S.9987 有明显同源关系，他们均来源于《备急单验药方》一书[93]。

2000 年 7 月，中国中医研究院中国医史文献研究所王淑民因受 Wellcome 基金会的赞助支持，在伦敦大不列颠图书馆查阅敦煌石窟发掘的医学写本时，发现了 S.3347、S.3395、S.9987A 三个残卷的拼合点，并将三个残卷的字成功拼合，加之卷首残片 S.9987B2V，构成《备急单验药方卷》缀辑本。写本 S.9987B2V 残片为《备急单验药方卷》卷首序文部分。王淑民从序文中了解到，该书收集著录单验药方 108 首，是一部患者"依用自取"的救急手册。在序文中作者表示想把这 108 首方剂刊刻于岩石上，便于往来过客"录之备急"。文中"葛氏"，当指葛洪，且指出在那时已有人对葛洪的某些医方"鄙耻而不服"，说明编此《备急单验药方卷》时离葛洪生活时代已远，约为六朝或其后写本[94]。笔者将《英藏敦煌文献》中影印的几个卷号方在一起反复对照，其结果与王淑民教授的相同。因此我们认为从王冀青教授发现并录文到王淑民教授 10 年后证实并成功缀辑，其所做的努力对敦煌医学卷子的复原及研究均有十分重要的意义[95]。

3. 敦煌佛家医方书的研究

佛书中本身所包含的医学内容也很丰富，如"佛书陀罗尼杂集四天王所说大神咒略抄中之眼、耳、腰病方"P.2665V；"毗沙门天王奉宣和尚神妙补心丸方"S.5598V；"金光明最胜王经中之香药洗浴方"P.3230；《救诸众生苦难经》《新菩萨经》中的十种死病 S.3417；《五辛文书》中之"佛家修身养生方"P.3244 等。敦煌佛家医方书的研究如"毗沙门天王奉宣和尚神妙补心丸方"现藏英国伦敦博物院，编号为 S.5598V，该卷子分正背两面书写，正面为佛经 S.5598a《大悲启请》（首题）、S.5598b《无障碍大悲心陀罗尼》（首题）；背面为 S.5598V《佛说加句尊胜灵验陀罗尼神妙章句》，"毗沙门天王奉宣和尚神妙补心丸方"即出自背面 S.5598V，该卷子首尾均缺，系行书书写，书法一般，不详书名及作者，虽然具体撰写及抄录年代无可考，但根据方中"薯蓣"的称谓，没有因唐代宗名预（豫），避讳改名薯药，却出现了敦煌文献中常见的别体字，如"陀"写作"陁"，"尼"写作"层"，"乾（干）"写作"乹"，"人"写作"芒"，"咽"写作"呷"等。因此李应存等初步推断为唐代宗登基以前（即763年以前）的作品。今从毗沙门天王及其对他的崇拜、毗沙门天王奉宣和尚神妙补心丸方原文、抄写时代、方解、与佛家之"借医弘教"及乃后世补心丸（丹）之祖方6个方面进行了浅探[96]。《五辛文书》乃佛教禅宗文献，敦煌卷子中的《五辛文书》包括了法国编号P.3244及P.3777，作者均不详，P.3244首尾均残缺，残存53行文字；P.3777首残尾全，残存98行文字；历代大藏经均未收录，对研究佛教禅宗修身养生方法价值重大，故今根据其内容定名为"五辛文书中之修身养生方"。李应存等通过对P.3244修身养生方的录释，并结合中医理论的阐发，揭示敦煌卷子P.3244中佛教禅宗修身养生方的养生价值及医学意义[97]；同时李应存等通过较为完整的P.3777修身养生方的原文录注及释要，并结合中医理论的阐发，揭示敦煌卷子P.3777中佛教修身养生方的养生价值及其他方面的意义[98]。

4. 敦煌道家医方书的研究

敦煌道家医方书主要包括：《辅行诀脏腑用药法要》（单独介绍）；道家疗病养生延年方P.4038；道家《呼吸静功妙诀》及神仙粥P.3810；黑帝要略方P.3960V；道家养生医方S.6052；道家辟谷长生方S.5795；道家调息服气休粮养生方P.3043等。李应存等对其相关内容全面地进行了释要[99]。盖建民博士通过对敦煌道教医学文献的考证，认为在现存敦煌遗书中，与道教医学关系密切的有16件，其内容广泛，涉及道教医学的各个方面，是研究道教医学的珍贵资料。文章从敦煌文献这一新的角度对道教医学的特色及其在中华传统医学文化史上的影响作了较为深入的探讨[100]。谭真对敦煌遗书中的食疗方"神仙粥"进行了分析，探讨了该方的医食同源、药味特性、配伍剂型等特点[101]。王进玉对敦煌遗书P.3810《呼吸静功妙诀》后附"神仙粥"的食疗价值进行了探讨，认为这些由山药、鸡头实、粳米等煮成的神仙粥，是我国最早的山药粥方，不仅营养丰富，健体补虚，且能治疗诸多疾病，实为药粥、佳肴[102]。李应存、李鑫浩论述了敦煌《呼吸静功妙诀》的练功体会，并对"神仙粥"的临床今用进行了论述[103]。

5. 敦煌医方的外治法研究

宋贵杰等对古医方中的摩风膏方、犀角膏、神明白膏等膏摩方进行了管窥，并认为其类似于现在的外用搽擦剂，是一种外用药与手法按摩配合使用的手段，古人能够将二者有机地结合应用，的确不易。这些医方为中医药外治疗法的发展积累了宝贵的实践经验，而且为后世整理运用提供了依据[104]。丛春雨将敦煌古医方中的外治法总结为十二法，即熏蒸法、溻浴法、涂敷法、贴法、熨法、摩擦法、塞法、导法、嗂法、滴眼法、灌鼻法、含漱法。此外，治法各有典型的代表方剂，用法各异，各有特色[105]。李应存以引证原文的方法对敦煌写本医方中灵活多样的20种主要外治法进行了述要，其分别是：外涂法、膏摩法、淋浴法、药物吹入鼻中法、药物塞鼻法、舌上下给药法、药物点眼法、局部贴药法、局部药熏法、局部烧烙法、口含药法、药物塞耳法、药物滴耳法、药物熨耳法、药物嚓面法、药汁导入肛门灌肠法、冷水浇头法、催吐法、药物局部外洗法、药丸纳入肛门法20种外治法[106]。刘喜平探讨了敦煌医方中口腔含服、眼部滴点、鼻腔吹灌、阴道放置、灌肠塞肛等黏膜给药医方的特点及代表方剂，认为其内容丰富，特色鲜明[107]。高美凤探讨了敦煌医方外治法中的15种方法，认为其内容丰富，内科、外科以及耳、鼻、喉等疾患均有论及，其用法独特，如以坐法通过直肠黏膜直接给药，发挥作用较快；外治美容，独树一帜，开中医美容之先[108]。孟陆亮将《辅行诀脏腑用药法要》中记载的开五官七窍疗法与敦煌P.2882号残卷中的"内药方"有机结合，统称"开九窍疗法"，探讨了点眼、吹鼻、着舌、启喉、熨耳等各种内病外治法，并认为"内药方"开前、后二阴的外治法是进一步扩大了开窍疗法主治病证的范围，以"通"为立法，不止限于急救，而且推广到治疗各种郁滞不畅的疾病，是对《内经》五脏与五官九窍相关理论的发展和提高，为临床诊疗拓宽了思路[109]。豆永祥探讨了敦煌医方中外治法的 10 余种类型及 20 余种治疗病证，认为敦煌医方外治法内容丰富[110]。

6. 敦煌医方的各科研究

李应存通过对妇科医方的归纳、总结后，从其单验方、煎服法、外治法及炭剂药物等方面进行了浅探[111]。同时，李应存等还对疗服石方与现代职业病进行探讨，根据清热解毒、活血祛瘀等方药治疗职业病确实有良效的特点，提出今后应广泛开展对敦煌疗服石方进行临床实践，尤其应大胆探索使用与石类相畏的药物，如大黄、黄连、黄芩、芒硝、大麦奴等进行组方，以便在中医防治职业病中总结出更为有效的方法与途径[112]。史正刚等认为敦煌美容医方以香药芳香醒神悦目，脂药滋养肌肤华颜为主；治疗面部疾患既重祛湿、解毒、化瘀，又重护养之功，倡导治病与护肤并重；剂型多样，缓急分明。为进一步研究中药美容方提供了宝贵思路[113]。孟陆亮、史正刚对敦煌医学卷子 S.3347 中治疗消渴的 10 首医方结合临床实践和现代药理进行了探析[114]。对于儿科医方研究，李应存、史正刚、魏迎春对以佛书为主的敦煌遗书中的儿科医方分 12 个方面进行了概要，这 12 个方面是：赤白脓血热痢病，清、解、凉、涩为治要；冷痢水谷白色下，行气、清、涩、补并用；小儿下痢另有方，单方羊骨兼复方；风疳泻痢兼入眼，脐下一指灸可瘥；心腹胀满便不通，辛香清解通二便；霍乱吐乳病情重，急煎一味人参汤；儿患急疳单验方，马尿一升虫总出；小儿重舌血脉胀，鹿角烧灰涂舌上；小儿舌上既生疮，桑白取汁涂之瘥；小儿诸疮宜外治，马骨灰涂是妙方；小儿头疮久不效，大麦烧黑亦可疗；惊啼、夜啼卧不安，书字、取草祝由方[115]。李永新对敦煌医学残卷 S.3596 中十首"疗蛊水病方"进行探析，认为体现了攻补兼施的原则，并注重固护脾胃，培补正气，用药平和，某些方剂至今仍值得临床推广应用[116]。敦煌医学卷子中男科医方包括男子冷疾方、丈夫虚肾自泄不止方、丈夫风虚目暗精少无子方、男子得鬼魅欲死等九物牛黄丸方、令阴茎大方、令阴茎长方、肾冷阳事不举方等等，这些医方在治疗男子病变时总能谨守病机，灵活施治。如对"丈夫风虚目暗，精气衰少，无子"者，重在补肝益肾，益气健脾；对于腰肾多冷之阳事不举，重在温阳补肾，益气健脾等等。李应存、史正刚择其重要的几首医方分别论之，即男子冷疾阳虚甚，莨菪附子禹余粮；丈夫虚肾苦自泄，敛阴温阳补肾宜；肝虚目暗精衰少，无子益肾补气血；男子欲死因鬼魅，九物牛黄丸祛邪；茎欲大长多方治，总以温阳为主体；阳事不举乃肾冷，益气补阳治其本[117]。招萼华认为敦煌医方中性医学内容丰富，包括男子阴小、女子阴冷、玉门宽、交接出血、男女求子等，治法多样，内服有汤、丸、粉、酒剂，外用有洗、涂、敷、坐药；方义古朴，以单方为主；用药独特，多为动物卵或虫类药，如雀卵、蜂房、蚕蛾等，如以大蜻蜓治阳痿，在晋唐方书中罕见，故虫类药物治阳痿有悠久渊源，值得进一步研究[118]。郑益民对敦煌九首治阳痿方进行分析，认为其注重培补先后天，尤重温补肾阳，并顾及固摄肾精，交通心肾，对当今男科疾病的治疗，具有借鉴作用[119]。俄藏敦煌文献 Дx00924[120]，现存 20 行文字，字体工整易辨，系行书书写，首尾均残。俄藏敦煌文献 Дx00924，在《俄藏敦煌文献》第七册中将其定名为"妇科秘方"，经李应存等仔细辨认后发现，其内容系指民间治疗妇科疾病的单验方，故将其改名为"妇科疾病民间单验方"，该卷子中论述了妇科疾病民间治疗的单验方，这些单验方绝大多数属祝由方的范畴，所治疾病主要包括妇人疮、妇人媱、妇人倒生、盗汗、妇人产后肠中痛、妇人肠中子死、疟疾等等。从该卷子"迴女为男"中我们可以看出当时人们对生男子的渴求，正体现了儒家的"不孝有三，无后为大"的思想，加上战争及农业生产对男子的需求，怀孕、生子便成为人们当时最重视的问题之一，在当时科学技术还不太发达的情况下，面对无能为力的不孕、难产及夫妻不和，除医药治疗外，只能借助人们最信仰的佛教与道教的祈禳、符咒等手段[121]。有些没有科学依据的方法应正确看待，如"迴女为男"今天看来纯属无稽之谈，男女性别是由染色体决定，一经怀孕男女性别便已确定，药物及祈禳在当时根本无法改变[122]。李应存通过研究敦煌医学中与《备急千金要方》内容相关的医方卷子，将其中与妇产科有关的内容进行释要，以揭示敦煌医学与《备急千金要方》的联系[123]。李应存将敦煌医学宝藏中部分与养生食疗有关的内容进行释要，以揭示敦煌医学与《备急千金要方》在养生食疗上的联系[124]。敦煌医学卷子P.2662V 中的紫苏煎为治疗肺病上气咳嗽或吐脓血之证所设，李应存以该方灵活加减化裁治疗日久不愈之咳嗽，效果甚佳，经与传世文献《备急千金要方》《千金翼方》《外台秘要方》等方书进行对比，发现没有与敦煌紫苏煎组成相同的医方，即使方中含有紫苏或苏子的治疗咳嗽方，药物组成也不相同，其功用也有所不同，这说明紫苏煎是秘藏藏经洞而在传世文献中没有记载的珍贵方药，从紫苏煎中的药物牦牛酥、诃勒皮等组成来看，该方很有可能来源于敦煌西域的医家，也有可能是中原医家经丝绸之路传入西域后经当地医家结合外来药物化裁而成，这两种情况均反映了丝绸之路医药文化中的中原医药文化与敦煌西域医药文化交流密切[125]。

7. 敦煌医方中的外来药物研究

敦煌医方中的外来药物也十分丰富，包括熏六香、郁金、苏合香、青木香等，胡椒、荜茇、石蜜、香附子、诃梨勒、无食子、盐绿、雌黄、高良姜等。郑炳林教授就印度、波斯等外来医学在敦煌的影响作了深入细致的阐述。其认为，随着佛教的传入，印度、波斯等医学也传入中国，与中国传统医学相融合，如 S.5901 号状中提到产于波斯的胡椒、高良姜、诃梨勒、荜茇等药材，尤其对诃梨勒进行了详细的论述[126]。陈明以印度古医典《医理精华》为实例，结合比较敦煌出土的汉文医方资料，分析后认为《医理精华》的主要药物在敦煌[127]。李应存在《浅谈敦煌医学卷子中的诃梨勒组方》一文中首先回顾了诃梨勒的气味、功用及历史概况，其次就敦煌医学卷子 P.2662V、P.3378 中运用诃梨勒组方治疗多种疾病进行论述，其内容包括：与槟榔合用，理气治痢；与桂姜草合用，重治风冷；寓三黄汤中，瘥风冷热；合秦艽牛乳，疗百种风病；入桃柳枝汤，疗老瘦少力；加牛酥紫草，治上气咳嗽；入当归艾叶，疗腹痛不止；与艾胶黄连，共治赤白痢；诃毗阿摩罗，醋煎治发落；单味诃梨勒，又可疗眼疮[128]。

8. 敦煌医方中的医家医方研究

张文仲乃唐代武则天时期著名医家，李应存在《唐代著名医家张文仲及有关敦煌医方》一文中，首先据《旧唐书·卷一百九十一·列传第一百四十一·方技》中所记录的情况对唐代著名医家张文仲作了初步的介绍，并对唐王焘《外台秘要方》中标有"文仲"或"张文仲"的医方的卷目进行了罗列，同时对敦煌残卷 P.2565、P.2662、P.3731 医方书中三处署名张文仲的医方进行录文与阐释[129]。

（三）敦煌医方的实验研究

欧阳广瑛用质子诱发 X– 荧光分析 PIXE 分析法对唐人选方第一种（P.2565）中的常服补益方（干地黄、苁蓉、牛膝、菟丝子、巴戟天、远志、桂心、五味子）中药物的微量元素含量作了定量分析，结果令人鼓舞，方中的桂心、远志、菟丝子、五味子、巴戟天、苁蓉、牛膝等均含对人体有益的微量元素，如 Br（溴）、Mn（锰）、Fe（铁）、Cu（铜）、Cr（铬）等。这些微量元素现代研究证实均对人体有不同的益处。如补锰（Mn），可以用方中的桂心作调料，价格便宜，易于吸收，服用时也会有一种欣快感[130]。张军平等对敦煌长寿方药"茯苓、泽泻、红参"等进行了延缓衰老的实验研究，结果表明，敦煌长寿方药可以阻止或打断脂质过氧化链式反应，降低其脂过氧化物的产生，保护膜类结构，提高平滑肌细胞数，防止动脉膜中平滑肌细胞随年龄增加的自然减少，阻止血管老化，延迟衰老[131]。牛锐等对敦煌残卷 S.4433《求子方书》中第10 方（五味子、远志、蛇床子三物等份为末）进行了药理作用的实验研究，结果表明，该方可促进小鼠附性器官湿重，具有性激素样作用，可使家兔在体子宫自发性节律运动的频率提高，运动幅度和张力增强，从而证实该方确具有"促阴兴阳"、增强性欲、提高性刺激感受性的作用[132]。"敦煌石室大宝胶囊"是王道坤教授 20 多年来在临床上广泛使用的敦煌石室良方，对慢性萎缩性胃炎、免疫功能低下等病属气血虚弱者效佳，并取得了明显的经济效益与社会效益，其对敦煌古方的现代发掘应用起到了示范作用，意义深远。已发表了《敦煌石室大宝胶囊对衰老大鼠脑组织 MAO-B、Na$^+$-K$^+$-ATP 酶活性的影响》[133]、《敦煌石室大宝胶囊对果蝇寿命影响的实验研究》[134]、《敦煌石室大宝胶囊对衰老大鼠血清 MDA 含量、SOD 和脑组织 GSH2Px 活性的影响》[135] 等论文。张士卿教授等对敦煌古医方神明白膏治疗老年性皮肤瘙痒的实验研究表明，局部涂抹可使动物单位面积皮肤重量及羟脯氨酸含量显著增加，并具抗炎、止痒作用，临床使用安全[136]，其对老年性皮肤瘙痒的治疗起到很好的作用。于能江博士后研究认为《辅行诀脏腑用药法要》中的小补心汤总黄酮在动物实验中有明显的抗抑郁作用，提取工艺简便易行，因而通过进一步深入的研究，将小补心汤总黄酮研究开发成为新的抗抑郁中药，具有很好的前景。同时该研究可以为中药复方的二次开发以及中药的现代化提供参考[137]。

（四）敦煌医方的临床应用

王道坤等用敦煌古医方平胃丸方（蜀大黄、当归、䗪虫、防风、蜀附子、干姜、人参、藁本、玄参、苦参、桔梗）为主方加减变化，研制成"萎胃灵"系列纯中药制剂，试治慢性萎缩性胃炎，结果取得了十分令人满意的效果。10 多年来诊治了 5000 多例这样的患者，有效率达98%，彻底治愈率达 62%。王道坤等认为，该方攻补兼施，寒热并用，气血并调，正好切中慢性萎缩性胃炎的久病入络、本虚标实、寒热错杂之病机[138]。刘新等为了观察敦煌医方——硝石雄黄散贴敷至阳穴防治冠心病心绞痛的疗效，并与硝酸甘油贴比较，将 91 例冠心病心绞痛患者分别为治疗组 61 例和对照组 30 例进行对比观察。结果治疗组总有效率为 82%，显效率为 31.2%；对照组总有效率为 46.6%，显效率为 23.2%。两组比较差异有显著性（$P < 0.01$），显示敦煌医方——硝石雄黄散贴敷至阳穴治疗冠心病心绞痛疗效明显优于硝酸甘油贴。硝石雄黄散贴剂具有活血化瘀止痛、行气通络之效，可改善心电图 ST 段改变、降低血脂。未发现明显不良反应[139]。张侬用敦煌卷子 P.2662 "加味茵陈蒿汤"

（茵陈、黄芩、栀子仁、柴胡、升麻、大黄、龙胆草）加减治疗黄疸型病毒性肝炎，退黄效果较好，对小儿黄疸疗效尤佳[140]。张小荣等让患者在月经前用化瘀消癖Ⅰ号胶囊（Ⅱ号加延胡索、徐长卿）、月经后用化瘀消癖Ⅱ号胶囊（半夏、陈皮、夏枯草、瓜蒌）（来源于敦煌莫高窟217窟《药王菩萨本事品》），治疗乳腺病和乳房纤维囊性增生症，疗效满意[141]。张士卿等用敦煌古方神明白膏（吴茱萸、川椒、川芎、白芷、附子、桂心、当归、细辛、白术、前胡）治疗老年性皮肤瘙痒病，证明其使用安全，有一定疗效[142]。甘肃中医药大学心脑疾病研究室根据敦煌医学残卷不知名医方第九种（P.109）"治胸中癥积方"研制成"敦煌丑奴娇胶囊"。刘家骏等对该方进行临床研究，结果表明该方可明显延长晚期肺癌患者的生存时间，稳定瘤体的疗效明显优于放疗、化疗组，且改善临床症状的疗效显著[143]。敬延德在敦煌学学者窦侠父教授传授的敦煌古药酒处方的启迪下，根据敦煌医籍的有关内容中 P.2526（疑应为 P.2565）及 S.443（1）（疑应为 S.4433V）为基础配制成28°～33°的敦煌佛赐药酒（药用白酒浸泡人参、黄芪、雪莲、僵蚕、穿山甲、何首乌、西红花、乌梢蛇、酸枣仁、当归、丹皮、天麻、丹参、海风藤、冬虫夏草、川芎、紫河车等）。苟氏自1983年以来，使用该药酒治疗中风偏瘫30例，痹病30例，经临床观察，效果良好。其中30例中风偏瘫治愈了8例（26.67%），好转19例（63.3%），无效3例（10%），总有效率为90%；30例痹病治愈19例（63.33%），好转11例（36.67%），总有效率为100%。在本治疗中未见任何毒副作用及不良反应，但用药酒时，必须注意禁忌证[144]。李应存教授多年来运用敦煌医方治疗疾病取得了显著的临床疗效，研究生万婷的硕士学位论文总结了李应存运用敦煌医方治疗肝病经验总结与思辨特点研究[145]，万婷等发表了《李应存运用敦煌医方大、小泻肝汤治疗失眠》[146]、《李应存运用敦煌〈辅行诀〉大泻肝汤治疗炎症》[147]等论文。法国编号 P.3930 中之敦煌疗风虚瘦弱方（图3-8）原为治疗产后病方，李应存认为此方灵活化裁可治疗许多疾病，而且疗效满意，结合有关文献及临床体会，对敦煌疗风虚瘦弱方的源流及临床用治头晕、乏力、血虚、肢软等病进行了论述[148]，李应存徒弟梁丽娟还发表了《李应存教授运用敦煌疗风虚瘦弱方治疗白细胞减少症经验》[149]等。李应存灵活化裁敦煌紫苏煎用治有关咳嗽，临床疗效亦佳[150]，研究生葛政等也发表了有关论文[151]。李应存教授应用敦煌医方治疗产后病方面也取得了明显的效果，如研究生杨佳楠等同学总结了李应存运用敦煌疗风虚瘦弱方治疗产后发热经验[152]。李应存教授在应用敦煌医方治疗男性不育症方面也很有特点，杨晓轶弟子等总结了李应存教授运用丈夫肾虚无子方的验案[153]等。李应存教授应用敦煌医方治疗脾胃相关疾病也取得了明显的临床疗效，如应用敦煌大补脾汤化裁治疗慢性萎缩性胃炎[154]，平胃丸方化裁治疗脾胃病引起之顽固性头痛[155]等。李应存教授在敦煌佛医方、道医方的临床应用上也有拓展，如用佛家神妙补心丸方治疗失眠[156]，用道家八公神散治疗月经不调[157]等。李应存教授近年来不仅对敦煌张仲景《五脏论》中的对药方[158]如当归与白芷[159]等进行了临床应用，同时对敦煌医学中三味药组成的角药方[160]也广泛在临床中应用，已取得了明显的效果。

图 3-8　法国编号 P.3930 中之敦煌疗风虚瘦弱方

五、针灸类著作的研究

1.《灸法图》(有学者称其为《灸经图》)的研究

马继兴先生在《敦煌出土的古针灸图》一文中对现存《灸法图》的6个残卷从编写体例、图的外观、内容等方面进行了综合考察，并认为该书"既不见于古代薄录所载，又不见与此酷似之佚文，故其史料价值甚高"。随后从成书年代、卷子特点、治病配穴、穴位名称等6个方面阐述了《灸法图》的主要特点[161]。张侬在马继兴先生工作的基础上，认为敦煌《灸经图》不仅具有《内经》时代的针灸学痕迹，更具有唐代的早期灸法特色，同时融进了敦煌地方医学针灸学术特色，并考证了髓孔、聂俞、板眉等14个古穴点。随后张侬又将《灸经图》残卷复原成功，并将其用于临床，在治疗脑外伤后遗症、面神经麻痹等疾病方面取得了一定的疗效[162]。

2.《新集备急灸经》的研究

马继兴先生通过考察对照，认为该书在古籍及目录中的均未见记载。随后从卷子的外表特征、内容、图形、所记穴名及编写体例等方面进行了细致分析。认为这是一部为普及用的通俗灸法图解著作；图中所记穴名，也有若干是不见于历代一般针灸书中的经验取穴，如位于耳尖部的阴会穴；该书既可能是当时流行的所谓明堂三人图的简化撮要图，又是选用有效的穴位主治编集而成的灸疗图谱。从该书序中所提到的"四大"和"百一"的说法，可以看出其明显的杂糅了部分释家的医学思想[163]。赵健雄在考析中发现，该书中部分经穴及主治病证实属最早记载或首次发明，因而在针灸学中是有所贡献的[164]。

六、唐五代敦煌的医事、外来医学的影响及医家研究

1. 医事研究

郑炳林教授通过收集僧俗文书中的有关医史资料，对唐五代有关敦煌的医事活动进行了深入的研讨。首先郑教授探讨了晚唐五代的医学教

育及医家，根据有关文书，吐蕃占领敦煌前期，唐代在敦煌（沙州）置
有医学、设有博士；吐蕃占领敦煌后，正常的学校制度遭到破坏，学术
文化从官府转向寺院，因此在吐蕃时期和归义军前期出现了一批行医
治病的高僧，如翟法荣、索崇恩、索法律、索智岳等。其次，通过对
S.4363 号文书《天福七年史再盈改补节度使押衙牒》的校注，进一步
探讨了医家史再盈及归义军时期的官府医事。郑教授认为，在归义军时
期，战争从未间断，而外部回鹘、南山、温末、龙家对其的骚扰也没有
停止过，战争时大时小，必然会有伤亡。因此归义军必定需要相当数量
的医家，史再盈只是这些医家中的一个[165]。

2. 外来医学在敦煌的影响

郑炳林教授就印度、波斯等外来医学在敦煌的影响作了深入细致的
阐述。认为，随着佛教的传入，印度、波斯等医学也传入中国，与中国
传统医学相融合，如 S.5901 号状中提到产于波斯的胡椒、高良姜、诃
梨勒、荜芨等药材，尤其对诃梨勒进行了详细的论述。最后，郑教授认
为，唐五代时的敦煌医学，既继承了传统学术，又吸收了大量外来技
术，人们看重效用，而不排除异己。如 P.2718 张灵俊撰《张明德邈真
赞并序》中就有："寻师进饵，扁鹊疗而难旋；累月针医，耆婆到而不
免"的句式，从"扁鹊"与"耆婆"的对偶，反映了中印医学的和谐与
融洽[166]。陈明以印度古医典《医理精华》为实例，结合比较敦煌出土的
汉文医药资料，从医理成分及主要药物两方面进行了具体分析。其结论
为：①通过对敦煌吐鲁番出土汉文医药文书和《医理精华》的比较，我
们发现其中没有完全相同的药方，这说明《医理精华》没有直接影响到
敦煌吐鲁番地区的中医，但其药方的用法有许多相一致的地方，明显反
映了印度医学在敦煌的实际影响，②印度佛教医学理论通过佛教徒的活
动，在敦煌流下了清晰的痕迹。可以说，在中印医学交流的过程中，佛
教起到了巨大的中介作用。③从敦煌吐鲁番文书所见《医理精华》主要
药物来考察，外来的药物传入之后，中医不仅能吸取印医的理论和常用
方法，而且对药物的使用有所发明和改进，这就是中印医学交流的具体

成果的表现[167]。

3. 晚唐五代敦煌粟特人医家研究

党新玲撰文认为,敦煌文书中发现的唐五代医家10余人,其中出身粟特人的只有史再盈一人。史再盈是敦煌州医学培养出来的学生,除医学知识外,还受到儒家的正统教育,是位能言善变、文武双全的人才。学成之后,被指派到归义军公衙长期从事行医治病,因而名显于当时。他在医学上造诣很深,既继承了印度耆婆的神方,又掌握了中医之妙术,其学贯中西,在中外医学交流上起到了重要的作用[168]。

七、蒙书中的有关医药知识

蒙书主要是指启蒙教学用书,中国台湾学者郑阿财先生将蒙书分为识字类、知识类、德行类三类[169]。该卷俄藏敦煌文献 Дx02822 中命名为"蒙学字书"[孟列夫(俄),钱伯城(中)主编·俄藏敦煌文献(第十册)·上海:上海古籍出版社,1998],李应存等与敦煌卷子S.617、P.2609、P.5001 等识字类蒙书《俗务要名林》进行仔细对比后发现,俄藏敦煌文献 Дx02822"蒙学字书",在体例及绝大部分内容方面,与识字类蒙书《俗务要名林》非常相似,李应存等认为俄藏敦煌文献 Дx02822"蒙学字书"仍然属于识字类蒙书《俗务要名林》类,因此俄藏敦煌文献 Дx02822 中命名为"蒙学字书"是正确的。同时俄 Дx02822 又有其不同的特点,尤其不但记录有汉族姓氏,而且还记录了少数民族的姓名——番姓名,这对于研究少数民族姓氏文化有重要意义。Дx02822 号共有十九个叶片,估计为册叶装,可以看到叶片中间的折痕。楷书书写,每两个字间隔,除第一部分残缺未见题名外,其余部分均有题名,末尾叶片残缺。根据书中避唐太宗李世民之"世"字讳将"叶"改为"茶"或"𦮼"(药物部第十),可知其可能为唐代中晚期以后写本,经请教敦煌研究院研究员马德先生,马先生根据文中的番姓名、地分部等内容,加之其与敦煌卷子识字类蒙书《俗务要名林》非常相似等特点,认为是西夏时期的敦煌作品,确有道理,笔者赞同。其包括二十个方面的内容，有姓氏第一（为本人根据记录姓氏的内容自拟，原题名残缺），番姓名第二，衣物部第三，斛斗部第四，果子部第五，农田部第六，诸匹部第七，身体部第八，音乐部第九，药物部第十，器物部第十一，屋舍部第十二，论语部第十三，禽兽部第十四，礼乐部第十五，颜色部第十六，官位部第十七，司分部第十八，地分部第十九，亲戚长幼部第二十。这部蒙学字书虽是残本，但内容丰富，知识面广，在当时确实是开启童蒙、习字泛学之佳作。其中斛斗部第四、果子部第五、身体部第八、药物部第十与医药关系密切。俄藏敦煌文献Дx02822"蒙学字书"中之医药知识主要作用可归纳为三个方面：①有助于孩童掌握食疗药物知识，其内容丰富，既有食疗药物，又有药食兼具的药物，斛斗部第四与果子部第五所载的药物比唐·孟诜《食疗本草》所载的内容还要丰富，斛斗部、果子部所载除与《食疗本草》中所载的粳米、糯米、秫米、黍米、大麦、小麦、赤豆、绿豆、大豆、小豆、荞麦、麦麵、稻谷、石榴、柿子、林檎、橘子、杏仁、李子、木苽、葫桃、笋蕨、蔓菁、萝蒲、蓼子、兰香、苦苣、乌枚、芸薹、越苽、冬苽、青蒿等相同外。还有清水麴、百花麴、緔纨苽、大石苽等等不同的称谓的药食兼具的药物。②可以熟悉人体部位及脏腑名称，在《蒙学字书·身体部第八》中较全面记载了人体的部位，如顶脑、胸前、口唇、牙齿、弱鼻、眉毛、眼眶、咽喉、腮颔、耳坠、髭髯、指头、拳手、爪甲、皮肤、肩臂、胫骨、颡额、手腕、胯臀、腰膝；对五脏六腑的名称亦有表述，如心肺、肝肚、脾胃、肾脏等。③能够使孩童了解大量临床常用药物，《蒙学字书·药物部第十》中记录了140余种临床各科常用药物，包括了解表药（桂枝、防风、生姜、牛蒡叶等）、清热药（牛黄、黄连、黄芩、栀子仁、连翘子等）、泻下药（巴豆等）、祛风药（独活等）、利水渗湿药（茯苓、车前子等）、温里药（乌头、官桂、桂心等）、理气药（枳壳、木香、沉香等）、消食药（槟榔等）、止血药（地榆）、活血化瘀药（川芎、三棱、泽兰等）、平肝息风药（天麻、鳖甲、菊花等）、开窍药（麝香、龙脑等）、补虚药（当归、黄芪、人参、龙眼等）等，这些药物切合实用，对初学者甚有好处。宋代著名学者、政治家范仲淹有云"不为良相，愿为良医"，良医可以如医圣张仲景所说的"上以疗君亲之疾，下以救贫贱之厄，中以保身长全"。因此从小培养孩子学习医药知识有助于为将来当医生打下良好的基础，同时对普及有关医药知识，让受教育者提高健康素养有重要意义，今天亦值得借鉴[170]。

八、对敦煌医学卷子的重新校勘与补遗

敦煌医学卷子由于残缺较多、错论迭出、整理难度颇大，近年来有学者专门对有关已出版的敦煌医学方面的著作作了重新校勘与补遗，如陈增岳发表了《读〈敦煌中医药全书〉杂识》[171]、《敦煌古医籍校读札记》[172]等文章。沈澍农发表了《敦煌医药文献 P. 3596 若干文字问题考证》[173]、《敦煌医药文献 P. 3596 校证》[174]等文章。

九、开发研究

目前对敦煌医学的开发研究主要体现在药物的研制及保健品方面。药物如王道坤教授等研制的敦煌大宝胶囊、张士卿教授等研制的敦煌神明白膏、宋贵杰教授等研制的敦煌消肿镇痛贴等等，保健品如张侬教授研制的菩提宝命茶、张弘强教授等研制的敦煌二七二腹带等等。这些均对敦煌医学的开发研究起到了很好的示范作用，值得借鉴。

综上所述，20 世纪以来对敦煌医学卷子的研究成绩是辉煌的，前景是很广阔的。但也应看到，我们对敦煌医学的开发研究还远远不够。面对 21 世纪的到来，我们应该担负起开发敦煌医学的重任，使其成果遍及全国，走向世界，从而为人类的保健事业作出应有的贡献。

下篇　敦煌医学内容选介

第四章　敦煌医理类著作

　　敦煌医理类著作包括:《素问·三部九候论》(P.3287)、《病形脉诊》(P.3481)、张仲景《五脏论》甲本(P.2115)、乙本(S.5614)、丙本(P.2755)、丁本(P.2378)、《明堂五脏论》(P.3655)、《伤寒论·伤寒例》《伤寒论·辨脉法》(P.3287,S.202)及《辅行诀脏腑用药法要》(无编号)等。这些著作既论述了诊脉的理论及脏腑的生理功能,又讲述了不同脉象之主病及有关疾病的病因病机。在体现中医整体观念与辨证施治的同时,还对某些药物的命名缘由、功效、炮制、配伍等进行了阐述。限于篇幅,我们分五节分别讲解《病形脉诊》(P.3481)、《伤寒论·伤寒例》(P.3287)、张仲景《五脏论》甲本(P.2115)、《辅行诀脏腑用药法要》及《明堂五脏论》(P.3655)的内容。

第一节　《黄帝内经》节选残卷(Дx02683、Дx11074)

　　俄藏敦煌医药文献 Дx02683、Дx11074《黄帝内经》节选残卷(图4-1),俄藏敦煌文献第九册中将其定名为"黄帝内经·素问"[175],其实这是不准确的,经我们仔细辨认后发现,其内容不单指《黄帝内经·素问》,而且还有《黄帝内经·灵枢》中的内容。该卷子有两个卷号,两块残卷,其中一块 Дx02863 为碎片,另一块 Дx02683 为较大一块,与 Дx11074 同为一块。该卷子为正背两面书写,正面为《黄帝内经》,Дx02863 碎片残存两行文字,另一块 Дx02683 残存十四行文字,Дx11074 残存七行文字,从字体内容上看,系同一卷子的两块残卷。背面为地亩清册。

1. 俄 Дx02683、Дx11074为《黄帝内经》中《素问》与《灵枢》部分内容之节选，可与传世的《黄帝内经》进行对校，对考察《黄帝内经》有关版本的流传有意义。

2. 节选内容对临床指导作用大，实用性强。其中俄 Дx02683碎片内容为《灵枢·淫邪发梦第四十三篇》中之后部的残文、Дx11074内容与《灵枢·淫邪发梦第四十三篇》中之前部的残文，其所反映的是中医学梦诊的内容，从中可以看出，抄录者对辨梦诊病很重视。我们从《灵枢·淫邪发梦第四十三篇》中可以看出，病理状态下的梦是由于声色嗜欲等邪气淫溢脏腑而致魂魄飞扬，使人喜梦，其机理与阴阳五行、脏腑部位有密切关系。如水为阴寒之邪，故阴气盛，则梦涉大水而恐惧；火为阳热之邪，故阳气盛，则梦涉大火而燔焫。阴阳俱盛，相互搏击，故梦见相互撕杀。人体上部为阳，其性上升，故上盛则梦飞；人体下部为阴，其性下降，故下盛则梦堕；非常饥饿时，人体供给不足，不足则补之，故梦见去取食物；非常饱胀时，人体供给过于充足，过于充足则去之，故梦见给别人食物；肝为木脏，主疏泄，其性升发，在志为怒，故肝气盛，则梦怒；肺主气，在志为忧，忧愁、恐惧、悲伤的变化均与肺有关，又肺居上位，气盛则易宣发，故肺气盛，则梦恐惧、哭泣、飞扬；肺主神志，在志为喜，《素问·调经论》云："神有余则笑不休，神不足则悲。"故心气盛，则梦善笑、恐畏；脾主运化，在体合肌肉四肢，在志为思，梦歌乐以解其思，其症在脾，故梦身体重不举；腰为肾之府，故肾气盛，则梦腰脊分开不相连属等等。在治疗上根据梦所反映的疾病的虚实，确立盛者泻之、不足补之的治疗原则。后世临床实践也证实了梦与疾病有着密切的联系，如东汉著名医家张仲景在《金匮要略·血痹虚劳病脉证》[176]第八条中云："夫失精家，少腹弦急，阴头寒，目眩发落，脉极虚芤迟，为清谷亡血失精；脉得诸芤动微紧，男子失精，女子梦交，桂枝龙骨牡蛎汤主之。"又如晋代葛洪《肘后备急方》（人民卫生出版社，1982年3月）卷之一中有"治卒魇寐不寤方"、隋代巢元方《诸病源候论》（人民卫生出版社，1984 年 7 月）卷四中有"虚劳喜梦候"等等。

Дx02683《黄帝内经·素问》中 1 ～ 6 行为《黄帝内经·素问·阴阳应象大论第五》中之节文。该文提出了根据病邪部位不同，可采用不同的治法，至今仍指导着临床实践，同时为后世治则、治法充实和发展奠定了坚实的基础，为历代医家所推崇。

图 4-1　Д x 02683、Д x 11074《黄帝内经》节选残卷

3. 节选内容重视季节气候对疾病轻重的影响，并以此推测疾病的预后。如 Дx02683《黄帝内经·素问》中 10 ～ 14 行（为《黄帝内经·素问·阴阳类论第七十九》中之节文）就论述了这个问题。我们现在也观察到老年性慢性支气管炎多在冬天发病等，今后更应重视这方面的研究。又如 Дx02683《黄帝内经·素问》中 7 ～ 9 行（为《黄帝内经·素问·阴阳类论第七十九》中之节文）中论述了阴阳气逆为厥的老人与小孩在四时季节的不同预后。

第二节 《黄帝内经·素问》"刺疟篇""气厥论篇"（Дх17453）

俄罗斯科学院东方学研究所圣彼得堡分所藏敦煌文献 Дх17453[177]（图4-2），现存9行文字，字体比较工整易辨，系行书书写，首尾均残。在《俄藏敦煌文献》第十七册中将其定名为《黄帝内经·素问》，经我们仔细辨认后发现，其内容系指《黄帝内经·素问·刺疟篇第三十六》[178]最后部分的内容及《黄帝内经·素问·气厥论篇第三十七》[179]开头部分的内容。因此《俄藏敦煌文献》第十七册中将其定名为《黄帝内经·素问》是准确的。其中 Дх17453 第1～3行内容见于《黄帝内经·素问·刺疟篇第三十六》最后部分，3～9行内容见于《黄帝内经·素问·气厥论篇第三十七》开头部分。因此，我们认为该卷子系隋唐医家抄录的《黄帝内经·素问》的又一写本。

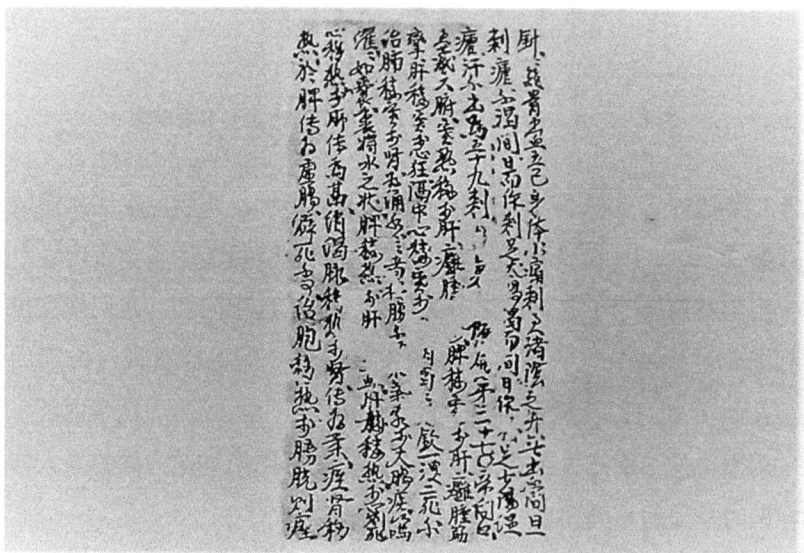

图4-2 Дх17453《黄帝内经·素问》"刺疟篇""气厥论篇"部分残片

首先，俄 Дx17453《黄帝内经·素问》残卷对研究《黄帝内经·素问》版本的流传及校勘有重要意义。

其次，残卷中的内容对于指导临床实践也有现实意义。如俄 Дx17453 第 1～3 行为《黄帝内经·素问·刺疟篇》最后部分的内容，主要论述了针刺髓会、绝骨出血治疗风疟骱酸痛甚及针刺至阴治风疟身体小痛等针刺疗法。以针刺手法治疗疟疾方法独特，为后世医家开拓了针刺手法治疗疟疾的新思路。又如俄 Дx17453《黄帝内经·素问·气厥论篇》第 3～9 行为《黄帝内经·素问·气厥论篇》开头部分的内容，主要论述了由于脏腑之气不顺而致五脏六腑间的寒热相移，将脏腑寒热盛极相传之病机与临床表现相结合的论述，奠定了中医脏腑辨证的基础，值得进一步研究。

第三节　《黄帝内经》《难经》摘录注本（Дx00613）

俄藏敦煌文献 Дx00613[180]（图 4-3），现存 28 行文字，字体工整易辨，系行书书写，首尾均残。在《俄藏敦煌文献》第七册中将其定名为"黄帝内经·素问卷六"，马继兴[181] 先生根据卷子特点将其命名为《黄帝内经古传本第一种》亡名氏注"，经我们仔细辨认后发现，其内容不单指《黄帝内经·素问·三部九候论篇》，而且还有类似《黄帝内经·灵枢》及《难经·第一难》中的内容。此外，Дx00613 第 16 行"生决于寸口"后有两行小字注文。Дx00613 第 1～9 行大部分内容见于《灵枢·卫气行第七十六》[182]，10～11 行与《灵枢·五十营第十五》的有关内容相似，12～16 行与《难经·第一难》[183] 的有关内容相似，17～28 行大部分内容见于《素问·三部九候论篇第二十》[184]。因此，我们认为，该卷子系隋唐医家摘录《内经》《难经》有关原文后，又杂以己见，并在部分原文后作注而成，故将其定名为"《黄帝内经》《难经》摘录注本"较为合适。

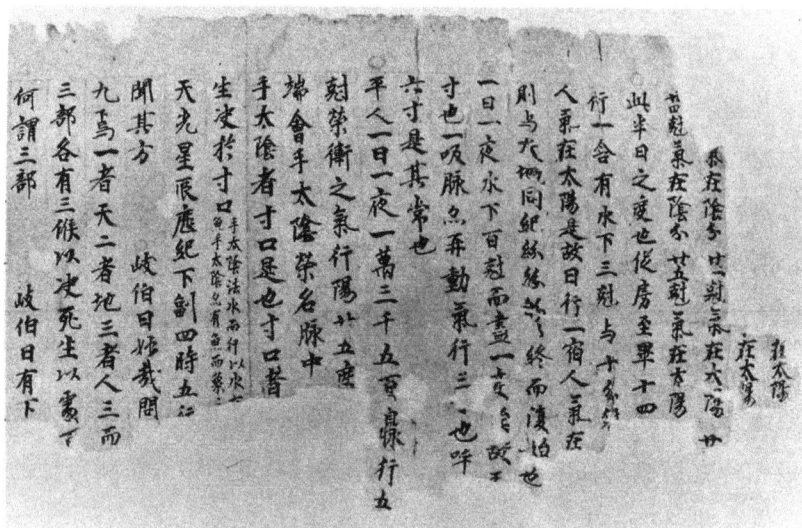

图 4-3　俄 Д x 00613《黄帝内经·素问卷六》

俄 Дx00613 "《黄帝内经》《难经》摘录注本" 主要论述了人体荣卫之气的运行、呼吸与人体脉动的关系、手太阴肺与寸口的关系以及三部九候决生死、处百病之医理。摘录原文虽残，但行文简练，将《黄帝内经》与《难经》的有关内容揉为一体，使医理与分部诊病相互对照，并杂以己见。我们从原文的录释中清楚地看到，有部分地方与《黄帝内经》《难经》的有关内容不符，且文字表达多有出入，因此，我们认为，俄 Дx00613 虽并非是对《黄帝内经》《难经》进行完整摘录的注本，但仍对于研究《黄帝内经》与《难经》的不同注本及指导临床实践有较为重要的意义，尤其对三部九候脉诊的原理意义重大。

第四节　《针灸甲乙经·卷之四病形脉诊》残本（P.3481）

《针灸甲乙经·卷之四病形脉诊》，编号为 P.3481（图 4-4），现藏法国国家图书馆。正、背两面书写，背面书写佛典，《法藏敦煌西域文献》

中命名为"释门文范"[185];《敦煌遗书总目索引新编》定名为"斋文两篇，南寺和尚舍堕文一篇"，并说明一为："大蕃部落使河西节度太原阎公"佛会用。正面即倒写之此书，《法藏敦煌文献》中命名为"脉经"，且纸面发黑，另有顺写的《晋书何曾列传》。其首尾均残、无题名，残存 13 行文字，内容虽与《灵枢·邪气脏腑病形第四》基本相同，但经对比后更接近《针灸甲乙经·卷之四病形脉诊》。马继兴先生根据《针灸甲乙经》的该篇篇目称其为《病形脉诊》，故在《敦煌古医籍考释》中以此相称谓[186]。黄龙祥先生在《黄帝针灸甲乙经（新校本）》中亦称其为"敦煌卷子《甲乙经》"[187]。我们认为，马继兴、黄龙祥两位先生的观点是正确的，《灵枢》乃中医之经典著作，其年代虽早于《针灸甲乙经》，皇甫谧《针灸甲乙经》乃在《素问》《九卷》（即《灵枢》）、《明堂孔穴针灸治要》等书的基础上，按照"事类相从，删其浮辞，除其重复，论其精要"的原则撰集而成。本篇内容形式更接近《针灸甲乙经》，即皇甫谧根据《灵枢·邪气脏腑病形第四》撰成，故命名应以《针灸甲乙经》为主，因其内容残缺不全，故我们命名为"《针灸甲乙经·卷之四病形脉诊》残本"[188]。

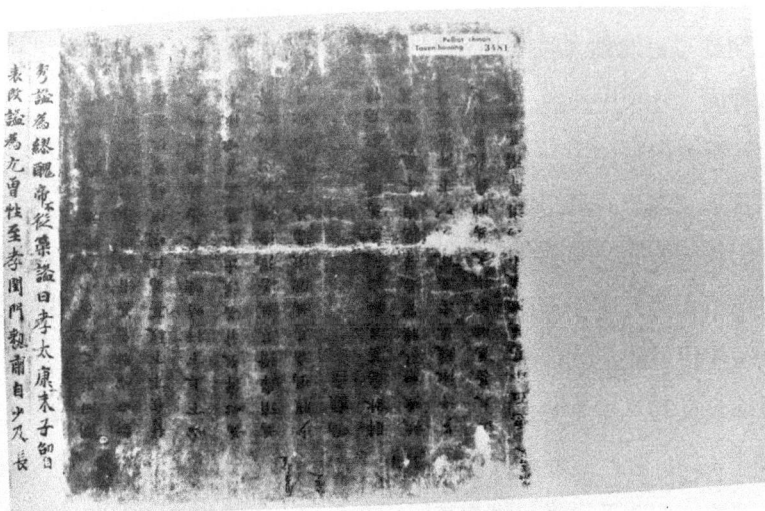

图 4-4　P.3481《针灸甲乙经·卷之四病形脉诊》残本

一、时代考察

1. 正面《晋书何曾列传》

《晋书何曾列传》的抄写年代根据书中不避"世"字讳，如正面《晋书何曾列传》中"百世之宗"之"世"照录不讳，知其可能为唐太宗以前写本。据《敦煌学大辞典·四部书》晋书条白化文先生撰文："纪传体晋史，唐以前撰《晋书》而在唐初尚未流传，据记载有臧荣绪等十八家，唐房玄龄等以臧著为主，参考诸家，撰成冠以唐太宗御撰名义的纪传体《晋书》一百三十卷，列为正史，敦煌所出已著录者三卷，P.3481，卷三十三'何曾传'残卷，存二十二行，王重民有叙录，以其书法古拙，装潢甚都，卷世字不缺笔，与今本字句不尽同，疑为非今本《晋书》。按，此卷可能系唐前所纂晋代别史之一种，为唐人修《晋书》所据底本之一……"[189]此处将皇甫谧《针灸甲乙经》中的内容与《晋书何曾列传》抄写在同一卷子，抄录者不知是有意还是无意？这个问题值得深思。卷中《针灸甲乙经·卷之四病形脉诊》节选本虽系倒写，但从字形、字体上看与《晋书何曾列传》基本相同，因此，我们认为卷中《针灸甲乙经·卷之四病形脉诊》与《晋书何曾列传》可能系同时代、同时期抄写，既然《晋书何曾列传》可能系唐前所纂晋代别史之一种，那么背面《针灸甲乙经·卷之四病形脉诊》亦可能在唐代以前。

2. 背面内容

背面"斋文两篇，南寺和尚舍堕文一篇"系行书书写，虽书写流畅，但较为潦草，与卷子正面书法完全不同，疑非同一人所作。根据背面文中"大蕃部落使河西节度太原阎公"字样，我们可以推断背面文书的抄写年代可能在吐蕃占领敦煌时期，因为"大蕃"乃"吐蕃"之别称，为敦煌汉文写本中常见的写法，部落使为"吐蕃"时期职官称谓，自贞元二年（786年）吐蕃占领敦煌后，废除了沙州的行政机构，在沙州之下设部落，部落下设将，将为基层行政机构，将设将头，部落设部落使，沙州的最高行政长官称节儿，隶属于瓜州节度使。既然背面可能为吐蕃占领敦煌时期的写本，那么写卷中不避"世"字讳也在情理之中，正面《晋书何曾列传》中正好不避唐太宗李世民"世"字讳。据此推测正面《针灸甲乙经·卷之四病形脉诊》及《晋书何曾列传》也可能出自吐蕃占领敦煌时期。当然正面与背面不一定抄写于同一时期，尤其是正面与背面字体完全不同，显然非出自同一人之手，故此说有待于进一步考证。

此书内容论述缓、急、小、大、滑、涩等"微"与"甚"十二种脉象在五脏疾病的六十种症状。卷文虽有残缺，但由于是唐前或吐蕃占领敦煌时期写本，故学术价值较高。既可借此窥古本原貌，又可与传世本《灵枢经》《脉经》和《针灸甲乙经》等互校。唯此书仅存心脉全文及肺脉大部分文字，其余肝脉、脾脉及肾脉均缺佚。

二、原文内容

P.3481《针灸甲乙经·卷之四病形脉诊》残本原文：

"问曰：脉之缓、急、小、大、滑、澀（涩）之形病，何如？对曰：心脉急甚者为瘛；微急为心痛引背，食不下；缓甚为狂哭（笑）；微缓为伏梁，在心下，上下行，时唾血。大甚为喉介；微大为心痹引背，善泪出。小甚为善哕；微小为消瘅。滑甚为善渴；微滑为心疝，引齐（脐），少腹鸣。澀（涩）甚为厥；微澀（涩）为血溢，维厥，耳鸣，癫疾。肺脉急甚为癫疾；微急为肺寒热，怠惰，欬（咳）唾血，引腰胷（胸），若鼻息肉不通。缓甚为多汗；微缓为委，漏风，头以下汗出不可止。大甚为肿胫；微大为肺痹，引胷（胸）背，起恶血。小甚为泄；微小为消瘅。滑甚为息［贲上气］……［后缺］。"

敦煌医学卷子 P.3481《针灸甲乙经·卷之四病形脉诊》残本，具有较高的文献价值与学术价值。首先写本的时代较早，其抄写年代最早可能在唐以前，最迟也在吐蕃占领敦煌时期（786—848 年），比现存《甲乙经》的最早刊本——明代万历二十九年（1601 年）刊《古今医统正脉全书》中所收之《甲乙经》至少要早 753 年。其次，可为校勘传世之《灵枢经》《针灸甲乙经》提供重要的底本，《敦煌医粹》中亦指出本卷

"实为难得的珍本，既可窥古本原貌，又可与诸本互校"。同时可纠正传世本《灵枢经》及《针灸甲乙经》中的某些错误，如"濇甚为厥"中之"厥"，《灵枢·邪气脏腑病形第四》作"喑（yīn）"，《针灸甲乙经·卷之四病形脉诊第二下》作"瘖"。"厥"一般指突然昏倒、手足逆冷等症。"喑"指声哑不能言的病证，张珍玉教授在《灵枢经语释》中认为乃心气虚所致。"瘖"通"喑"，在《素问·气穴论》中有"瘖门"即"哑门穴"；在《素问·脉解篇》中有"瘖痱"，多由肾精亏损，以致肾气厥逆而成，临床表现为舌瘖不能言，足废不能用。我们认为，此处"濇甚为厥"之"厥"当指《灵枢·厥病》当中之"厥心痛"，心脉濇甚乃血脉严重不通之象，不通则痛，临床可见心痛彻背，筋脉拘急，如有物从后背触动其心，兼见手足逆冷，汗出，面色苍青无神等症状。心气虚乃脉弱而非濇甚，故此处理解为"厥"较为准确，与后面之"微濇"为"维厥"相一致。又如"微大为肺痹，引胷（胸）背，起恶血"中之"起恶血"，《灵枢·邪气脏腑病形第四》与《针灸甲乙经·卷之四病形脉诊第二下》均作"起恶日光"。从医理分析，当以"起恶血"为是，"起恶血"意为"引起恶心咳血"，为肺痹引起的肺胃之气上逆之并发症，此较"引起怕见日光"的理解更切合临床实际。凡此等等均体现了敦煌医学卷子 P.3481《针灸甲乙经·卷之四病形脉诊》残本在校勘《灵枢经》《针灸甲乙经》中的重要价值。

第五节 《伤寒论·伤寒例》（P.3287）

敦煌医学卷子 P.3287（图 4-5，图 4-6），现藏法国国家图书馆。该卷现存 149 行文字，有上下栏框及行线，前后均残缺。墨笔书写面成，每节之首多用朱笔作"、"或"0"标记。P.3287 卷子前后依次包括五种内容，均缺书名。经与传世本古医籍对照，其第一、二、四三种分别相当于《素问·三部九候论》，《伤寒论·伤寒例》（《敦煌古医籍考释》

《敦煌医药文献辑校》称之为《伤寒杂病论》乙本）和《伤寒论·辨脉法》(《敦煌古医籍考释》《敦煌医药文献辑校》称之为《伤寒杂病论》丙本）中的部分内容，而第三、五种，皆为论辨脉与证治之法，但无撰者和出处，故《敦煌古医籍考释》《敦煌医药文献辑校》依次分别称之为《亡名氏脉经第一种》《亡名氏脉经第二种》，《敦煌医粹》中称其为《脉经》残卷。

图4-5　P.3287《伤寒论·伤寒例》（1）

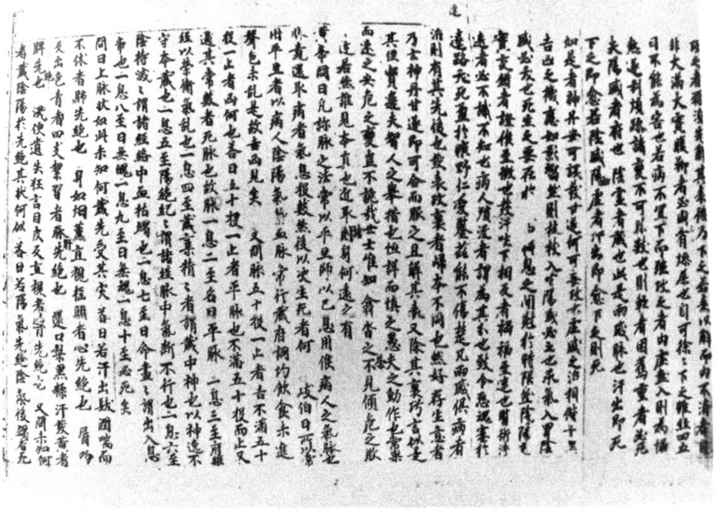

图4-6　P.3287《伤寒论·伤寒例》（2）

一、P.3287 卷子《伤寒论·伤寒例》原文

仲景曰:《阴阳大论》云:凡伤寒之病多从风寒始也。表中风寒,必里不消化也。未有温覆而当不消者也。若病不存证疑,欲攻之者,犹须先解其表,后乃下之;若表以(已)解而内不消者,自非大满大实,腹鞕(鞭)者,内有燥屎也,自可徐徐下之,虽经四五日,不能为害也。若病不宜下而强攻之者,内虚热入,则为协热遂利,烦躁诸变,不可胜数也。则轻者困笃,重者必死。夫阳盛者腑也,阴虚者脏也,此是两感脉也,汗出即死,下之即愈;若阴盛阳虚者,汗出即愈,下之则死。如是者,神丹安可误发,甘遂何可妄攻也。虚盛之治,相偕(背)千里,吉凶之机,应如影响。然则桂枝入咽,阳盛必亡也;承气入胃,阴盛必夭也。死生之要,在于[须臾],瞬息之间,克于时限。然阴阳虚实交错者,证候至微也,发汗吐下相反者,祸福至速也,医术浅迷(狭)者,必不识不知也,病人殒没者,谓为其分也,致令怨魂塞于冥路,天死盈于旷野,仁爱鉴兹,能不伤楚。凡两感俱病者,治(治)则有其先后也。发表攻里者,归本不同也。然好存生意者,乃云神丹、甘遂即可合而服之,且解其表,又除其里,巧言似是,其理实违。夫智人之举措也,恒详而慎之;愚夫之动作也,常果而速之。安危之变,岂可诡哉!壮(世)士唯知翕沓之荣,不见倾危之败。明达居然,谁见本真也。近取诸身,何远之有?"

二、撰著年代

根据 P.3287 所选录的内容,撰年最早者为《素问·三部九候论》。该篇据新校正说:"全元起本在第一卷,篇名《决死生》。"王冰尊经复古又改名为"三部九候论。"《黄帝内经》约成书于春秋战国时期,其次是成书于东汉末年著名医学家张仲景的《伤寒论·伤寒例》和《伤寒论·辨脉法》,较晚的当为《亡名氏脉经第一种》与《亡名氏脉经第二种》,由于其与传世《脉经》《备急千金要方》和《千金翼方》中的部分

内容相同或相似，故此书的撰著年代可上溯到西晋，下线不晚于唐代早期。

三、写本的抄写年代

关于写本的抄写年代，可依据以下情况：

其一有唐代敦煌卷子中常见的别体字，"肉"写作"宍"，"亦"写作"尒"，如 P.3287《素问·三部九候论》第 12 行中有："其肌宍（肉）身充，气不去来者尒（亦）死。"

"吐"写作"吐"，如 P.3287 第 43 行《伤寒论·伤寒例》中有："发汗、吐（吐）、下相反者，祸福至速也。"

"诊"写作"诊"，如 P.3287《素问·三部九候论》第 24 行中有："似七诊（诊）之病而非七也。"又如 P.3287 第 51 行《亡名氏脉经第一种》中有："黄帝问曰：凡诊（诊）脉之法，常以平旦。"

"葱"写作"茐"，如 P.3287 第 101 行《亡名氏脉经第二种》中有："又如案（按）茐（葱）菜（葉）状。"

据此该卷确系唐代写本无疑。

其二，可据卷中的文字避讳特征来断定，卷子中避唐高祖李渊"渊"字讳，"渊"均写作"渊"，如 P.3287 第 82 行《亡名氏脉经第二种》中有："三分属太渊（渊），以渊（渊）中有鱼。"85 行中有："以渠上去太渊（渊）一寸。"88 行中有："泽能出水流注太渊（渊）。"

卷子中避唐太宗李世民"世"字讳，"世"写作"卋"，"葉"写作"菜"，如 P.3287 第 49 行《伤寒论·伤寒例》中有："卋士唯知习沓之荣。"

P.3287 第 101 行《亡名氏脉经第二种》中有："又如案（按）茐（葱）菜（葉）状。"

卷子中避唐高宗李治"治"字讳，"治"写作"治"，如 P.3287 第 46 行《伤寒论·伤寒例》中有："治（治）则有其先后也。"

卷中不避唐睿宗李旦"旦"讳，如 P.3287 第 51 行《亡名氏脉经第一种》中有："黄帝问曰：凡诊（诊）脉之法，常以平旦。"此处"旦"字照录不讳。而且又无武周新字，如天、地、人等字照录。

故写本的年代《敦煌古医籍考释》《敦煌医药文献辑校》认为当在唐高宗时期的说法是完全正确的。

P.3287卷子《伤寒论·伤寒例》在传世本《伤寒论·伤寒例》之校勘、研究工作中，就具有很高的学术价值和历史文献价值，值得重视与探讨。该卷文可与宋本《伤寒论·伤寒例》进行对照研究。

第六节　张仲景《五脏论》（P.2115）

此卷子编号为P.2115（图4-7），现藏法国国家图书馆。正、背两面书写，正面为佛典《穷诈辩惑论卷下·答警迷论》，背面连续抄录二书，即张仲景《五脏论》一卷及《平脉略例》一卷。

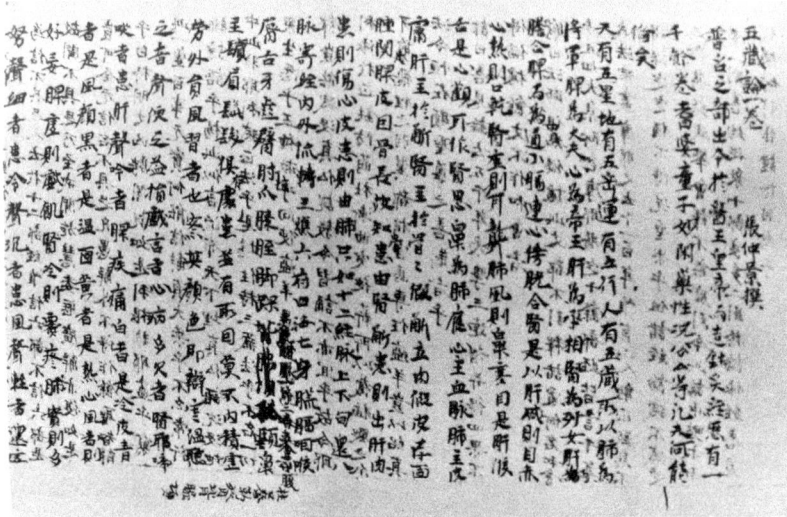

图4-7　P.2115V 五脏论一卷

该书首尾完整，除首载小叙外，主要论述：

1. 五脏机理、经络功能以及与五脏、五体的生理配属关系。原文中既有中医之黄帝，又有妙娴药性的古印度名医耆婆童子，这充分说明了中印医学在我国的交流。

2. 用取类比象的方法阐述了五脏的地位，并阐述了脏与腑相为表里的关系及五脏所主病证。举例说明人体的三焦六腑乃至全身各部位都可能患病，这些病因不外乎内积虚劳，外受虚邪贼风。以具体的实例说明了通过望诊与闻诊可以审察脏腑的病变。

3. 用取象比类的方法，将自然界中的某些现象与人体头足四肢、五脏六腑、经络气血、骨节九窍等进行了比较归类，体现了《灵枢·岁露》中之"人与天地相参也，与日月相应也"的天人一体思想。文中的"四大五荫，假合成身，一大不调，百病俱起"系佛家思想，也曾被印度医学所融汇。

4. 以《神农本草经》辨药物性味之君臣开始，主要列举了东汉时代张仲景及晋代至南北朝的著名医药学家，并对其医术作了简要地介绍，同时以雷公炮炙、雷公药对为例，说明了药性的重要性，最后强调，准确的药物治疗，可使万民安康，众人皆乐。

5. 以八味肾气丸和四色神丹为例，说明五劳六极、千疴万病，都是能够治愈的。以火和薪的关系形象地说明疾病与健康的关系。以季康子赠药为例，说明上古圣贤对药的敬重，从而衬托出药物治病的重要性，同时以药物的等级及性味不同，说明熟练掌握君臣配伍在治疗疑难疾病中至为重要。第二段文字首先列举了灵瑞与钟乳的治病功效。其次列举了数种地道药材的功效，如"蓝田玉屑、镇压精神"等。同时形象地说明了大黄和甘草的别名。最后简述了半夏、当归之功用及半夏之毒须用生姜解、当归配白芷可加强止痛效果等等。

6. 论述了赤病、白癞、火烧、杖打、飞尸走疰等病证的治疗药物，其基本上是以专药专病为特点，这些简、便、验、廉的方法至今民间仍在应用。有些方法，如头风旋闷，须访菊花，忽而惊邪，急求龙齿等至今仍广泛应用于临床。简述了部分药物的形质和炮制，某些方法至今仍在沿用，可见其很有实用价值。如朴硝火烧方好，黄芩以腐肠为精等。

7. 论述药物与所主病证外，明确提出了药物虽有贵贱、高下之分，但疗效最为重要的明确论断。

关于该书的作者问题，除杜雨茂等认为系张仲景外，其他大部分学者认为非张仲景所著。代表学者有马继兴、褚谨翔、谭宗达、赵健雄、朱定华等。其观点依据为：

1. 张仲景《五脏论》之名在《宋史·艺文志》里才首次出现。

2. 书中的医家和著作，大都在张仲景之后。

3. 书中的药物如牵牛、沉香、玉屑、槟榔、荜茇等药的发现属汉代以后，故仲景不知。

4. 书中融合了"四大五荫，假合成身，一大不调，百病俱起"等佛家名词术语，而仲景时代佛家思想还未融于医学，直至南北朝及唐代，佛教才渗透入医学中。

以上四点我们虽持赞同态度，但认为张仲景《五脏论》肯定有张仲景时代的内容，具体情况另有考证。关于成书年代，马继兴等先生依据卷中有避唐太宗讳的"世"字（缺笔作"世"）等字，断定为抄录年代应在唐代初期 7 世纪。

第七节　新发现的《张仲景五脏论》（Дx01325V）

《张仲景五脏论》为抄写于唐代的一部涉及脏腑、经络、生理、病理、诊治、药性、炮制及功用等方面的重要医书，其成书年代与作者，马继兴、褚谨翔、谭宗达、赵健雄、朱定华、杜雨茂等学者均有论述，这里不再赘述。仅将所新发现的又一写本俄 Дx01325V 残卷（图4–8）[190]与 S.5614《张仲景五脏论》[191]、P.2115《张仲景五脏论》[192]中相关的图片内容及录文作一介绍，俄 Дx01325V 医书残卷，三木荣称其为"医书"，马继兴先生定名为"不知名医方第四十种"[193]，俄 Дx01325V 残卷中出现了古体字，如将"肉"写作"宍"，同时还出现了敦煌资料中常见的别体字，如将"咽"写作"呬"，因此，我们初步断定俄 Дx01325V 残卷为隋唐至五代时期的敦煌写本，经笔者与 P.2115《张仲景五脏论》第 9～15 行、S.5614《张仲景五脏论》第 8～14 行进行对比后发现，此残卷并非"不知名医方"，而为《张仲景五脏论》又一写本。这一发现，使敦煌《张仲景五脏论》的写本增加为五种，即 S.5614、P.2115、P.2378、P.2755、Дx01325V 五 种，除 P.2378、P.2755 因残缺而无 Дx01325V 中的内容外，在 S.5614（第 8～14 行）、P.2115（第 9～15 行）中均能找到 Дx01325V 中相关的内容。另外在朝鲜·金礼蒙《医方类聚卷之四·五脏门》五脏论[194]中亦可见到部分相关原文，以下简称朝鲜本。俄 Дx01325V 残卷为正背两面书写，正面为"佛经论释"，首尾均残，残存 14 行文字；背面为医书《张仲景五脏论》，首尾均残，残存 9 行文字。为了更加明确三者的具体内容，我们参照 S.5614、P.2115 及朝鲜本对其进行了录校，并进一步阐发了新发现俄 Дx01325V《张仲景五脏论》的现实意义。

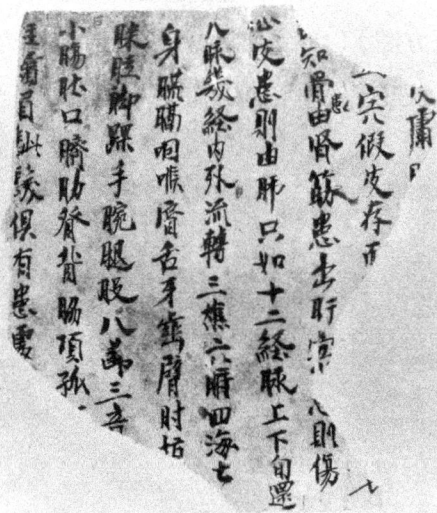

图 4-8 俄 Дx01325V 新发现的《张仲景五脏论》残卷

首先，俄 Дx01325V《张仲景五脏论》的发现，使敦煌写本《张仲景五脏论》增加为五种，即 S.5614、P.2115、P.2378、P.2755、Дx01325V

五种。可见这部对丰富中医理论及指导临床实践有重要价值的医书在当时广为流传，颇具影响。今天仍具有重要的发掘与利用价值。

其次，进一步证实了俄藏、英藏、法藏敦煌文献之间的密切联系，可以初步推断其亦出自敦煌莫高窟藏经洞。

第八节 《耆婆五脏论》《诸医方髓》及其相关的医书（多种残片组成）

陈明博士在研读一件新疆吐鲁番地区出土、由德国国家图书馆东方部所藏的编号为 TIIY49（原编号）/Ch.3725（新编号）的《耆婆五脏论》（正面书写）与《诸医方髓》（背面书写）残片时（新疆吐鲁番地区出土）发现，《俄藏敦煌文献》第十四册中的 Дx09170、09178、09882、09888、09935、09936、10092 七件残片（图4-9）[195] 及第十六册中的 Дx12495R、Дx12495V[196] 与新疆吐鲁番地区出土《耆婆五脏论》（Ch.3725）、《诸医方髓》（Ch.3725V）从文字特点及内容相关。故陈明

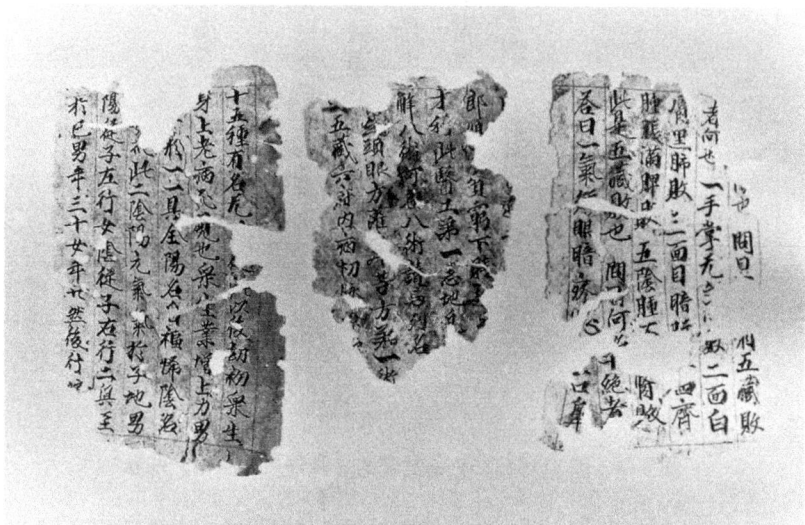

图4-9　Дx09170、09178、09882、09888、09935、09936、10092《耆婆五脏论》等医书部分残片

博士认为，俄藏敦煌文献中的这些残片非敦煌文书，而是出自吐鲁番的交河古城[197]。陈明博士的这一发现非常重要，虽然单从文字特点及内容相关还不能完全断定俄敦煌文献中的这些残片是新疆吐鲁番地区出土，但这一发现使丝绸之路上的敦煌吐鲁番文献之间的关系更加密切，对敦煌吐鲁番文献的研究注入了新的活力。

今录文次序按照陈明博士的研究成果，以 TIIY49/Ch.3725 为基准，参照《医方类聚卷四·五脏门》等医书中进行缺文补录。可能属于《耆婆五脏论》的依次为：

1. 五败与十绝（Д x 09935 + Д x 09936 + Д x 10092 正背面）。

2. 五气不足歌（Д x 12495V + Д x 12495R + Д x 09178V）。

3. 服药次序（Д x 09178V）。

4. 三种枉死与剂量单位（Д x 09178）、三品药物（Д x 09882_{2-2}）、阴阳元气（Д x 09882_{2-1}）。

5. 五劳与七伤（TIIY49/Ch.3725）。

6. 《耆婆五脏论》一卷尾题（TIIY49/Ch.3725）。可能属于《诸医方髓》的依次为：

7. 《诸医方髓》一卷首题与序（TIIY49/Ch.3725）。

8. 八术（Д x 09888 正背面）。

9. 鬼疰心痛方（Д x 09170 正背面）。

陈明博士对本组文书的缀合为我们进一步的奠定了基础，为我们进一步探讨《耆婆五脏论》、印度佛教医学以及"生命"医学理论有着十分重要的意义。

第九节　《明堂五脏论》（P.3655）

敦煌医学卷子 P.3655（图 4-10），现藏法国国家图书馆。该卷子原系经折装，正背两面书写，共八折。共有 79 行文字。全卷墨笔书写而成，前后依次抄录《明堂五脏论》《七表八里三部脉》和《青乌子脉诀》三书。其中，《明堂五脏论》和《青乌子脉诀》是该卷子原有书题，而《七表八里三部脉》之书题，是据卷文内容和文中小标题所定。《明堂五脏论》一卷相当于原卷的第1～44行，但无撰者姓名。查考古医籍、目录书及史书艺文志等，均无载录，故撰者姓名和撰著年代不详。今仅据本书所引内容和书中避讳用字，就其撰著年代和抄录年代作一初步推断。首先，《明堂五脏论》中引有《玉匮针经》的部分佚文，而《玉匮针经》一书，据考系三国时代医家吕广所撰，其书目现存《隋书·经籍志》《旧唐书·经籍志》及《新唐书·艺文志》中。以此推断，《明堂五脏论》的撰著年代当在三国时代以后。其次，从书中避讳用字看，《明堂五脏论》中避用唐太宗李世民讳之"世"字（如将"叶"改成"莱"），而同一卷子中却不避唐高宗李治讳之"治"字，如《青乌子脉诀》曰："屋漏击门终不治"等。因而可以初步确定卷子系唐初（627—650年）的抄写本。由此可知，《明堂五脏论》撰著年代的最上限不会早于三国时代，而最下限不会晚于唐初，可能是六朝时期所撰。

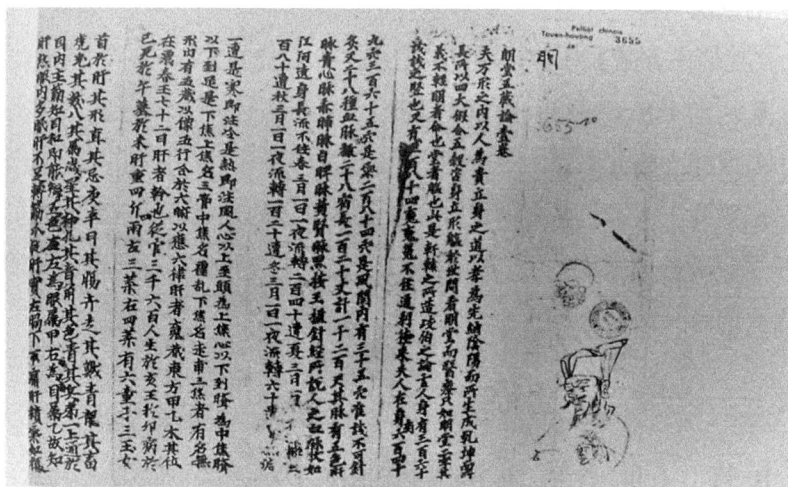

图 4-10　P.3655《明堂五脏论》

本书主要阐述了五脏六腑之生理和病理、"明堂"的概念、上中下三焦之部位划分、人体腧穴的总数、人体经脉的长度等。《明堂五脏论》

部分原文为：

　　《明堂五脏论》一卷。夫万形之内，以人为贵；立身之道，以孝为先。纳阴阳而所生，成乾坤而所长。所以四大假合，五谷咨（滋）身，立形躯于世间，看明堂而医疗。只如明堂二字，其义不轻。明者命也，堂者躯也。此是轩辕之所造，岐伯之［所］论。言人身有三百六十试（腧），试（腧）之竖也。又有三百八十四魂，魂魄不住，通利往来。夫人在身有六百四十九穴，三百六十五穴是气，二百八十四穴是风。关内有三十五穴准试（腧），不可针灸。

　　……又言：上医察色，中医听声，下医诊候。医者，意也。须明经脉，善会方书，又会阴阳，是名三代医也。

第五章 敦煌诊法类著作

敦煌诊法类著作包括:《平脉略例》甲本（S.5614）、乙本（P.2115）、残文（S.6245）、《五藏脉候阴阳相乘法》甲本（S.5614）、乙本（S.6245）、《占五脏声色源候》（S.5614）、残文（S.6245）、《亡名氏脉经》第一种（P.3287）、《亡名氏脉经》第二种（P.3287）、《玄感脉经》（P.3477）、《七表八里三部脉》（P.3655）、《青乌子脉诀》（P.3655）等。这些著作概述了以脉诊法为主，兼及其他望、闻、问的诊断方法。本章我们要选讲《平脉略例》甲本、《五藏脉候阴阳相乘法》甲本、《玄感脉经》《占五脏声色源候》及《七表八里三部脉》中的有关内容。

第一节 《平脉略例》甲本（S.5614）

《平脉略例》甲本编号为 S.5614（图 5-1），现藏英国国家图书馆。此书原卷子系书叶写录，共十五个半叶，卷子存首缺尾，存一百九十五行文字。

此卷子前后依次抄录四书，即《张仲景五脏论》乙本、《平脉略例》甲本、《五脏脉候阴阳相乘法》甲本及《占五脏声色源候》。"《平脉略例》一卷"是原卷子本有的书题，但无撰者姓名。查考古医籍、簿录及史书艺文志，均未收其目。根据《敦煌中医药全书》考证，由于该书的大部分内容见于王叔和的《脉经》，可看作是对《脉经》内容的摘录，由此可见，该卷子的撰者及其残卷抄写年代，似在王叔和撰成《脉经》一书的晋时以后。其次从避讳用字看，书中用了"治"，却不用"世"，如将"葉（叶）"改作"蓁"，是避唐太宗李世民讳字，而不避唐高宗李治讳字，同时也不避隋文帝杨坚之"坚"字。由此而论，该卷子的抄写年代，似在唐太宗李世民在位的公元七世纪前叶，而其撰着年代当在此之前的南北朝或隋朝。该书主要论述诊脉方法及定位，寸、关、尺三部左右手二十四种气脉及十九种脉象的主病。

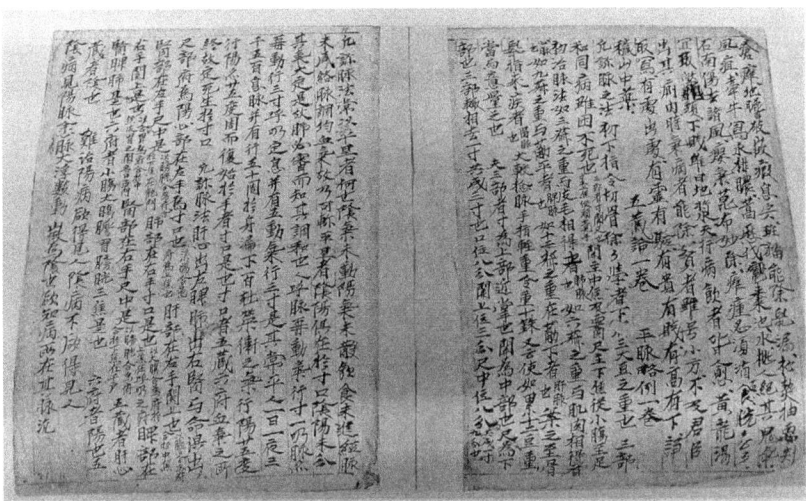

图5-1　S.5614《平脉略例》甲本

有关《平脉略例》的部分原文为：

《平脉略例》一卷。凡诊脉之法，初下指，令切骨徐徐。学者下[指]，三大豆之重也。三部和同，病虽困不死也。三部者，寸、关、尺也。寸主上焦，从头〔及皮毛〕竟手。关主中焦，〔腹〕及腰。尺主下焦，从小肠（腹）至足。初治脉法，如三菽之重，与皮毛相得者，肺脉也；如六菽之重，与肌肉相得者，心脉也；如九菽之重，与筋平者，脾脉也；如十二菽之重，在筋下者，肝脉也；案（按）之至骨，举指来疾者，肾脉也。大（《玄感脉经》作"夫"）较捻脉，手指轻重令重十铢；又云：使如累十二豆重，当与意量之也。夫三部者，寸为上部，近掌也；关为中部也；尺为下部也。三部辄相去一寸，共成三寸也。〔寸〕口位八分，关上位三分，尺中位八分，为共成一寸九分也。凡诊脉之法，常以平旦者何也？阴气未动，阳气未散，饮食未进，经脉未盛，络脉调匀，血气未乱，故乃可诊。平旦者，阴阳俱在于寸口，阴阳未分，其气大定，是故脉必审而知其调和也。人一呼，脉再动，气行三寸；一吸，脉亦再动，气行三寸。呼吸定息，并有五动，气行六寸，是其常。平人一日一夜一万三千五百息。脉并有行五十周于身，漏下百刻。荣卫之气，行阳二十五度，行阴亦二十五度。周而复始会于手太阴者，寸口是也。寸口者，五脏六腑血气之所终，故定死生决于寸口。

第二节 《五脏脉候阴阳相乘法》(S.5614)

《五脏脉候阴阳相乘法》一卷，现藏英国国家图书馆。古医籍及簿录均未收其目，撰人姓名不详。原卷子英国编号：S.5614（图5-2），共存195行文字，相当于第165～191行，今据其卷首所题称其为《五脏脉候阴阳相乘法》甲本。从避讳用字看，书中用了"治"却不用"世"，如将"葉（叶）"改作"萊"，是避唐太宗李世民讳字，而不避唐高宗李治讳字，同时也不避隋文帝杨坚之"坚"字。由此而论，该卷子的抄写

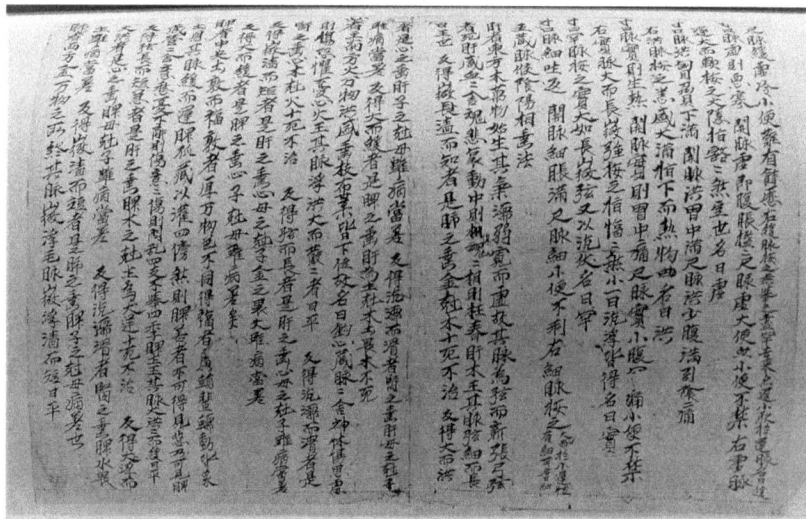

图5-2 S.5614《五脏脉候阴阳相乘法》

年代，似在唐太宗李世民在位的7世纪前叶，而其撰着年代当在此之前的南北朝或隋朝。与《脉经·卷三》的部分文字相同。主论五脏的阴阳五行属性，五脏的脉象，病机和预后。

《五脏脉候阴阳相乘法》部分原文为："肝者东方木，万物始生，其气濡弱，宽而虚，故其脉为弦，而新张弓弦者死。肝盛血，血舍魂，悲哀动中则相伤魂，魂相则狂。春，肝木王（旺）。其脉弦细而长，曰平也，反得微涩而知（短）者，是肺之乘[肝]，金克木，[为贼邪，大逆]，十死不治。反得大而洪者，是心之乘肝，子之克母，[为实邪]，虽病当差。反得沉濡而滑者，肾之乘肝，母之克子，[为虚邪]，虽病当差。反得大而缓者，是脾之乘肝，为土克木，为微邪，[虽病即差]，土畏木，不死。（此段可与《脉经·肝胆部》互参，"[　]"中的文字根据《脉经·肝胆部》所补）。"

第三节 《玄感脉经》（P.3477）

敦煌医学卷子《玄感脉经》残卷，现藏法国国家图书馆，编号P.3477（图5-3）。该残卷共存69行，其中"玄感脉经一卷"作为篇题独占一行。此卷子首全尾缺，且第4～16行下半部分亦有残缺。全文系墨笔抄写而成。敦煌医学卷子《玄感脉经》一卷，未载著者。查古医籍，目录书及史书艺文志等，亦均未见载述。

关于《玄感脉经》的作者：罗福颐氏曰："考《旧唐书·经籍志》下有《玄感传尸方》一卷，注苏游撰。玄感殆苏游之字。此脉经或同一人所撰者耶。"（《西陲古方技书残卷汇编》，现存中国中医科学院图书馆）。后《敦煌古医籍考释》《敦煌医粹》，及王淑民撰文（《上海中医药杂志》1987年8期）皆从此说。至于苏游其人，史书中未见详细记载，仅在《旧唐书》提及其名和著作，可推断他是唐或唐以前医家。

图5-3　P.3477《玄感脉经》

关于此《玄感脉经》残卷的抄写年代：卷中无记载，但卷中避唐睿宗李旦讳，卷文中曾三次出现"旦"字，其中两次将"旦"写成"囙"，一次将"旦"写成"口一"。可知 P.3477《玄感脉经》的抄写年代当在唐睿宗李旦执政时期或以后，即其抄写年代的上限不会早于李旦第一次即位的公元 684 年。且由于卷文中第二个"旦"字被拆为"口一"二字（"口"字在第 22 行末，"一"字在第 23 行首），故王叔民氏"推断写此卷子的人离唐睿宗执政年代较远，已不详其为讳字所致，似应在晚唐。"（《上海中医药杂志》1987 年 8 期）。而《敦煌古医籍考释》认为"抄写年代似在五代时期"。

敦煌医学卷子 P.3477《玄感脉经》，是继《脉经》之后的又一部重要脉书。该书内容有三部分：第一篇有文缺目，主论诊脉部位、寸口脉诊、三部九候、七诊等；第二篇名为"捻脉指下轻重脉名类形状第二"，主论诊脉轻重迟急，呼吸至数，弦、浮、滑、实、革、动、沉、紧、涩、伏、濡、弱、迟、芤、牢、细、缓、虚、软、促、微、结、代 23 种病脉，以及屋漏、雀啄、弹石、解索、虾游、鱼翔 6 种死脉。第三篇名为"阴阳逆乘伏第三"，但正文仅存一行。

《玄感脉经》部分原文为："三部者，谓寸口为上部，近掌，[法天]；中为关，法人；尺为下部，法地。[三]部辄相去寸九分，共成三寸。一法：寸口位八分，关上位三分，尺中[位]八分，为共成一寸九分。三部之中各有三候，[三]候之中各有天地人，共成[九]候。三[部]凡合一寸九分，是一位。有（又）三[部九]候者，以候九[藏]之气。九藏者，形藏四，头角、耳目、口齿、胸中也；神藏五，心、肝、脾、肺、肾也。合为九天。头[角]、耳目者，人身之天，日月所附著，故上部▇▇精识之主，日月光明，[上]部之天以候之。耳▇▇骨之本，能摧伏（腐）五谷，周养身体，故上部▇▇人之上盖，阴阳之至主，故中[部]之天以候之。心者，▇▇生，故中部之人以[候之]。胸中者，三焦之所合▇▇故中部之地以候之。肝者，在人膈中▇▇。肾者，在下，人精气之本，故下部之地以候之▇▇者，察三部之中，有独大、独小、独热、独寒、独[疾、独迟、独陷]，此七者谓之诊。夫脉人常脉，寸口者，是手▇▇之，行水者有鱼，手太阴亦有鱼，主于魂魄▇▇是故脉之决死生也……"

第四节　《占五脏声色源候》(S.5614)

此卷子编号为 S.5614，现藏英国国家图书馆。此书原卷子包括《平脉略例》甲本（见本章第一节），即共存 195 行文字，前后抄录四书，即《张仲景五脏论》乙本、《平脉略例》甲本、《五脏脉候阴阳相乘法》甲本及《占五脏声色源候》。此书即其中第四种。《占五脏声色源候》是原卷子本有的书题，但无撰者姓名。查考古医籍，薄录及史书艺文志，均未收其目。根据同卷的《平脉略例》（见第一节）来看，其抄写年代为唐代早期。《占五脏声色源候》主要通过五脏与五官、情志、五声等配属关系，论述五脏病的症状。

《占五脏声色源候》原文为：

肝有病，目不明则矇矇，呼则及怒。心有病，奄奄不欲言，则忌言及唤。肺有病，鼻不开香，则咳逆及哭。肾有病耳不闻音，则欠及呻。脾有病，口燥，舌弦，则歌吟苦噫。上以此候病，知病所在矣。

第五节 《七表八里三部脉》（P.3655）

此卷子编号为 P.3655（图 5-4），现藏法国国家图书馆。此书原卷子共存 79 行文字，系经折装，前后依次抄录三书，即《明堂五脏论》《七表八里三部脉》及《青乌子脉诀》。本书即其中第二种。原卷子首尾完整，无书名、标题和撰着人姓名，《七表八里三部脉》即是根据卷文内容和外加的"七表""八里""三部脉全"三个小标题综合拟定。该书的作者及成书年代已无从考证，因其内容与传世的《王叔和脉诀》一书基本相同，但无《王叔和脉诀》中的"九道脉"等内容，似为《王叔和脉诀》之早期传本之一，如此看来，该书撰着的年代不会早于王叔和生活的年代。再者，根据《敦煌古医籍考释》及《敦煌中医药全书》对同卷子的第一种《明堂五脏论》的考证可断定其抄录年代为唐代初期。该书主要论述了七种表病脉象，八种里病脉象及寸、关、尺三部具可见到的五种脉象。全文均以七言歌诀的形式论述。如七表脉原文为：

脉浮中风头热痛，关浮腹满胃虚空，尺部得之风入肺，大便干涩固难通。寸芤积血在胸中，关内逢芤腹内痛，尺部见之虚在肾，小便稠浊血凝脓。滑脉寸中胸满逆，关滑脾寒不消食，尺部得之脐似冰，饮水下焦声沥沥。寸实其人胸热癥，对关切痛中焦甚，尺部如绳应指来，满腹小便都不禁。紧脉关前头里痛，到关心下无能动，隐指寥寥入尺来，缴结绕脐长手捧。洪脉关前热在胸，当关翻胃几千重，鱼际之中常若此，小便稠数血凝脓。寸口紧跳脉似弦，胸中忽痛似绳牵，关中得之寒在胃，下焦停水满丹田。

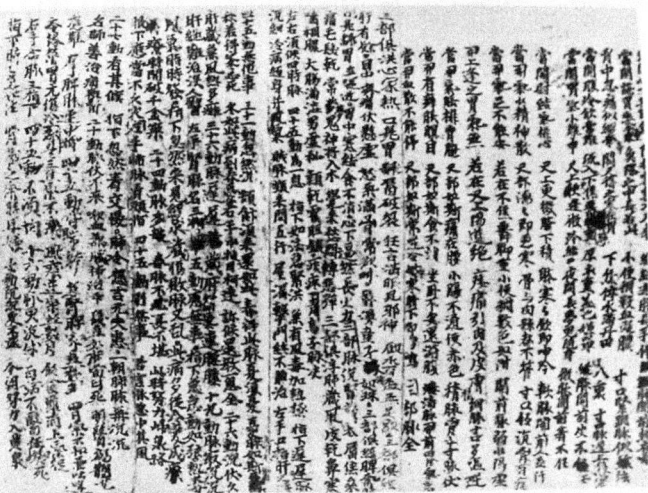

图 5-4 P.3655《七表八里三部脉》

第六节 《脉经》节选本（Дх08644）

俄 Дх08644（图 5-5），《俄藏敦煌文献》[198]（第十四册）中未定其名，我们从传世医书《脉经》[199]中见到与此卷号大致相同的内容，主要是从《脉经·脉形状指下秘诀第一》及《脉经·平三关病候并治宜第三》中节选的内容，并在文字表述上略有不同，因此，我们认为此卷子系唐代医家从《脉经》中节选了部分内容并略作改动而成，故我们将其定名为"《脉经》节选本"，俄 Дх08644"《脉经》节选本"主要论述了芤脉的脉形及寸、关、尺三部中浮（沉）脉与伏脉的所主病证。该卷子残存 10 行文字，系行书书写。根据书中避唐太宗李世民讳，如将"葉"写成"茱"，"泄"写成"泄"，我们认为其为唐代写本。

《脉经》乃西晋太医令、著名医学家王叔和所撰，为我国现存的第一部脉学专著，系统阐述了诊脉方法、诊脉理论及诊脉的临床意义，对24 种脉象的形态特征作了明确的表述，并使"独取寸口"的诊脉方法得到进一步完善和推广，至今仍为中医临床所习用。现传世本王叔和《脉经》是宋臣林亿等人整理而成，俄Дx08644"《脉经》节选本"系唐代写本，虽是节选本，但早于宋代，是现存最早的"《脉经》节选本"，因此，在研究《脉经》版本的流传与校勘等方面意重大，

脉象与所主病证相互关联，《脉经》节选本论述简明扼要，某些地方描述更具体，如"关脉伏，胃中有水气"比传世本"关脉伏，中焦有水气"定位更准确。某些症状的描述更具有古朴风貌，如将"溏泄"写作"泄宕"，将"苦满吞酸"写作"苦乔酢"等。这些都值得我们进一步研究。

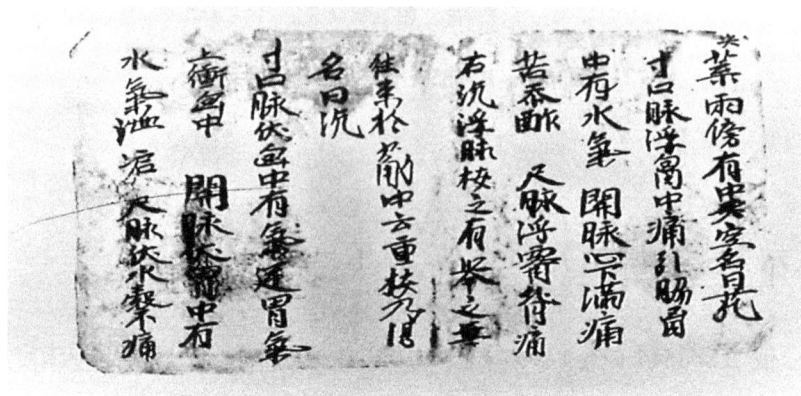

图5-5　俄Дx08644《脉经》节选本

第七节　俄Дx02869A脉书残本

俄藏敦煌文献Дx02869A（图5-6）[200]，首尾均残，残存十二行文字。《俄藏敦煌文献》（第十册）中定名为"医书"，因其内容反映的是脉学的内容，故我们将其暂定名为"脉书残本"。俄Дx08644"《脉经》节选本"主要论述了扎脉、沉脉等所主的病证。根据书中避唐太宗李世民讳，如将"葉"写成"茶"，我们认为其为唐代写本。

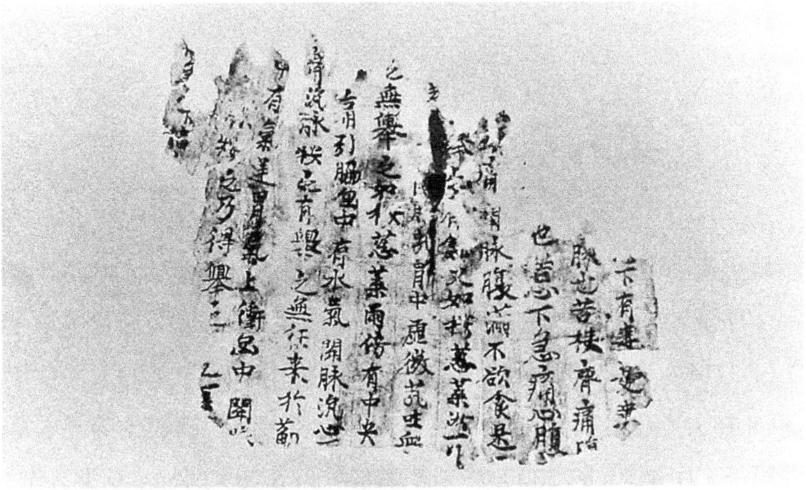

图 5-6　Дх02869A 脉书残本

由于俄 Дх02869A 脉书残本残缺较多，我们仅能看到部分脉的脉象及主病，其阐述的诊脉方法、诊脉理论及病脉的临床表现至今对临床实践有重要的指导意义，值得进一步研究。

第六章　敦煌本草类著作

　　敦煌遗书中本草类著作的内容亦非常丰富，主要包括《本草经集注第一·序录》（龙 .530）、《新修本草·序例》（无编号）、《新修本草·草部》（P.3714）、《新修本草》（S.4534）、《新修本草》（P.3822）、《食疗本草》（S.76）、《残本草》（S.5968）等，今主要介绍残缺较少的《本草经集注第一·序录》（龙 .530）及《食疗本草》（S.76）两种本草类著作。

第一节　《本草经集注第一·序录》节选（龙 .530）

　　《本草经集注第一·序录》，编号为：龙 .530，现藏日本京都龙谷大学图书馆。关于此卷子发现经过，据橘瑞超弟子小川琢治称：1908 年，橘瑞超和吉川小一郎受龙谷光瑞师之命，去中央亚细亚（即中国地理中夹央区，兰州一带）探险时获见，并携回日本。此后原卷成为橘瑞超家珍藏（据小川琢治称："又从橘瑞师处得观其从敦煌石室获归之陶弘景的《本草集注》第一卷"），后来由橘瑞超弟子小川琢赠其中国友人罗振玉一套照片（《敦煌古医籍考释》，1916 年罗振玉《吉石盦丛书》影印传世（图 6-1）。原卷子藏于日本龙谷大学（冈西为人在《重辑新修本草·序》称："敦煌出土本草，日本橘瑞超师所将来，有《集注本草序录》，现藏于京都龙谷大学。罗振玉氏得影本，刊入于《吉石盦丛书》中……余幸得阅其原卷。"此书 1979 年由日本学术图书刊行会出版）卷子长 17 米，前半部分为印度高僧龙树所撰写的《大智度论》，后面即为《本草经集注》，惜前数行已佚，后均完好，后题"本草经集注第一〔据此卷子后文中陶弘景序云：'今辄苞综诸经，研括烦省，以神农本经三品合三百六十五为主，又进名医副品三百六十五，合七百三十种，精粗皆取，无复遗落，分别科条，区畛物类，兼注铭世用土地所出，及仙经道术所须，并此序录，合为七卷。'知《本草集注》共七卷（唐时称三卷）此其第一卷] 序录，华阳陶隐居撰。"此即该卷题目所依据。书题后又有字二行："开元六年九月十一日尉迟卢麟于都写本草一卷，辰时写了记。"据此文字则该卷子为唐朝开元年间无疑，但据小川琢治根据唐初避讳用字等考据，认为该手卷为六朝写本，后为世人接受，如范行准先生著文时即称"敦煌石室六朝写本本草经集注序录残卷"（中西医药，第三卷，第一、三、四期，"敦煌石室六朝写本本草集注序例残卷校注"）。近来梁茂新先生著文（中华医史杂志，1983，13（3）:181，"本草经集注"写本年代考异）复为考据，称此手卷乃唐开元写本无疑。本书原文据《吉石盦丛书》照片誊写。本卷子的校注主要参阅了《大观经史证类备急本草》，简称《证类本草》。

图 6-1　国家图书馆藏罗振玉《吉石盦丛书》影印《本草经集注第一·序录》

如部分原文为："旧说皆称《神农本草经》，余以为信然。昔神农氏之王天下也，画易卦，以通鬼神之情；造耕种，以省煞（杀）窅（牲）之弊；宣药疗，以拯天伤之命，此三道者，历群圣而滋彰。文王、孔子，彖（tuàn）象繇辞，幽赞人天。后稷、伊尹，播厥百谷，惠被生民。歧（岐）、皇（黄）、彭、扁，振扬辅导，恩流含气。并岁逾三千，到于今赖之。但轩辕以前，文字未传，如六爻指垂，画象稼穑，即事成迹。至于药性所主，当以识识相因，不尔，何由得闻。至乎桐、雷，乃著在于篇简。此书应与《素问》同类，但后人多更修饰之耳。"

第二节　食疗本草（S.76）

此卷子现藏英国国家图书馆，编号为 S.76（图 6-2）。卷子首尾均残，双面书写，均正楷恭书，正面残存抄录之《食疗本草》137 行，每行文字 20 字。朱墨分书，朱书者有名药药名，"双方""又"等标题类文字，以及句读之圆点。

残存的内容计有药物 26 种，并有医方 64 首。这些药物及附方是：石榴（附方 3 首：赤白痢、久痢、乌发）；木瓜（附方 3 首：顽痹、风疾、腹痛）；胡桃（附方 4 首：乌发二、染发、痔）；软枣（附方无）；榲子（附方 3 首：痔、广白虫、消食）；芜荑（附方 5 首：疮、干癣、湿癣、热疮、寸白虫）；榆荚（附方 6 首：痫疾、石淋、石痈、杀诸虫、诸疮癣、卒心痛）；吴茱萸（附方 6 首：奔豚气、鱼刺在肉、鱼刺在腹、阳痿、风痒、牙疼）；蒲桃（附方 2 首：安胎、止呕）、甜瓜（附方 6 首：痈气、生发、杀虫、浮肿、鼻中息肉、阴黄）、越瓜（附方 1 首：止烦渴）；胡瓜（附方 1 首：胡刺肿毒）；冬瓜（附方 6 首：肥胖、润肤、发热、明目、延年、利小便）；瓠子（附方 2 首：恶疮、脚气）；莲子（附方 2 首：减肥、不老）；燕覆子（附方 2 首：续音、卒气奔绝）；楮子（附方 1 首：霍乱转筋）；羊梅（附方 2 首：痢疾、通利五脏）；覆盆子（附方无）；藕（附方 5 首：虚渴、散血、补五脏、杀虫、轻身）；鸡头子（附方无）；菱实（附方 1 首：休粮）；石蜜（附方 1 首）；砂糖（附方无）；芋（附方 2 首：去身上浮气、补中焦）。

此卷子背面书《长兴五年（934年）正月一日陈鲁修牒》等文书。据《考释》考证，此卷子为五代时抄写，理由是："治"字不避唐讳，但"葉"字仍沿用"枼"的写法。

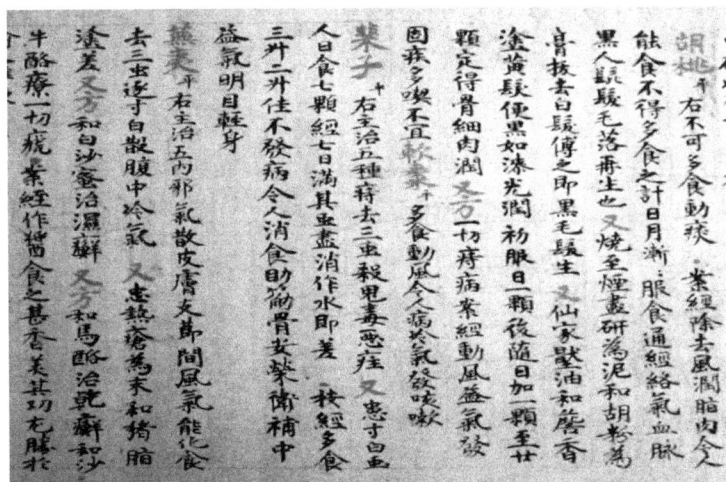

图6-2 S.76食疗本草部分内容

如木瓜的原文为：

木爪（瓜）：温。右主治霍乱，涩痹风气。又，顽痹，人若吐逆下，病转筋不止者，取枝叶煮汤，饮之愈。每欲霍乱时，但呼其名字，亦不可多食，损齿。亦去风气消疾。又，脐下绞痛，可以木爪（瓜）一片，桑叶七枚、炙，大枣三个，中破。以水二大升，煮取半大升，顿服之，即［瘥］。

第七章 敦煌医方类著作

敦煌医方类著作是指以临床医疗为主的专书。其内容大多只有治疗各类病证的医方。这类著作在出土的残卷中为数最多，大致有 40 余种，载方 1200 余首。今按照李应存所著的兰州大学博士学位论文《敦煌写本医方研究》中的分类方法，将其分为疗各科病证及杂证为主之医方书、疗专科病证为主之医方书、单验医方书、辟谷养生延年为主之医方书、巫术禁方书、少数民族之医方书。另外，本研究主要吸收了李应存博士学位论文《敦煌写本医方研究》中的研究成果 [201]。

第一节 疗各科病证及杂证为主之医方书

各科病证及杂证为主之医方书包括：

1. 唐人疗各科病证选方之一 P.2565。

2. 唐人疗各科病证选方之二 P.2662（背面为治产后风虚劳损等各科病医方）。

3. 唐人疗各科病证选方之三 P.3731。

4. 疗各科病证之综合医方（正面为《太玄真一本际经》）P.3596V。

5. 头面五官病及产病等各科病证医方 P.3930。

6. 李耥郎中等疗各科病证之医方 S.5435。

7. 疗消渴等病医方目录残片 S.6084。

8. 治产后风虚劳损等各科病医方（正面为唐人疗各科病证选方乙卷）P.2662V。

9. 伏连传尸痃癖骨蒸等病医方 S.1467（背面为疗头眩口㖞等各科病

证医方 S.1467V）。

10.疗头眩口㖞等各科病证医方 S.1467V（正面为疗伏连传尸痃癖骨蒸等各科病证医方 S.1467）。

11.疗髓虚实等杂病方 P.3885V（正面为唐诗集等 P.3885）。

12.疗坚满、脚气及疟等病医方 P.3201（背面为王锡上吐蕃赞普书 P.3201V）。

13.《杂疗病药方》新缀辑本［《杂疗病药方》P.3378V（正面为《孝经》P.3378）与 S.6177V 疗治妇人为主之单验方（正面为《孝经》S.6177），且这两个卷号可以缀合，缀合后称其为《杂疗病药方》新缀辑本，为 P.3378V 杂疗病药方 ◎ S.6177V 疗治妇人为主之单验方（正面为《孝经》P.3378 ◎ S.6177）。正面为《孝经》据《敦煌学大辞典》中白化文撰文认为，S.6177 缀合 P.3378[202]，经笔者与原卷子图片仔细对比后发现，此说完全正确。背面 S.6177V 缀合 P.3378V 后乃《杂疗病药方》新缀辑本，在 P.3378V 最后一行（第 50 行）"疗□□□：取生鹅脂作酪，以绵裹塞耳中即［差］"残缺"差"字，但在 S.6177V 开头下端残存一"差"字］。

14.天宝七载张惟澄奏上杂疗病方残卷 P.2882V（正面为残道经）。

15.P.3144V 眼病时疾兼杂病方（正面为残道经）。

16.黑帝要略方 P.3960V（正面为《古贤集》P.3960）。

17.杂方术 P.3093V（正面为佛说观弥勒菩萨上生兜率陀天经讲经文 P.3093）。

18.阴阳书中十二支日得病与病证、药方的摘录 S.1468。

19.《辅行诀脏腑用药法要》（卷前有三皇及二十八宿，"文革"被毁）。

20.P.3287《亡名氏脉经第二种》中之医方。

一、唐人疗各科病证选方之一（P.2565）

P.2565（图 7-1）首尾均缺，无书名标题及撰人姓名。

1. 撰著年代

关于所选录医方的最早撰者当是南北朝时期的医家僧深，本卷原文第 1 ～ 3 行中有胡爽选录僧深方 1 首，其为：

□捣筛，密（蜜）和为丸，饮服七丸，丸如梧子大。⊙（日）再服，渐加至二七丸。当□心中痰，痰数欲唾，吐痰涕为佳。若不觉触，可至二七丸。此是□孝感所用，原出僧深方，胡爽[203]。

关于胡爽生卒不详，僧深亦称深师，或释门深师，南北朝宋、齐间人，著名佛门医家，善治脚气病，撰有深师方已佚，《备急千金要方·卷第七风毒脚气》论风毒状第一有“又有宋、齐之间，有释门深师，师道人述法存等诸家旧方为三十卷，其脚弱一方近白余首”。[204]

其次，医方较晚的撰著者还有张文仲、韦慈藏，如原文第 17 ～ 21 行之石龙芮六子加味丸（原缺方名，笔者据组成自拟）、第 22 ～ 27 行之石龙芮丸，均在其方后署名张文仲，又如原文第 73 ～ 77 行之常服补益方后署名韦慈藏。考张文仲、韦慈藏，均为唐代武则天时期著名医家，据《旧唐书·卷一百九十一列传·第一百四十一方技》中云：“张文仲，洛州洛阳人也。少与乡人李虔纵、京兆人韦慈藏并以医术知名。文仲，则天初为侍御医。时特进苏良嗣于殿庭因拜跪便绝倒，则天令文仲，慈藏随至宅候之。文仲曰：‘此因忧愤邪气激也。若痛冲胁，则剧难救。’自朝候之，未及食时，即苦冲胁绞痛。文仲曰：‘若入心，即不可疗。’俄顷心痛，不复下药，日旰而卒。文仲尤善疗风疾，其后则天令文仲集当时名医共撰疗风气诸方，仍令麟台监王方庆监其修撰。文仲奏曰：‘风有一百二十四种，气有八十种。大抵医药虽同，人性各异；庸医不达药之行使，冬夏失节，因此杀人，唯脚气头风上气，常须服药不绝。自余则随其发动，临时消息之。但有风气之人，春末夏初及秋暮，要得通泄，即不困剧。’于是撰四时常服及轻重大小诸方十八首表上之。文仲久视年终于尚药奉御，撰《随身备急方》法三卷，行于代。虔纵，官至侍御医。慈藏，景龙中光禄卿。自则天、中宗已后，诸医咸推文仲等三人为首。”[205]

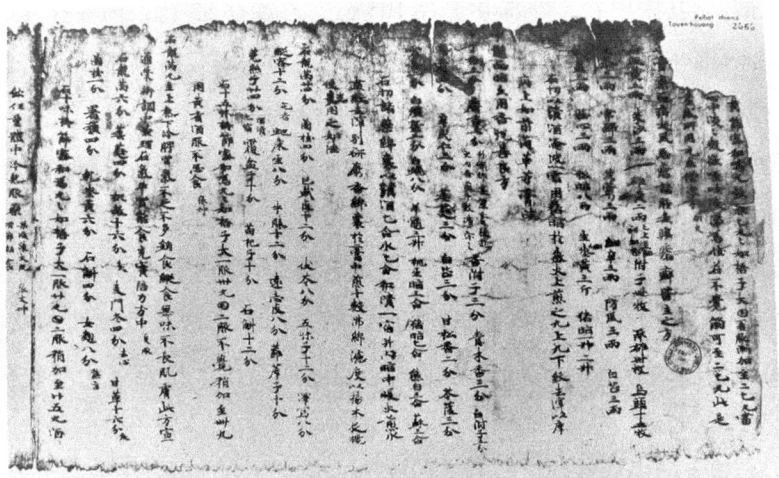

图 7-1 P.2565 唐人疗各科病证选方之一

2. 写本的抄写年代

由于本卷中有武周新字（包括：而（天）、埊（地）、𤯔（人）、𠡦（年）、囜（月）、◌（日）等字），如"日再服"写作"◌再服"、"天雄"写作"而雄"、"人参"写作"𤯔参"、"生地黄"写作"生埊黄"、"去年已服"写作"去𠡦已服"、"六月"写作"六囜"等等，加之选录有唐代武则天时期著名医家张文仲、韦慈藏的医方，据此笔者认为医方写本的抄写年代当为唐季武则天时张文仲、韦慈藏成名时期或之后稍晚。《敦煌古医籍考释》[206]、《敦煌医药文献辑校》[207]中认为系唐季武则天时写本的说法是完全正确的。

3. 写本的定名

原写本无书名标题，《敦煌古医籍考释》《敦煌医药文献辑校》中认为本卷（甲卷）与 P.2662（乙卷）、P.3731（丙卷）系同一卷子，其本身残断为多段，经考察此三段字体、款式、体例均同，且各段所引录医方均记有唐以前医家姓名出处，属于选方性质，各残段中又有武周新字，可证其同为唐季武则天时写本。由此可见，三段原属同一卷轴同一著作所拆散者，故马继兴等《敦煌医药文献辑校》定名为"唐人选方残卷三截"，其中甲卷（即本卷）存105行，乙卷存83行，丙卷存40行，共228行。三卷的关系在甲卷之尾及乙卷之首，不仅有卷子断痕可以掇合一起，且有残文前后接续，知此二卷可合为一。但甲、乙二卷和丙卷之间则互不连属，可证原卷缺佚者尚多，故其先后也无从分辨。今笔者仔细对照原卷子图片后，发现马继兴教授等学者的认识是完全符合实际情况的，现依据马继兴教授等学者的定名与综合卷子所治疗治疗疾病的范围定名为"唐人疗各科病证选方之一"。本卷《法藏敦煌西域文献》中定名为"医方书"[208]，《敦煌遗书总目索引新编》中定名为"残药方书。"[209]

4. 写本的治病范围

该卷治疗疾病包括临床各科，如大风、恶疮、诸肿毒瘘、疮癣、脾胃病、脚气、痰饮、虚证、孩子赤白痢、孩儿冷利（痢）、丈夫虚肾自泄不止、鬼魅、瘦病、嗜睡（令人省睡）、遗精、霍乱心腹急痛、霍乱吐痢、恶气蛊毒、杂痢等等。

二、唐人疗各科病证选方之二（P.2662）

该卷（图7-2）与P.2565唐人疗各科病证选方之一、P.3731唐人疗各科病证选方之三[210]为同一卷轴同一著作，具体医方本身的撰著年代、写本的抄写年代、写本的定名参见前面P.2565唐人疗各科病证选方之一。P.2662《法藏敦煌西域文献》[211]中定名为"医方书"，《敦煌遗书总目索引新编》中定名为"药方书残卷（与P.2565号为同卷）。"[212]该卷系正背两面书写，背面为"治产后风虚劳损等各科病医方P.2662V"（《敦煌医药文献辑校》中定名为"不知名医方第十六种残卷"[213]），治疗疾病包括临床各科，如热毒痢、纯痢而热壮（壮热）口干、骨内痛、时行病、伤寒、温疫、热病、结心黄、心黄及体黄不除、急黄、黄欲死不识、牙疼、面部皮肤病、孩子心腹胀便不通等等。

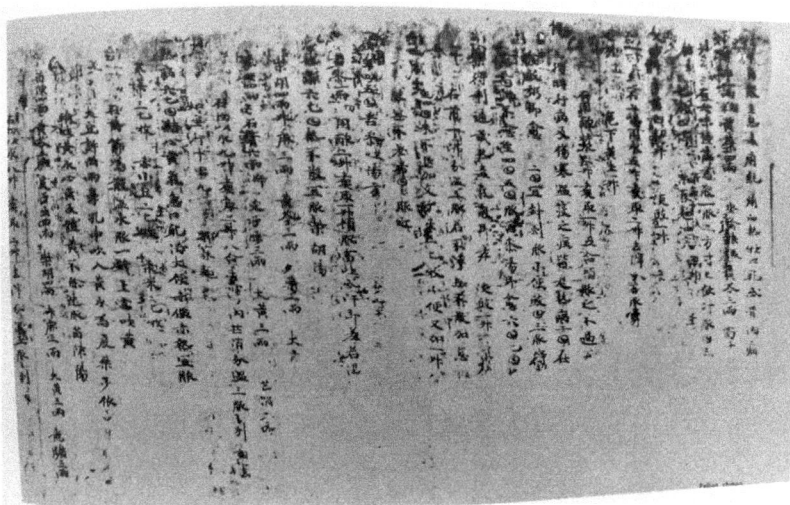

图7-2　P.2662 唐人疗各科病证选方之二

三、P.3731 唐人疗各科病证选方之三

该卷（图7-3）与 P.2565 唐人疗各科病证选方之一、P.2662 唐人疗各科病证选方之二为同一卷轴同一著作，具体医方本身的撰著年代、写本的抄写年代、写本的定名参见前面 P.2565 唐人疗各科病证选方之一。P.3731《法藏西域敦煌文献》中定名为"药方"[210]，《敦煌遗书总目索引新编》中定名为"残药方书。"[212] 该卷治疗疾病包括临床各科，如该卷治疗疾病包括临床各科，如诸风毒、隐疹、热毒、风肿、丹痛、中风恶气、头面诸病、青盲、风目烂眦、管翳（指眼病所生红丝遮蔽视线影响视力的症状）、䶊䶑（䶊读 qiú，䶊䶑此指又流鼻涕又流鼻血）、耳聋、龋齿、齿痛、痈疽、痔、金疮、疥、脚气恶肿疼痛、恶疮、挛急不遂、孩儿百病、心腹积聚闷癖、寒热来去、历子疳、湿久痢、鬼注（疰）、尸注（疰）、冷注（疰）、卒中恶鬼气、心腹痛闷欲绝、干霍乱、大小便不通、胀满欲死、天行时气、温疟寒热来去、发黄、黄疸等等。

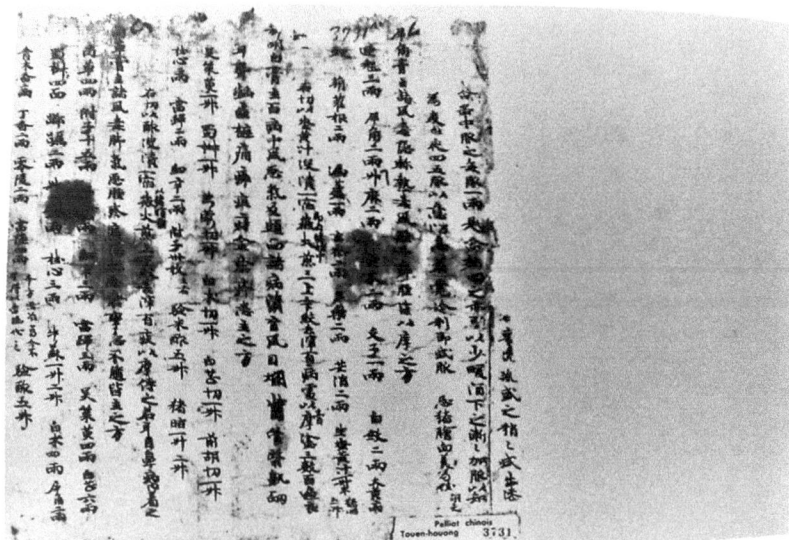

图7-3　P.3731 唐人疗各科病证选方之三

四、疗内、外、妇、儿、五官等病全科医方（P.3596V）

此卷子（图7-4）古医籍及簿录均未见记载，也不详撰人姓名及原书卷数，原卷子现藏法国国家图书馆，编号为：P.3596V，首尾均缺。正、背两面书写。正面为《太玄真一本际经》卷第四，书写工整，可看到明显的乌丝栏；背面即本书，无乌丝栏及书名标题，共存247行文字，共212方（包括重出的下瘀血汤和三等丸2方）。有上、下框，无左、右框。此书与传世古医方无类同者。

1. 撰著年代

根据卷中既有隋唐之际名医甄权（541—643年）所撰的《古今录验方》，又有唐高宗时期的崔知悌，可初步断定该书的撰著年代可能系唐代唐高宗时期的崔知悌时代或稍后。部分医方的撰者还可上溯到东晋的葛洪，因其方来源与《肘后备急方》，如原文第24行"疗卒死：以葱黄刺鼻中，入七寸，使眼中血出，男左女右"。与葛仙翁《肘后备急方·卷之一》救卒中恶死方第一中第一方"取葱黄心刺其鼻，男左女右，入七、八寸，若使目中血出佳"。[214]基本相同等等。

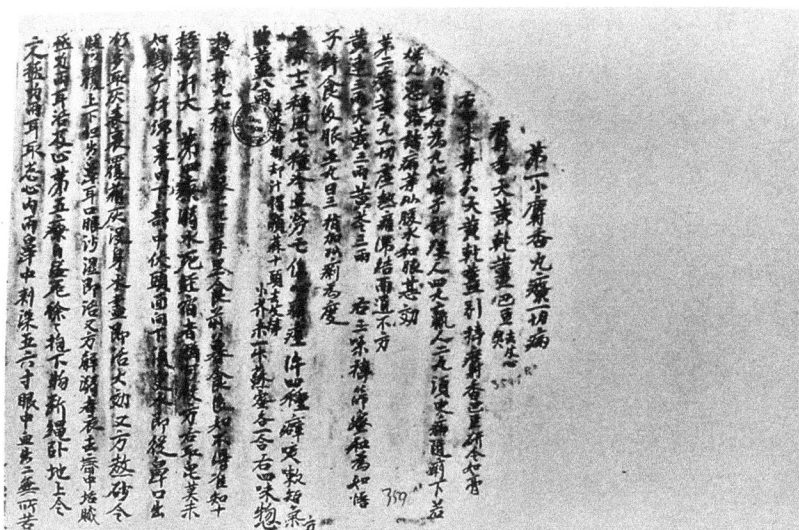

图 7-4　P.3596V 疗内、外、妇、儿、五官等病全科医方

2. 写本的抄写年代

文第 158 ～ 161 行中之邪气啼泣或歌哭方出自崔知梯（悌）；原文第 161 ～ 166 行中之虎眼汤引自《古今录验方》。崔知悌为唐高宗时（650—683 年）许州鄢陵（今河南鄢陵）人，据《旧唐书·经籍志》《旧唐书·文苑传》及《新唐书》中记载，除曾任中书侍郎、尚书左丞、户部侍郎外，据《外台秘要》所引知还曾任洛州司马、户部员外郎、殿中少监之职。《古今录验方》为隋唐之际名医甄权（541—643 年）所撰。从此卷子所引用的《古今录验方》及崔知悌的医方来看，其抄写年代当在唐高宗之后，卷子中避唐太宗讳（"葉"字作"枼"），高宗讳（"治"字作"疗"），如原文第 25 ～ 31 行：

第十一，疗伤寒，非头痛脉快，即是时气。世人病，多是伤寒。三日内发汗，四日内须吐，五日后须利。三日内取汤方。

麻黄去节，三两　干葛二两，湿者用五两　小麦一升　葱白一握，留须去渍　豉一升

凡五味，以水九升，煮取二升半，去滓，分温三服，取汗止，差（瘥）。四五日以上，勿发汗，常须利，苦参汤。在（再）后方：

前胡三两　葛根二两　桃人（仁）百枚，去皮　大黄三两，别捣，汤成，下三沸　［朴］消（硝）二两，熬令汗尽，汤成讫　内（纳）竹菜（叶）一握，切

右（上）水八升，内（纳）大黄三沸，内（纳）朴消（硝）。分温三服，如人行七八里进一服，以一里为度。如一服不（下）利，徐（余）即勿服。

但不避睿宗"旦"字讳，据此《敦煌医药文献辑校》认为当系高宗以后睿宗以前写本，与此书撰年相接近[215]。笔者与此观点相同。加之正面《太玄真一本际经》为道教经典，《敦煌学大辞典》中王卡先生引唐释玄嶷《甄正论》称："《本际》五卷乃隋道士刘进喜造，道士李仲卿续成十卷。"[216]说明《太玄真一本际经》的撰著年代在隋代，从古代传统先写正面的习惯看，背面医方的抄写年代不会早于隋代。

3. 写本的定名

由于古医籍及簿录均未见记载，也不详撰人姓名及原书卷数，故《敦煌医药文献辑校》中定名为"不知名医方第九种"。此书内容抄录了疗内、外、妇，儿、五官等病的医方，笔者根据内容特点，定名为"疗内、外、妇，儿、五官等病全科医方"。

4. 写本的治病范围

包括妇人恶露诸病、黄病、一切虚热痈（壅）滞结而不通、十二种风、七种冷、五劳七伤、心痛、痊忤、四种癖、咳嗽、短气、溺水死、自缢死、卒死、伤寒、时气、恶肿、贼风入身、角弓反张、口禁（噤）不语、产妇人中风、疮中风、水肿疼、上气积年垂（唾）脓血、上气咳嗽、腹满、体肿欲死、蛊水遍身洪肿、腹满如石，绩（积）年不损、失音不语、消渴、反胃、偏风、脚忽痹厥不遂及冷痹、癫痫狂、时患遍身生疱、发肿、腰痛、呕哕、久噎、反华（花）疮、百疮、猪啄疮、狂言鬼语、大小便不通、腹满、尿血方、头下生瘰疬、鼻出血不止、耳卒疼痛、耳聋、耳脓出、牙疼、赤眼、雀目、鼻塞、卒吐、坠落腹内

淤（瘀）血不通、白秃、瘿病、搦腹死胎不出、妇人损娠、邪气啼泣或歌哭、邪病暴发无常、跳踯大别、被头张眼、恒持（挥）臂杀人、有时大走、淤（瘀）血、胸中气塞短气、小儿霍乱吐乳不止、小儿利、被伤聚血腹满、带下、妇人乳中热毒肿、心痛、急黄、疸黄、内黄、一切气兼及不下食、肾空（恐）生藏冷、恐至冬吐水、并筋骨热、丈夫腰膝冷疼、脚气、痃癖、疝气、风盅、邪鬼魅、瘟瘴、时气、赤痢、少精、宽阳、余沥、盗汗、少心力、健忘、牙疼齿痛、头风目疢（眩）时时欲倒、头痛呕吐、脾肾风冷、逆少腹㾓（疼）痛、外隐处肿、脾胃气冷、眼中诸疾、赤翳暗、时时觉热气上冲漠漠兼风泪出、贱（贼）风㖞（面）目喎（㖞）张、舌重语涩、手足指痹、四支（肢）拘挛等等。

五、头面五官病及产病为主的医方（P.3930）

P.3930（图 7-5）为蝴蝶装残册，古医籍及簿录均未见记载，也不详撰人姓名。

1. 撰著年代

原文第 77 ～ 78 行治人失音不语方中有：

又方：大豆汁亦得。[217]

大豆汁用治中风不语，应来源于东晋葛洪的《肘后方备急方》，在《肘后方备急方·卷之三治卒风痦不得语方第二十》中有：

"治卒不得语方……又方，煮大豆煎其汁，令如饴，含之，亦但浓煮饮之。"[218]

又如原文第 76 行治人卒死脉如常方中有：

治人卒死，其脉如常方：取皂荚末吹着耳鼻中即差（瘥）。

在《肘后方备急方·卷之一治卒中恶死方第一》中有："救卒死……取皂荚如大豆吹其两鼻中，嚏则其通矣。"[214] 等等，此方书中最早撰方者无疑参考了东晋葛洪的《肘后方备急方》。因此，此方书中部分医方的撰著年代可上溯到东晋时期。

图 7–5　P.3930 头面五官病及产病为主的医方

2. 写本的抄写年代

蝴蝶装系印本书最初装订成册的形式，此处写本以蝴蝶装的形式出现，说明写本的抄写大致在晚唐五代。存十五个半叶，共八折。每半叶 12 行或 13 行，共存 184 行。《敦煌古医籍考释》引罗福颐氏认为据此书书体及装潢，似出五代或宋初。今考此卷子中避 "世" 字讳（改 "葉" 为 '葉'），应仍属唐人写本[219]。至于具体撰年不详。原文第 36 ～ 41 行治鼻血不止方中有：

治鼻血不止方……又方：麒麟竭，有黑斑，涂之三、五遍亦差。

方中麒麟竭（即血竭，为棕榈科植物麒麟竭及同属植物的果实和树干渗出的树脂[220]）一药，首载于唐《新修本草》，从此来看，该写本抄写年代上限不超过唐代。

3.写本的定名

此卷子原无撰者及姓名，内容系以头部五官病及产病为主的医方，此外尚有论艾炷大小法。《敦煌古医籍考释》定名为《不知名医方第十种》，笔者为了研究方便，将其定名为 "头面五官病及产病为主的医方"。

4. 写本的治病范围

以头面五官病及产病为主，如头痛、头白屑、面热卒赤肿、面上黑黯、头上疮、小儿疮、头皮顽肿、面上一切诸疾、眼热暗、鼻血不止、头面疖疮、小儿秃疮、眼热赤兼眼暗、眼冷疼痛、眼风赤痒兼赤烂、眼中翳、赤眼疼痛、鼻疳、口疮、唇烂、口臭、冷病、治嗽、卒得不醒、卒死脉如常、失音不语、难产、产后热疾、倒产、子死腹中、胎衣不出、产后腹痛、产后淤（瘀）血在脐下不出、产后血不止、乳房病、产后小便不通、产后卒得欲死、产后儿脏返出不入、齿痛、牙痛、疳食龈、五舌重舌、咽喉痛、咽喉及舌肿、喉痹、耳痛、耳中血出、上气气断（短）、上气咳嗽、耳中脓水出、耳聋、耳鸣方并沸闷、产中风流肿、产后风虚瘦弱、产后虚羸肾劳、血闷、产后干呕、产后风虚口噤不能言、产后在蓐（褥）赤白痢、气急腹胀心闷、产后虚弱肠中百病、女人面白等等。此外尚有灸疗艾炷大小与疗多种疾病。

六、李毅郎中等疗各科病证之医方（S.5435）

S.5435（图 7-6）古医籍及簿录均未见记载，无书名及撰人姓名。为册叶装，存 19 叶，有四周单边框界，每叶 7 行，行 12 字。

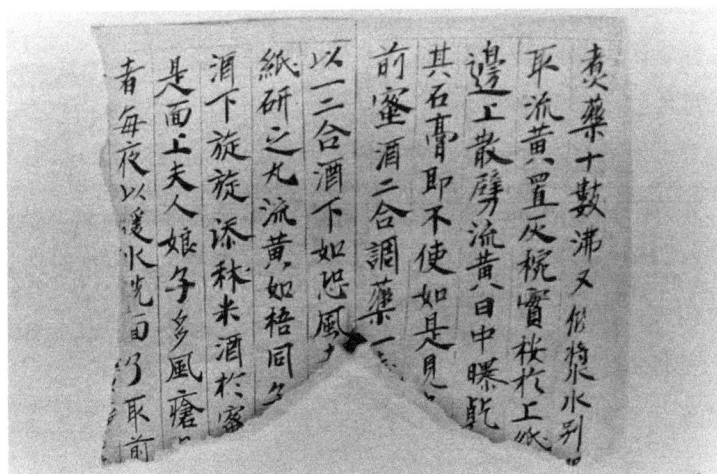

图 7-6　S.5435 李毅郎中等疗各科病证之医方

1. 撰著年代

此卷子中的有些医方与唐代早期的《备急千金要方》相似，如原文第43～50行疗大便不通方中有：

疗大便不通方：生羊胆一个　苇子▢▢右（上）件法，是方▢▢凉冷物，不欲转泻，如▢▢兑胀满，切□通疏，前▢▢线（线）前，开破小许，插苇筒子于▢▢以湿纸▢▢内入下部▢▢／▢▢良久▢▢²²¹

此处乃用苇筒子将生羊胆汁内入下部肛门内以通导大便的方法。用动物胆汁通导大便，最早见于《伤寒论》第233条的猪胆汁导法，其用于阳明病津枯便结者。《备急千金要方·卷十五上脾脏上》秘涩第六中有"治大便秘塞不通神方，猪羊胆无在，以筒灌三合许，令深入即出矣，出不尽，须臾更灌"²²²与此处相似。

又如原文第112～118行中疗肿毒方：

肿毒方：……章（商）陆根捣烂……

此与《备急千金要方·卷二十二疗肿痈疽》痈疽第二中之"治石痈坚如石，不作脓者方，生商陆根捣敷之，干即易之，取软为度"²²³的功用相似。这说明部分医方的撰者是在唐代早期。由于写本中有五代后唐时期的史馆崔协，因此整个卷子的撰写年代应在五代时期，因而《敦煌医籍考释》认为此卷子之撰年应在五代时期是正确的²²⁴。

2. 写本的抄写年代

写本中有医生李郎中，从写卷中看，其擅长于治疗风疮、热肿等外科疾患，并曾给史馆崔协相公治疗了热肿脓毒疾病，果获效验。可见李郎中医术高明，有"神术"之称。此李郎中未见史载，但史馆崔协相公为五代后唐人，天成初（926年）为相，卒于天成四年（929年），《旧五代史·唐书·列传十》中有：

崔协，字思化。远祖清河太守第二子寅，仕后魏为太子洗马，因为清河小房，至唐朝盛为流品。曾祖邠，太常卿，祖瓘，吏部尚书。父彦融，楚州刺史……协即彦融之子也。幼有孝行，登进士第，释褐为度支巡官、渭南尉，直史馆，历三署，入梁为左司郎中、万年令、给事中，累官至兵部侍郎。与中书舍人崔居俭相遇于幕次，协厉声而言曰：'崔芫之子，何敢相见！'居俭亦报之。左降太子詹事，俄拜吏部侍郎。同光初，改御史中丞，宪司举奏，多以文字错误，屡受责罚。协器宇宏爽，高谈虚论，多不近理，时人以为虚有其表。天成初，迁礼部尚书、太常卿，因枢密使孔循保荐，拜平章事……四年春，驾自夷门还京，从至须水驿，中风暴卒。诏赠尚书左仆射，谥曰恭靖。[225]

可知此卷子之抄写年代应在五代后唐崔协患病之后时期。

3. 写本的定名

因此卷子无书名及撰人姓名，且古医籍及簿录均未见记载，故《敦煌医籍考释》定名为《不知名医方第四种》。原文第1～34行首先记载了神医李毅郎中给某夫人、娘子、史馆崔协相公等治疗疾病的神验，加之后有治疗临床各科的医方，故笔者定名为"李毅郎中等疗各科病证之医方"。

4. 写本的治病范围

该卷子范围较广，包括各科病证，如风疮、热肿、诸疮、大便不通、咽不下物；肺病、男子冷疾、小儿头疮、少发多疮痂、恶疮、赤眼、夜后不睡忽痛、风赤眼、肿毒、脚气、恶刺入肉诸药不能、产后痢、诸冷气、耳聋、口疮、鼻衄、忽患腰痛、诸冷疾腰腹、小儿风疳泻痢、咳嗽久远未效、风疹身痒、诸打损疮手足抽痛、干癣、湿癣、多冷气、腹中诸滞物、伤中血不止、仆损手足痛不止等。

七、疗消渴等病医方目录残片（S.6084）

S.6084（图7-7）首尾均缺，也无书名标题，仅存1小残片，共8行文字，此书与传世古医方无类同者。

1. 撰著年代

原书因残缺较多，具体撰年、撰人姓名及原书卷数已无可查考，古医籍及簿录均未见记载。

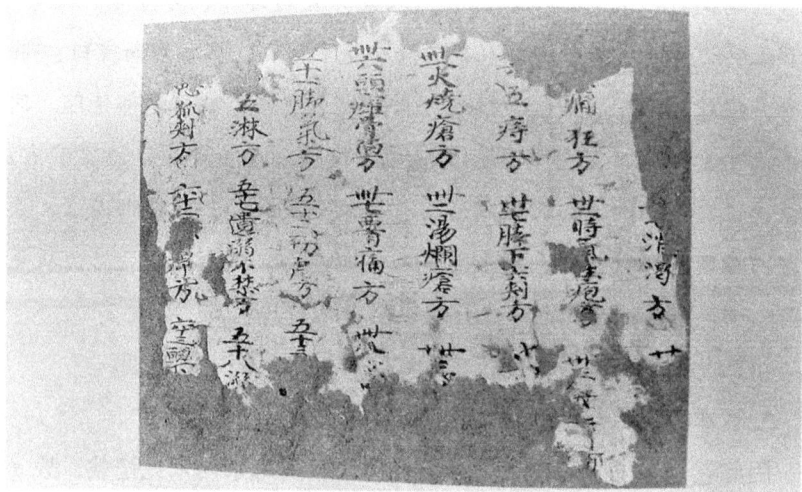

图 7-7　S.6084 疗消渴等病医方目录残片

2. 写本的抄写年代

由于与传世古医方无类同者，《敦煌古医籍考释》认为此书撰年不详，以字体书法推之，当系唐人写本[226]，笔者赞同马老的观点。

3. 写本的定名

《敦煌古医籍考释》称其为《不知名医方第十五种》。从目录中可知此书至少有 63 篇，残存有 16 条方名。此系某一方书卷首残缺的医方目录，因而笔者根据内容特点将其定名为"疗消渴等病医方目录残片"。

4. 写本的治病范围

从残缺的医方目录看，所治疗疾病范围亦较广，有消渴、痛狂、时气口疮、五痔、脚下肉刺、火烧疮、汤烂疮、头痛骨陷、腰痛、脚气、虐（疟）疾、五淋、遗溺不禁、狐刺及痹等。

八、治产后风虚劳损等各科病医方（P.2662V）

此卷子藏法国国家图书馆，编号为 P.2662V（图 7-8），该卷子正、背两面书写，正面为唐人疗各科病证选方乙卷 P.2662，背面即此书。

图 7-8　P.2662V 治产后风虚劳损等各科病医方

1. 撰著年代

原缺书名与撰人，也不详撰人及原书卷数，P.2662V 字体与写法均
与正面 P.2662 唐人疗各科病证选方乙卷不同，因此正面与背面并非出自
同一人之手，亦非同一时间，正面书写较背面工整。此书中有与《备急
千金要方》基本相同或相似的内容，如原文第 67 行：

治咽喉干，咳嗽，语无声方：桂心一两，杏仁一百枚（去皮尖，
熬）。捣为散，绵囊含之咽汁。[227]

此与《备急千金要方·卷第六七窍病下》喉病第七中："治哑塞咳嗽
方：桂心六铢，杏仁十八铢。上二味末之，以蜜丸如杏仁大，含之，细
细咽汁，日夜勿绝。"组成相同，只是剂量不同。

又如原文第 68 行：

治喉痹并毒气方：桔梗二两，切，以水三升，羹（煮）取一升，
顿服。

与《备急千金要方·卷第六七窍病下》喉病第七中："治喉痹及毒气
方：桔梗二两，水三升，煮取一升，顿服之。"[228] 基本相同。

据此推测，此卷子的撰著年代当在唐代早期。

2. 写本的抄写年代

卷中有敦煌卷子中常见的唐代别体字，如"吐"写作"吐"，"葱"写作"苁"，不避高宗李治讳，也不避唐睿宗李旦讳。亦无天、地、人等武周新字，但避李世民"世"字讳，如原文第98～99行中有：

治风诊（疹）多年不差（瘥）方：苍耳子、花、萗（葉）炮干。右（上）捣筛■■■方寸匕，日三服，服别如人行五、六里，立差（瘥）。

因此，此写卷大致写于唐太宗李世民时期，时间要比 P.2565 唐人疗各科病证选方之一、P.2662 正面唐人疗各科病证选方之二及 P.3731 唐人疗各科病证选方之三的时间早。《敦煌医药文献辑校》中认为"应为唐代写本"[229] 的看法是正确的。

3. 写本的定名

由于原缺书名与撰人，也不详撰人及原书卷数，据此《敦煌古医籍考释》定名为《不知名医方第十六种》，P.2662V 内容包括产后风虚劳损等在内的各科疾病，为了研究方便，笔者将其定名为"治产后风虚劳损等各科病医方"。

4. 写本的治病范围

包括临床各科疾病，如产后风虚劳损、产后虚腊（羸）、产后血闷方、产后腹中百病、头痛目疢（眩）、天行黄热，头痛项强、背腰强急、心闷、心痛、胎（胸）腹胀瞒（满）、头热目黄、呃噫烦满、食即腹痛、见鬼神妄语恍惚、手脚疼痛、瘦病、骨蒸、瘦病、妇人欲得面白、一切黄入腹、一切黄入四肢皮肉、时气热病、热病在智（胸）内心肺间、咳嗽、头痛、热病后呕吐、胸膈心肺热、天行时气热病后变成骨蒸、大人小儿心头热，口鼻干、咽喉干、咳嗽、语无声、喉痹并毒气、一切冷病、一切冷气吃食不消化却吐出、一切呕吐、肺病上气咳嗽、一切肺气、上气，胸中逆满、积聚脓血、贼风角弓返（反）张、中风失音半身不遂、风诊（疹）多年不差、诸黄、中恶卒心痛、腹满急刺痛、一切疰病等等。

九、伏连传尸痃癖骨蒸等病医方（S.1467V）

此卷子现藏英国国家图书馆，英国编号为 S.1467V（图 7-9），古医籍及簿录均未见记载。也不详撰人及原书卷数。首尾均缺，正、背两面书写，背面即此卷子，背面无行格，书法字体与正面不同，并非出自一人之手，分别为无书名标题之两部医方书。此书体例，各方所治病证及药名文用大字书，所治病证及药名，用双行小字注文记以药量及用药、服药之法。《敦煌医药文献辑校》中将"S.1467"作"S.1467V"，"S.1467V"作"S.1467"。

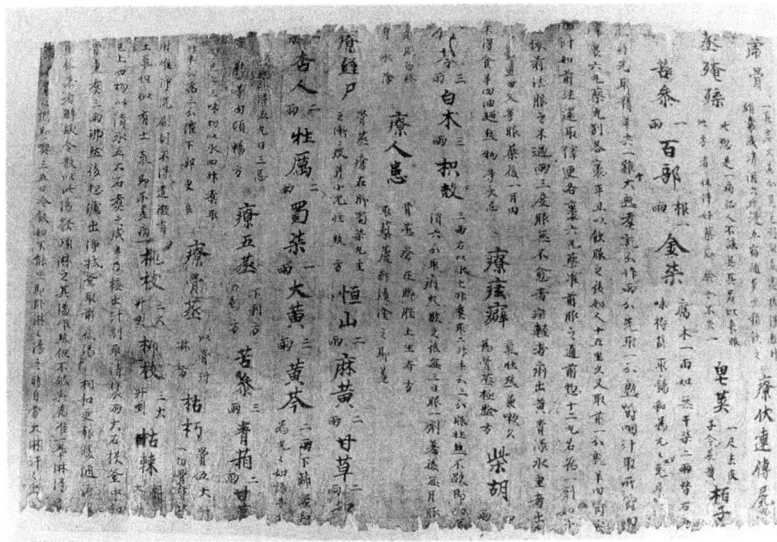

图 7-9　S.1467V 伏连传尸痃癖骨蒸等病医方

1. 撰著年代

此书系在背面书写，与传世医书无类同者。但卷子中部分内容与《备急千金要方》中的有关内容相似，如原文第 1 行：

（前缺）虎骨一具，炭火炙令黄色，刮取，炙尽捣得数升，绢囊盛，清酒六升浸五宿，随多少稍饮之。[230]

此与《备急千金要方·卷十九肾脏》骨虚实第六之虎骨酒方"治骨虚，酸疼不安，好倦，主膀胱寒，虎骨酒方：虎骨一具通炙，取黄焦汁尽，碎之如雀头大，酿米三石，曲四斗，水三石，如常酿酒法，所以加水曲者，其骨消曲而饮水，所以加之也。酒熟封头，五十日开，饮之"[231] 相似。

又如原文第 27 ～ 32 行：

疗髓虚方：治髓虚痛，总不安，胆腑中寒，羌活补髓丸方。

羌活二两　桂心二两　芎䓖二两　当归三两　人参四两　枣肉一升，研为脂　大麻仁二升，熬，研为脂　羊髓一升　蜀□一升　牛髓一升

前捣五□为散，下枣膏、麻仁，又更捣，相□□□二髓，内铜钵中，汤中□□□为丸，丸如梧子，一服卅，日再加至四十为□□，并暖清酒进之。

此与《备急千金要方》卷十二髓虚实第四的羌活补髓丸方"治髓虚，脑痛不安，胆腑中寒，羌活补髓丸方。羌活、芎䓖、当归各三两，桂心二两，人参四两，枣肉研如脂、羊髓、酥各一升，牛髓二升，大麻仁二升、熬研如脂。上十味，先捣五种干药为末，下枣膏麻仁又捣，相濡为一家，下二髓并酥，内铜钵中重汤煎之，取好为丸如梧子。酒服三十丸，日二服，稍加至四十丸。"[232] 基本相同。

再如原文第 33 ～ 37 行疗髓实方：

□髓实方：□髓实，勇悍惊热主［肝］热，柴胡发泄汤。

柴胡三两　升麻［三］两　黄芩三两　泽泻［四两］细辛三两枳实三两　炙（栀）子三两　生地黄切一升　芒硝［三两］［淡竹叶］切，一升

凡九物，以水九升，煮三升，绞去滓，下芒硝，分三服。

可与《备急千金要方》卷十二髓虚实第四的柴胡发泄汤方互参，其原文为："治髓实，勇悍惊热，主肝热，柴胡发泄汤方。柴胡、升麻、黄芩、细辛、枳实、栀子仁、芒消（硝）各三两，泽泻四两，淡竹叶、生地黄各一升，泽泻四两。右（上）十味㕮咀，以水九升煮三升，去滓下消，分三服。"基本相同。

从上比较得知,《备急千金要方》系唐代早期医书,而在其中就收录此书中的相关内容,说明孙思邈著述《备急千金要方》时,这些医书就存在,可以证明这些医书中的部分内容起码在唐代早期以前就存在,故《敦煌医籍考释》《敦煌医药文献辑校》关于其撰年"当在唐代以前"的说法是合乎情理的。

此外 S.1467 第 27～32 行疗髓虚方与 P.3885V 原文第 2～5 行疗髓虚诸病羌活补髓丸方基本相同可互参,其原文为:

疗髓虚诸病方,脑痛不安,[胆]府(腑)中[寒],羌活补髓丸方:

羌活二两　桂心二两　芎藭二两　当归三两　人参四两　枣肉一升,研如脂　大麻人(仁)二升,熬研为脂　羊髓一升　蜀蘸(酥)一升　牛髓二升

先捣筛五种干药为散,下枣膏麻人(仁)又更捣[筛]末为一,下三髓内铜钵中调之,[以]好为丸,一服卅,日再,加至四十为剂,平日下煖□□。

S.1467 原文第 33～37 行疗髓实方与 P.3885V 原文第 6～8 行疗髓实诸病柴胡发泄汤基本相同,可互参,其原文为:

疗髓实诸病方,勇悍惊热,主热柴胡发泄汤:

柴胡三两　升麻三两　黄芩三两　泽泻四两　细辛三两　枳实三两　支(栀)子人(仁)三两　生地黄[切],一升　芒消(硝)三两　淡竹菜(叶)切,一升

右(上)物以水[九][升]煮[三升]后(?)去滓,下芒消(硝)三服。[233]

2. 写本的抄写年代

避李世民"世"字讳,如"殜"写作"殊"见原文第 1～2 行:

疗伏连传尸,骨蒸殗殊(殜),此摁(总)是一病,恐人不识,具其名,比来服此方者,但得好药,效验十不失一。

又如"泄"写作"泄",见原文第 33～37 行疗髓实方:

□髓实方:□髓实,勇悍惊热主[肝]热,柴胡发泄(泄)汤。

不避高宗李治讳，"治"字不讳照录，如原文第 27 ～ 32 行：

疗髓虚方：治髓虚痛，总不安，胆脐中寒，羌活补髓丸方。

也不避唐睿宗李旦之"旦"字讳，如原文第 1 ～ 8 行：

疗伏连传尸，骨蒸殗殜（殜）……取所嚼肉淬裹六丸，别各裹，平旦以饮服之后，如人［行］十五里久。……

方中"旦"字不讳照录。亦无天、地、人等武周新字。据此推测此写本抄录年代大致在唐太宗李世民时代。

3. 写本的定名

由于此卷子古医籍及簿录均未见记载，也不详撰人及原书卷数，故《敦煌医籍考释》《敦煌医药文献辑校》依此定名为《不知名医方第一种》。由于卷中主要论述伏连传尸、痃癖、骨蒸等病的治疗，故笔者根据具体内容定名为"伏连传尸痃癖骨蒸等病医方"。

4. 写本的治病范围

包括伏连传尸、骨蒸殗殜（殜）、痃癖、气壮热，久嗽骨蒸、骨蒸疮在脚胫上生、缠尸骨蒸疮在脚、五蒸下利力弱、髓虚、髓实等等。

十、疗头眩口㖞等各科病证医方（S.1467）

此卷子原件现藏英国国家图书馆，编号为 S.1467（图 7-10）。古医籍及簿录均未见记载，也不详撰人姓名及原书卷数。此卷子首尾均缺，正、背两面书写，均为无书名标题之医方书，但字体、行款及体例均异，知非一书。此书系在正面书写，书写工整，有明显的乌丝栏，背面则无。与传世医书无类同者。

1. 撰著年代

此卷子具体撰著年代不详，笔者推测：首先卷子中原文第 21 ～ 23 行：

治（治）欲令发长及除头中多白屑方：大麻人（仁）三升，秦椒三两。凡二物熟，熟研，置米泔汁中一宿，明旦去滓，用以沐发，数作之。

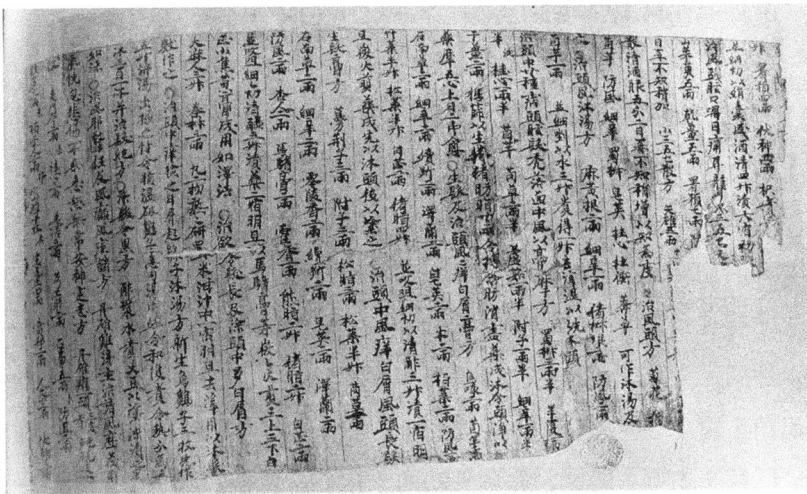

图 7-10　S.1467 疗头眩口㖞等各科病证医方

此方最早见于葛洪《肘后备急方·卷六》"疗人须鬓秃落不生长方：麻子人（仁）三升　秦椒二合　置泔汁中一宿，去滓，日一沐，一月长二尺也。"[234] 可见其药物组成完全相同，只是剂量及主治略异，可见该方的最早撰者可上溯到东晋葛洪。

其次卷子中大部分内容与《备急千金要方》中的有关内容相似，如原文第 3 ~ 6 行：

治风头眩，口渴（㖞），目痛，耳聋，大［三］五七［散方］，天 ▢▢ 山茱萸五两，干姜五两，署（薯）预（蓣）四两，防 ▢▢ 日再，不知稍加。小三五七散方：天雄三两 ▢▢散，清酒服五分，二日再，不知稍增，以知为度。

此与《备急千金要方·卷第十三心脏》头面风第八中之大、小三五七散方基本相同，其为："治头风眩，口渴（㖞），目斜，耳聋，大三五七散方：天雄、细辛各三两，山茱萸、干姜各五两，署（薯）预（蓣）、防风各七两。上六味治下筛，清酒服五分匕，日再，不知稍加。治头风，目眩，耳聋，小三五七散方：天雄三两，山茱萸五两　署预（薯蓣）七两。上三味治下筛，清酒服五分匕，日再，不知稍增，以知为度。"[235] 中内容基本相同。

又如原文第 10 ～ 13 行：

治头中二十种病，头眩、发秃落，面中风以膏摩方：

蜀椒三两半　半夏一两半，洗　桂心一两半　茴（茴）芋　莽草二两半　芦茹一两半　附子一两半　细辛一两半　干姜二两

捣筛，以生猪肪脂二十两合捣，令肪消尽药成，沐令头净，以药摩五心上，日二，即愈。

此与《备急千金要方·卷第十三心脏》头面风第八中之"治头中二十种病，头眩、发秃落，面中风，以膏摩之方"基本相同，只是此方多出茴（茴）芋一味，其为："治头中二十种病，头眩、发秃落，面中风，以膏摩之方：蜀椒、莽草各二两，桂心、芦茹、附子、细辛各一两半，半夏、干姜各一两。上八味㕮咀，以猪生肪二十两合捣，令肪消尽药成，沐头令净，以药摩囟上，日一，即愈。如非十二月合，则用生乌麻油和，涂头皮，沐头令净，乃揩之，一顿生如昔也"中内容基本相同。

再如原文第 32 ～ 36 行：

茯神汤，治风虚滑洪，颈项强，心气不定，不能食方。

伏（茯）神四两　人参二两　羌活二两　半夏三两，汤洗　防风三两　远志二两　麦门冬四两，去心　当归二两　紫石［英］二两，末　甘草三两，炙　黄芪二两　生姜五两　五味二两　酸枣三两，碎

十四物切，以水一升，先煮酸枣，取一升去滓，内余药煎取一升半，一服七合，日三夜一。

此与《备急千金要方·卷第十四小肠腑》风虚惊悸第六中之"治风虚满，颈项强，心气不定，不能食，茯神汤方"基本相同，唯剂量及服法有所不同，其为："治风虚满，颈项强，心气不定，不能食，茯神汤方。茯神、麦门冬各四两，人参、羌活、远志、当归、甘草、紫石、五味子各一两，半夏、防风、黄芪各三两，生姜五两，酸枣三升。右（上）十四味㕮咀，以水一斗三升煮酸枣，取一斗，去枣，内余药煎取三升半，一服七合，日三夜二。"[236] 等等。

从上比较得知,《肘后备急方》系东晋葛洪所撰,《备急千金要方》系唐代早期孙思邈所撰医书，而在其中就收录了《肘后备急方》《备急千金要方》中的相关内容，说明孙思邈著《备急千金要方》时，这些医书就存在，可以证明这些医书中的部分内容起码在唐代早期以前就存在，故其撰年当在东晋以后至唐代以前。

2. 写本的抄写年代

卷中避李世民“世”字讳，如“葉（叶）”写作“枽”如原文第13～16行:

生发及冶（治）头风痒、白屑膏方：乌喙二两，茵芋二两，石楠草二两，细辛二两，续断二两　泽兰二两，皂荚二两，术二两，柏枽（葉）二两，防风一两，竹枽（葉）半升　松枽（葉）半升　白芷二两　猪脂四升并㕮咀细切，以清酢三升渍一宿，明旦微火煎药成，先以沐头，后以涂之。

又如原文第16～21行:

治头中风痒、白屑风、头长发、生发膏方：蔓荆子三两，附子三两，松脂三两，松枽（葉）半升，莽草一两，石楠草二两，细辛二两，零陵香二两，续断二两，皂荚二两，泽兰二两，防风二两，杏仁二两，马䰇膏二两，霍（藿）香一两，熊脂二升，猪脂二升，白芷二两并㕮咀，细细切，清醖三升渍药两宿，明旦以马䰇膏等微微火煎，三上三下，白芷小焦黄，膏成，用如泽发。[237]

避高宗李治讳，“治”字缺笔讳作“冶”，如原文第3～6行:

冶（治）风头眩，口渴（㖞），目痛，耳聋，大［三］五七［散方］。

又如原文第6～8行:

冶（治）头风方：菊花□茵芋　防风　细辛　蜀椒　皂荚　桂心　杜衡　莽草　可作沐汤及□之。

但不避唐睿宗李旦之“旦”字讳，如原文第21～23行:

治欲令发长及除头中多白屑方：大麻人（仁）三升，秦椒三两。凡二物熟，熟研，置米泔汁中一宿，明旦去滓，用以沐发，数作之。

方中"旦"字不讳照录。亦无天、地、人等武周新字。据此推测此写本抄录年代大致在唐高宗李治时代。据此 S.1467 疗头眩口喎等各科病证医方（正面唐高宗李治时代）较 S.1467V 疗伏连传尸痃癖骨蒸等各科病证医方（背面唐太宗李世民时代）要晚，进而可知 S.1467 正、背两面既非同一种书，也非同一人著，更非同时抄录。

3. 写本的定名

由于此卷子古医籍及簿录均未见记载，也不详撰人及原书卷数，故《敦煌医籍考释》《敦煌医药文献辑校》依此定名为《不知名医方第二种》。因此卷所治疗疾病包括临床各科，故笔者根据具体内容定名为"疗头眩口喎等各科病证医方"。

4. 写本的治病范围

包括风头眩、口渴（喎）、目痛、耳聋、头风、发秃落、面中风、发不生、头风痒、白屑、头中风痒、发不长、头发白、风邪惊狂、风癫、风痉、邪气恍惚、悲伤不已、恚怒无常、风虚、颈项强、心气不定、不能食、虚悸惊恐、心气萦萦不安、邪气梦、腰背强痛、腹内拘急、月经不利、青赤白带、羸瘦、小便不利，或头痛、耳发热、大风入腹肠、喜恚、恍惚、善恐、男子得鬼魅欲死、惊怖欲走、发狂、卒中邪魅等等。

十一、疗髓虚实等杂病方（P.3885V）

P.3885V（图 7-11）原件现藏法国国家图书馆，查考古医籍及簿录中均未见收录，也不详撰著者姓名及原书卷数，该卷子正、背两面书写，正面内容有唐诗集、前大升军使将军康太和书与吐蕃赞普、前北庭节度盖嘉运判副使符言事、前河西陇右两节度使盖嘉运判二十九年燕支贼下事四方面的内容，其唐诗起自七言《送故人》诗，下抄李邕、宋家娘子、孟浩然、史昂、郭元振等人诗作。柴剑虹先生在《敦煌学大辞典》中根据此判文写明开元二十九年（741 年）的事，推测该唐诗集写于唐玄宗李隆基天宝年间（742–756年）[238]。正、背两面书写字体及体例相差甚远，故绝非出自一人之手。

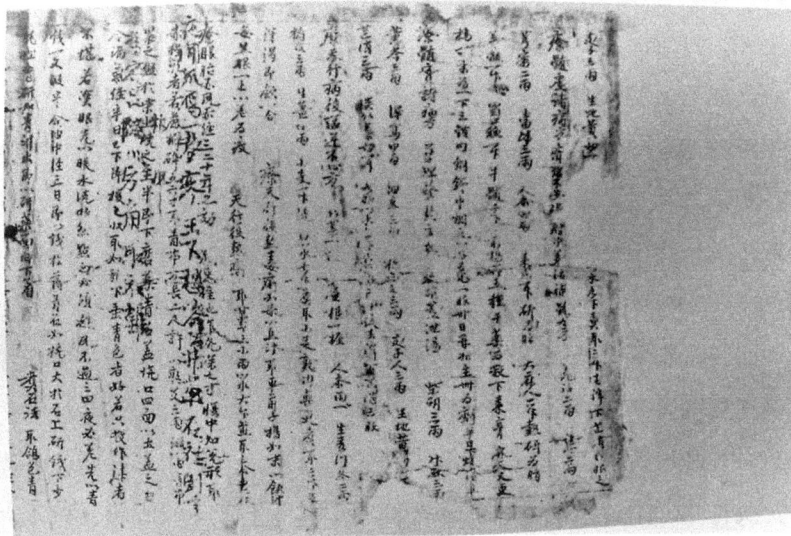

图7–11　P.3885V 疗髓虚实等杂病方

1. 撰著年代

卷中部分内容见于唐代早期医书《备急千金要方》中，如原文第2～5行：

疗髓虚诸病方，脑痛不安，胆府（腑）中［寒］，羌活补髓丸方：

羌活二两　桂心二两　芎劳二两　当归三两　人参四两　枣肉一升，研如脂　大麻人（仁）二升，熬研为脂　羊髓一升　蜀薮（酥）一升　牛髓二升

先捣筛五种干药为散，下枣膏麻人（仁）又更捣筛末为一，下三髓内铜钵中调之，以好为丸，一服卅，日再，加至四十为剂，平日下媛□□。[239]

此与《备急千金要方·卷第十二胆腑》髓虚实第四的羌活补髓丸方证基本相同，只是部分药物剂量及药物处方顺序不同，其原文为："治髓虚，脑痛不安，胆腑中寒，羌活补髓丸方：羌活、芎劳、当归各三两，

桂心二两，人参四两，枣肉研如脂、羊髓、酥各一升，牛髓二升，大麻仁二升，熬研如脂。上十味，先捣五种干药为末，下枣膏麻仁又捣，相濡为一家，下二髓并酥，内铜钵中重汤煎之，取好为丸如梧子。酒服三十丸，日二服，稍加至四十丸。"[240] 可互参。

又如原文第6～8行：

疗髓实诸病方，勇悍惊热，主热柴胡发泄汤：柴胡三两，升麻三两，黄芩三两，泽泻四两，细辛三两，枳实三两，支（栀）子人（仁）三两，生地黄切，一升，芒消（硝）三两，淡竹菜（叶）切，一升。右（上）物以水［九］升煮［三升］后（?）去滓，下芒消（硝）三服。

此与《备急千金要方·卷第十二胆腑》髓虚实第四的柴胡发泄汤方证基本相同，其原文为："治髓实，勇悍惊热，主肝热，柴胡发泄汤方：柴胡、升麻、黄芩、细辛、枳实、栀子仁、芒消（硝）各三两，泽泻四两，淡竹叶、生地黄各一升，泽泻四两。右（上）十味㕮咀，以水九升煮三升，去滓下消，分三服。"

从此可知，该方来源于唐代早期，其撰著年代也可能是唐代初期。

2. 写本的抄写年代

可是该卷子背面医方中既有"疗"字、又有"治"字，并不避唐高宗李治讳，如原文第2行：

疗髓虚诸病方，脑痛不安，胆府（腑）中［寒］，羌活补髓丸方。

原文第22～23行：

治鼠漏疮经数年不差者，多在项生作数个孔者：猪脂，死鼠和煎服之。

却避唐太宗李世民"世"字讳，如"葉"写作"菜"。如原文第9～11行：

疗天行病后呕逆不止方：

竹菜（叶）切，一升　芦根一握　人参一两　生麦门冬二两　橘皮三两　生姜四两　小麦一升熬

右（上）以水七升，煮取小麦熟，内药更煮，取三升去滓，渴即饮

一合。

笔者有两种看法，其一可能系唐太宗李世民时期（627—649年）写本，由此来看，医学卷子的抄写时间要比唐诗集（天宝年间）早近100年，古人为什么把唐诗集写在医学卷子的背面，笔者猜测，可能与节约纸张有关系。其二，依据正面内容有唐诗集等判断，柴剑虹先生在《敦煌学大辞典》中根据正面判文写明开元二十九年（741年）的事，推测该唐诗集写于唐玄宗李隆基天宝年间（742—756年）[241]，按照古人抄写习惯，正面应先写，那么背面医书应晚于正面，又不避唐高宗讳，很可能系吐蕃占领敦煌时期抄写。但《敦煌医药文献辑校》[242]认为系唐季末期以后写本，"疗""治"二字互见乃唐季末期避讳已不严谨所致，亦可参考。

3. 写本的定名

由于该卷子古医籍及簿录中均未见收录，也不详撰著者姓名及原书卷数，故《敦煌医药文献辑校》定名为"不知名医方第二十种"。笔者根据内容特点定名为"疗髓虚实等杂病方"。

4. 写本的治病范围

包括髓虚诸病、脑痛不安、髓实诸病、勇悍惊热、天行病后呕逆不止、天行热毒痢、天行后热痢、眼胎赤风赤经、鼠漏疮、牙齿风疼、虫疼、头面肿等等。

十二、疗坚满、脚气及疟等病医方（P.3201）

此卷子原件现藏法国国家图书馆，法国编号为P.3201（图7-12）。正、背两面书写，首尾均缺，无书名标题。古医籍及簿录均未见记载，也不详撰人姓名及原书卷数。背面为王锡上吐蕃赞普书，正面即本书。共存六十行，凡十九方。有上下框，无左右框。

1. 撰著年代

查考古医籍及簿录均未见记载，也不详撰人姓名及原书卷数。但其部分内容与《备急千金要方》《外台秘要》基本相同，如原文第

5～16行：

麻黄汤，主气肿已消，犹遍身顽痹，毒气上冲，心塞闷，呕逆、吐水沫，不下食，或肿未消仍有此候者，服此汤：

麻黄二两［去］节，气成用三两　半夏一升，洗　生姜五两　夜（射）干二两　独活三两　犀角二两　羚羊角二两　青木香二两，南者　杏仁二两，去皮，切　茯苓三两，胸满用四两　橘皮一两　人参二两　升麻二两　汉中防己二两，肿者用三两，不肿以防风代之　吴茱萸一升　前胡三两　枳壳二两，炙　腹鼓胀，大便坚者加大黄二两，热盛喘烦者加石膏六两，生麦门冬一升，［去］吴茱萸，心下坚加鳖甲二两，炙，得真防葵代鳖甲弥善

右（上）十七味切，以水一斗，煮取三升五合，若加药煮取二升九合，加水三升，去滓分四服，人弱分五服，相去二十里，中间进少粥以助胃气。若热多，脉大洪数，可加竹沥二升，减水三升，脉沉细极者，依方服此汤，气未退日别一剂，或两日一剂，不可见一服未退便止，缯（增）为毒气攻心，二十余日服二十六、七剂，日夜击之，乃得气退，不尔即死，必不宜停药也。又加麝香如弹丸研，内汤中服之，良。此汤，春夏发，当前病，大用之，秋冬晚发，汰当者不用也，风气毒盛此汤最妥。[243]

图7-12　P.3201疗坚满、脚气及疟等病医方

此与《备急千金要方·卷第七风毒脚气》汤液第二中治脚气之苏长史方基本相同，只是苏长史方主症论述、药物加减及用法简略，其原文为"若肿已消，仍有此候者，急服此汤方（苏长史方，神验）：麻黄、射干、人参、茯苓、防己、前胡、枳实、半夏、犀角、羚羊角、青木香、橘皮、杏仁、升麻、生姜、独活、吴茱萸、生姜。右（上）十七味㕮咀，以水一斗一升，煮取四升，分五服，相去二十里久，中间进少粥以助胃气。此汤两日服一剂，取病气退乃止，以意消息之。若热盛喘烦者加石膏六两、生麦门冬一升，去吴茱萸；若心下坚加鳖甲一两。"[244]

又如原文第 19 ～ 26 行：

疗脚气毒发冲心，急闷，呕逆，吐沫，遍身痹满，气奔喘者……犀角二两，屑　旋覆花二两　白术二两　桂心二两　防己二两　黄芩二两　生姜三两　香豉一升　橘皮二两　茯苓三两　前胡四两　桑根白皮四两　紫苏茎一握　大枣一枚，去核，切

以水九升，煮取二升七合，分温三服，相去十里久，取下气为度。若得气下，脚肿即消，即能食。

此与《备急千金要方·卷第七风毒脚气》汤液第二中治脚气之大犀角汤方基本相同，只是主症论述及用法简略，其原文为"疗脚气毒冲心变成水，身体遍肿，闷绝欲死者方：犀角、旋覆花、白术、桂心、防己、黄芩各二两，香豉一升，生姜、橘皮、茯苓各二两，前胡、桑根白皮各四两，紫苏茎叶一握，大枣十枚。右（上）十四味㕮咀，以水九升，煮取二升七合，分温三服，相去十里久，取下气为度。若得气下，小便利，脚肿即消，能食……"可互参。

再如原文第 31 ～ 36 行：

但患脚气，未及□疹，常服犀角豉酒方：犀角八两末，香豉三升，右一物，生绢袋贮。以酒九升浸之，春夏二日、三日，秋冬四日、五日，犀角末任在袋外，每服常搅动，令犀角末得入酒中，一服三合许，量性增减，日三服，夏日勿多作。其中上有着橘皮、细葱、生姜之辈，任调其味。如数寒热者，每晓豉一升，小便一升，浸片时，去滓，顿

服。频三日一停，如其气下无热，直脚弱不能行，宜与后甘草犀角汤一剂。

此与《外台秘要·卷十八》岭南瘴气脚气酒汤散方一十三首中之苏唐豉酒又方基本相同，其为"苏唐豉酒……又方：香豉三升，犀角八两，末之。右二味……"[245] 可互参。

可见，该书部分内容的最早撰著年代估计在唐代初期以前。

2. 写本的抄写年代

书中"世"字避唐太宗李世民（627～649年，在位）"世"字讳，改"葉"为"菜"，如原文第 43～46 行有：

疗脚弱久不能［立］，面目黄□，食不下方：

茯苓二两　人参二两　青木香一两　大槟榔七枚，皮切，子碎　紫苏茎菜（葉）一两　生姜三两，去皮

右（上）切，以水八升，煎取二升七合，去滓，分三服之。别如人行八、九里，忌米醋。

书中"治"字避唐高宗李治（650～683年，在位）讳改为"疗"，如原文第 19～20 行：

疗脚气毒发冲心，急闷，呕逆，吐沫，遍身痹满，气奔喘者，独活半夏汤。

又如原文第 26～30 行：

疗脚气胫肿，闷疼，顽痹不仁，上冲，摩膏方。

但不避唐睿宗李旦（684年，710～712，在位）"旦"字讳及唐穆宗李恒（821～824年，在位）"恒"字均不避讳。如原文第 46～49 行：

疗诸疟验方：

恒山三两，上者　石膏八两，碎，绵裹　甘竹一握，切　糯米一百［粒］

右（上）四味以水八升，明旦欲服，……

文中"恒""旦"二字均照录不讳。因此可以断定，写本的抄写年代在唐代早期。故《敦煌古医籍考释》认为"当属唐初期写本"[246] 的观

点非常正确的。

3. 写本的定名

由于卷子首尾均缺，无书名标题，古医籍及簿录均未见记载，也不详撰人姓名及原书卷数，故《敦煌古医籍考释》定名为《不知名医方第八种》。其主要为治疗脚气、心痛及疟病医方，为了研究方便，笔者根据内容将其定名为"疗坚满、脚气、心痛及疟等病医方"。

4. 写本的治病范围

包括：坚满、心下停水、沥沥作声、遍身顽痹、心塞闷、呕逆、脚气冷毒闷、心下坚、背膊上痛、上气急、脚气毒发冲心、急闷、脚气胫肿闷疼、顽痹不仁、脚气冲心闷乱欲死、皮肤不仁、脚气肿满上冲、久患心痛、脚弱久不能立、面目黄、食不下、诸疟、疟久不瘥等等。

关于 P.3201 背面王锡上吐蕃赞普书（P.3201V），据《敦煌学大辞典》汪泛舟文："王锡为唐敦煌人，为河西节度使周鼎所部，吐蕃占领敦煌，被赞普征至逻些（今西藏拉萨），吐蕃权贵心怀忌恨，常向赞普进谗，因申奏得自保，主动请充使节为唐蕃和解效力；又谏赞普以佛法拯济黎民，放弃杀罚。"[247] 敦煌遗书中除 P.3201 V《王锡上吐蕃赞普书》外，还有 P.4646C《顿悟大乘正理决并王锡序》（首尾俱全）一篇[248]。吐蕃攻占敦煌是在唐德宗李适贞元二年（786 年），是在敦煌城内矢尽粮绝，敦煌人才在得到吐蕃"勿徙佗境"的承诺后，与其结盟而降。自此，敦煌进入了吐蕃管辖时期。直至唐武宗李炎会昌二年（842 年），吐蕃王国发生内乱，势力大衰，在河西的统治也开始动摇，唐宣宗李忱大中二年（848 年），沙州大族张议潮乘机率领各族人民起义，逐走吐蕃统治者，占据沙州和瓜州，遣使归降唐廷[249]。以此推测，《王锡上吐蕃赞普书》《顿悟大乘正理决并王锡序》的撰写时间是在 786～848 年间，这一时间要比卷子正面的医学写本晚 100 余年，故卷子正、背非同一人、同一时期写本，那么，《王锡上吐蕃赞普书》写在 100 年后的医学写本背面，一方面可能与节约纸张有关系，另一方面可能与医学的治病救人有密切的关系，双方和解，可拯济黎民，避免杀罚，这与医学"拯黎元于仁寿，济赢劣以获安者"（唐·王冰《重广补注黄帝内经素问·序》）的思想是一致的。

十三、《杂疗病药方》新缀辑本（P.3378V ◎ S.6177V）

法国编号 P.3378V《杂疗病药方》[250]，查考历代古籍及簿录，未见此书条目，也未见撰者姓名。该卷子正、背两面书写。正面为《孝经》三至七章（《孝经》乃儒家经典，撰者乃佚名儒士，共有十八章，据《敦煌学大辞典》中白化文撰文称：《孝经》有东汉郑玄注，约亡佚于南宋季世，敦煌复出，为经部书中重大发现之一），背面即此书。首全尾缺，中部有部分缺文，行书书写，残存 50 行文字。据《敦煌学大辞典》中白化文撰文认为，S.6177 缀合 P.3378[251]，经笔者与原卷子图片仔细对比后发现，此说完全正确。背面 S.6177V 缀合 P.3378V 后乃《杂疗病药方》新缀辑本，在 P.3378V 最后一行（第 50 行）"疗□□□：取生鹅脂作酪，以绵裹塞耳中即 [差]"残缺"差"字，但在 S.6177V 开头下端残存一"差"字。既往 S.6177V 由于古医籍及簿录均未见记载，也不详撰人姓名及原书卷数。此卷子（英国编号：S.6177）正、背两面书写。正面为残《孝经》，背面即此书。其前、后均缺，无书名标题，与传世医书无类同者，《敦煌医药文献辑校》[252]、《敦煌古医籍考释》[253]称其为"不知名医方第五种"。此卷子残存共 10 行文字，有方 10 首。内容有主要论及妇产科病证兼及外伤、心痛、赤白痢等，故笔者依其内容命名为"疗治妇人为主之单验方"。今发现可以 S.6177V 与 P.3378V 缀合，且字体亦相似，因此笔者认为 S.6177V 残卷系《杂疗病药方》断裂后的另一部分（图 7-13）。

1. 撰著年代

查考历代古籍及簿录，未见此书条目及撰者。据《杂疗病药方》新缀辑本中"治"与"疗"（"治"字见 S.6177V 原文第 7～9 行）并用，不避唐高宗李治"治"字讳，笔者推测该方书的原撰著年代可能在唐初或以前。卷子中有大量的西域药物如诃黎勒、毗梨（黎）勒、阿摩罗等

组成的医方，反映了中医药自魏晋南北朝以来已大量吸收外来药物作为
医方中的重要药物[254]。

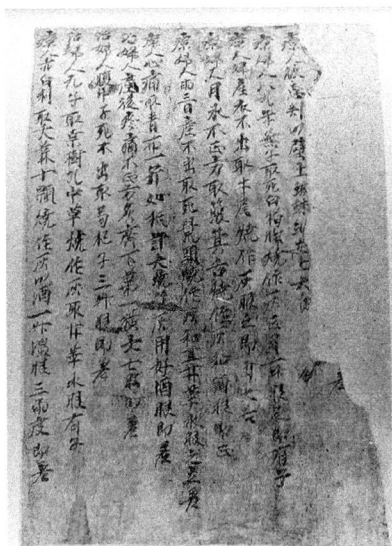

S.6177V《杂疗病药方》　　　　　P.3378V《杂疗病药方》

图7-13　《杂疗病药方》

2. 写本的抄写年代

《杂疗病药方》新缀辑本中"治"与"疗"并用，如"治"字见
S.6177V原文第7～9行：

治妇人产后疼痛不止方：灸脐下第一横纹七壮，即差（瘥）。治妇
人腹中子死不出。取苟（枸）杞子三升，服即差（瘥）。治妇人无子。
取桑树孔中草，烧作灰，取井华水，服有子。

不避唐高宗李治字讳，"疗"见于S.6177V与P.3378V原文中，
如P.3378V第1行，书名即《杂疗病药方》，又如P.3378V原文第
2～3行：

疗人风甘（疳）疮方：麻黄根、干姜、胡粉、牡厉（蛎），以上四
味捣末，堑（涂）疮上，即差（瘥）。

再如 S.6177V 原文第 1 ～ 6 行：

疗人被恶刺。以壁上蜘蛛□之□疗妇人八九年无子。取死白狗脚烧作灰，正月一日服之，能有子。疗人妇（妇人）产衣不出。取牛尾烧作灰，服之即出，必差（瘥）。疗妇人月水不止方。取簸箕舌烧作灰，和酒服即止。疗妇人两三日产不出。取死鼠头烧作灰和□井华水，服之立差（瘥）。疗人心痛，取青布一片，如梳许大，烧作灰，用好酒服即差（瘥）。

又可见到敦煌卷子中常见的别体字，如“亦”写作“⺀”，见 P.3378V 原文第 24 ～ 26 行：

又疗㲄（发）落：以诃黎勒二两、去子，毗梨（黎）勒二两、去子，阿摩罗二两，三物以醋、浆各二升，煎去滓，洗头，一日洗五度。空煎阿摩罗二两，洗之⺀（亦）差（瘥）。

又如：“肉”写作“宍”，见 P.3378V 原文第 19 ～ 20 行：

三黄丸方：疗男子五劳七伤，消渴肌（脱）宍（肉），妇人带下，手足寒热。春三月：黄芩四两、大黄四两、黄连四两；秋三月：……

再如“虫”写作“虫”、“胸”写作“胷”、“吐”写作“吐”，见 P.3378V 原文第 27 ～ 30 行：

又疗九种心痛，蛔（蛔）虫（虫）冷气，先从两肋胷（胸）背撮痛，欲变吐（吐）方。当归八分、鹤虱（虱）八分、橘皮六分、人参六分、槟榔人（仁）十二分、枳撤（壳）六分、勺（芍）药六分、桂心六分，右（上）捣师（筛）为散，空腹煑（煮）姜枣饮，服方寸匕，日二服，渐至一匕半，即差（瘥）。

加之正面《孝经》中不避唐太宗李世民“民”字讳，如：“子曰：夫孝，天之经，地之义，民之行”中“民”字不讳照录，笔者推测该《孝经》的抄写年代可能在唐以前。按照正面先写的习惯，笔者认为写本的抄写年代可能在唐高宗李治之前，仍属唐代写本，抄写年代比正面的《孝经》要晚。S.6177V《敦煌医药文献辑校》《敦煌古医籍考释》认为书中“治”“疗”二字并用，似为唐以后写本，其撰年当在此以前。

3. 写本的定名

其卷首所记书名被称为《杂疗病药方》，故以原卷子所题书名定名为《杂疗病药方》。笔者将 S.6177V 与 P.3378V 缀合后称其为《杂疗病药方》新缀辑本。

4. 写本的治病范围

P.3378V 包括风甘（疳）疮、风冷热不调、一切百种风病、鼻血不止、劳瘦少力、上气咳嗽、耳风疼、齿疼、腹肚痛、赤白痢、男子五劳七伤、消渴肌脱肉、妇人带下、手足寒热、发落、九种心痛，蛔（蛔）垂（虫）冷气，两肋胸背撮痛、欲变吐（吐）、五种淋、热淋、冷淋、劳淋、小便秘涩不通、眼开不得、妇人产难、发热吸吸、骨中烦而吐、口气牙疼、狂言鬼语、唾（睡）中瘀（魇）死、错吞钱镤（铁）、牙疼齿痛不可忍、五种痔病、大便不通、小便不通、时气、口血出不止等等。另外有两方用治牛、马疾病，其病为牛肚胀困、马黑汗欲死。S.6177V 包括人被恶刺、妇人八九年无子、产衣不出、月水不止方、妇人两三日产不出、心痛、产后疼痛不止、腹中子死不出、赤白痢等等。

十四、天宝七载张惟澄奏上杂疗病方残卷（P.2882V）

此卷子现藏法国国家图书馆，编号为：P.2882V（图 7-14）。正、背两面书写。正面为残道经"太玄真一本际经卷第九"，背面为本书。全卷首尾均缺，共存 153 行文字。此书与传世医书无类同者。

1. 撰著年代

由于此书与传世医书无类同者，其具体撰年不详。

2. 写本的抄写年代

由于书中有以下特点：

（1）原文第 80～82 行：

臣试有效，录状奏闻。天宝七载正月十三日，荣王府司马张惟澄。

文中有天宝七载（748 年）。

（2）原文第 133～140 行：

疗丈夫腰膝冷疼，脚气、痃癖、疝气、一切风蛊、邪鬼魅、瘟瘴、时气、疟、痢、少精、宽肠、余沥、盗汗、痒湿、少心力、健忘、鬓发先黑者，服后身不□□，但加黑乌润。已黄者，服经六十日变黑。若已白者，一如漆。坚牙齿，益筋力，四时常服三等九方。

地骨白皮五两，同乡生 干地黄三两，江宁 牛膝三两，河内 枳壳三两，炙，高州 覆盆子三两，华山 黄芪三两，原州 五味子二两 桃人（仁）四两，微熬之，去皮，以鹿角锥于瓮挽（碗）中研之，如膏，如粉 菟丝子四两，潞州，以清姜酒浸三宿，去酒，叶捣之，筛下 蒺藜子四两，润州，捣去尖，簸去土草，然后秤之。

已（以）上药并是大秤大两。

文中有"大秤大两"。

（3）原文第 123～125 行：

理中九：治一切气兼及不下食者方：

人参一两 甘草一两，炙 干姜一两 橘皮一两

右（上）四味，捣为散，蜜和为丸，丸梧子，每日平明（旦）空腹以酒下二十九。日再服，渐渐加至二十五九。忌冷水，油腻，陈腐桃李。

文中避唐睿宗李旦讳，"旦"字改为"明"，将"平旦"改为"平明"。

故《敦煌医药文献辑校》中综合上述情况，认为系"唐代中期或其后写本"。[255] 笔者认同此观点。

3. 写本的定名

《敦煌医药文献辑校》中称其为"不知名医方第六种残卷"。笔者根据卷中时间标志与医方内容，定名为"天宝七载张惟澄奏上杂疗病方残卷"。

图 7-14 P.2882V 天宝七载张惟澄奏上杂疗病方书残卷

4. 写本的治病范围

包括心痛、牙疼、霍乱、豌豆疮、染髭及发、一切风冷病、白脓、赤脓、不吉利（择吉）、一切气兼及不下食、肾虚生脏冷、丈夫腰膝冷疼、脚气、痃癖、疝气、一切风蛊、邪鬼魅、瘟瘴、时气、疟、痢、少精、宽肠、余沥、盗汗、痒湿、少心力、健忘、腰肾多冷，阳事不举、腹胁有气、颜容渐疲、眼病等等。另外有治疗牛疫疠病方。

十五、眼病时疾兼杂病方（P.3144V）

此卷子现藏法国国家图书馆，编号为：P.3144V（图 7-15）。古医籍及簿录均未见记载，也不详撰人姓名及原书卷数。正背两面书写，正面为残道经"太玄真一本际妙经"[256]。背面即此书，首尾均缺，无书名标题。

1. 撰著年代

由于此书与传世医书无类同者，其具体撰年不详。

2. 写本的抄写年代

书中既有"疗"字，又有"治"字。

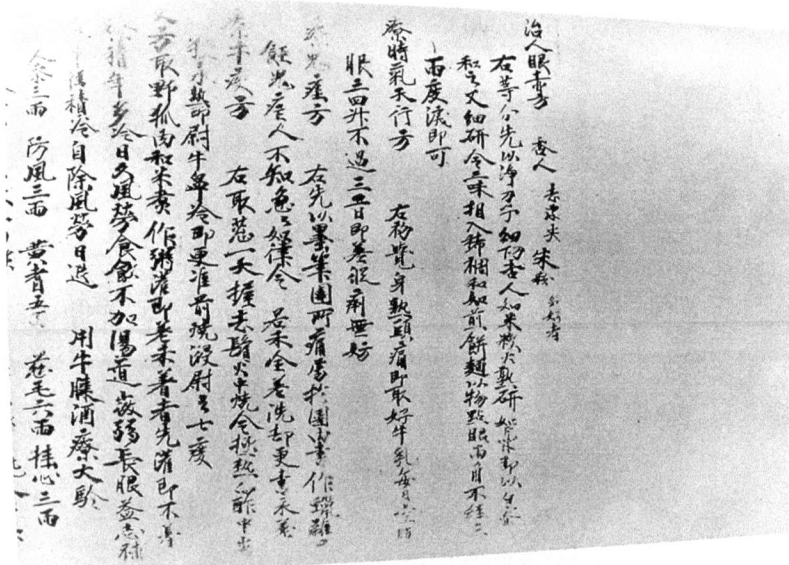

图 7-15 P.3144V 眼病时疾兼杂病方

（1）原文第 1～4 行：

治人眼赤方：杏人（仁）去皮尖　朱粉绝好者。

文中有"治"字。

（2）原文第 5～6 行：

疗时气天行方：右（上）初觉身热头痛，即取好牛乳，每日空腹服三、四升，不过三、二日即差（瘥），纵痢无妨。

文中有"疗"字。

说明不避唐高宗李治讳。《敦煌医药文献辑校》认为书中"疗""治"二字并用，似为唐以后写本[257]。

3. 写本的定名

由于古医籍及簿录均未见记载，也不详撰人姓名及原书卷数。故《敦煌医药文献辑校》中称其为"不知名医方第七种残卷"。笔者根据卷中医方内容，定名为"眼病时疾兼杂病方"。

4. 写本的治病范围

包括眼赤、时气天行、鬼疰、疗积年多冷、日久风劳，饮食不加

（佳）、阳道微弱、大小便不通等等。另外包括 2 处治疗牛疫病的医方。

十六、黑帝要略方〔P.3960V〕

《黑帝要略方》一卷（图 7-16），古医籍及簿录均未收其目，撰人姓名不详，此卷子（法国编号：P.3960）正、背两面书写。正面为七言《古贤集》，书写工整，背面即本书。其卷首大部均缺，仅有卷尾。黑帝乃道教五天帝之一，故此《黑帝要略方》应为道家所利用的方书。《道教大辞典》[258] 引《晋书·天文志》云："北方黑帝，叶光纪之神也。"又引《史记·封禅书》云："汉高祖问曰：'故秦时，祀上帝何帝也。'对曰：'四帝有白、青、黄、赤帝之祠。'高祖曰：'吾闻天有五帝，而四，何也？'众莫知其说，于是高祖曰：'吾知之矣，乃待我而其五也。'乃立黑帝祠。"

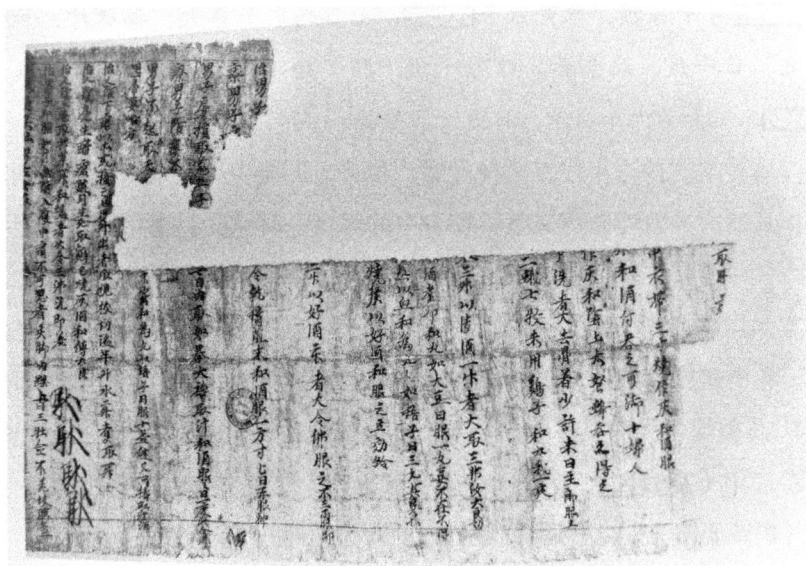

图 7-16　P.3960V 黑帝要略方

1. 撰著年代

因古医籍及簿录均未收其目，具体撰著年代不详。其书中部分内容可上溯到晋代葛洪的《肘后备急方》，如原文第 23 行：

治人阴边生瘑疮，随月生死。取鸡毛烧灰，酒和服，大良。

方中鸡毛以白雄鸡翅毛为佳，鸡翅毛又名翮翎，能下血闭、起阴、蚀痈疽等，《本草纲目·禽部第四十八卷》鸡翮翎条引《肘后方》谓其："阴卒肿痛：鸡翮六枝烧存性，蛇床子末等份，随左右傅（敷）之。"[259] 可见《黑帝要略方》的撰著年代较早，可能在唐初以前。

2. 写本的抄写年代

卷中避唐太宗李世民"世"字讳，将"葉"字避讳写作"菜"，见原文第 24 行：

治人阴瘑。取桃菜（葉）一升和盐煮，令三沸，洗即差。

书中"治"字与"疗"字并用，不避唐高宗李治"治"字讳，将"治"照录，如原文第 16 ～ 20 行：

治男子▢▢令干捣，煎末，和酒服一方匕，日再服，神。疗男子▢▢男子房损，取菟丝子▢▢，七日内取如拳大，捣取汁，和酒服之，日一度，此令养。疗男子阴（阳）瘘不▢▢男子不起，取天▢▢末蜜和为丸如梧子，日服十，益健。

故写本的抄写年代有两种可能，其一，可能为唐太宗李世民时期写本；其二为《敦煌医药文献辑校》中的观点，其认为：书中"治"字与"疗"字并用，"菜"字避讳，又不避'旦'字讳，似为唐末、五代之际写本，均可参考。另外正面《古贤集》为唐代启蒙读物，历代未见著录，卷中避唐高祖李渊"渊"字讳，如句中"颜渊孔子"之"渊"写作"渊"，《敦煌学大辞典》中白化文先生根据 P.3113《古贤集》卷末题记署清泰二年（935 年），知其流行于晚唐五代，创作年代或在中唐[260]。据此《黑帝要略方》之抄写年代为晚唐五代的可能性较大。

3. 写本的定名

其中第 21 行记有书名《黑帝要略方》，故《敦煌古医籍考释》仍据以名书，今从之。

4. 写本的治病范围

包括房损、阴疮、男子卵肿等数种。其中大多药方均有缺损。

十七、杂方术（P.3093V）

此卷子（图 7-17）原件现藏首尾均缺，不详书名及撰人姓名，正、背两面书写，正面为佛说观弥勒菩萨上生兜率陀天经讲经文（《敦煌遗书总目索引新编》依刘居士沮渠京声译本定名），其中"上生"《敦煌遗书总目索引新编》原作"上升"，今据《敦煌学大辞典》中改作"上生"，李正宇教授亦认为当为"上生"。背面即此书。原卷共存 102 行，载方 12 首。

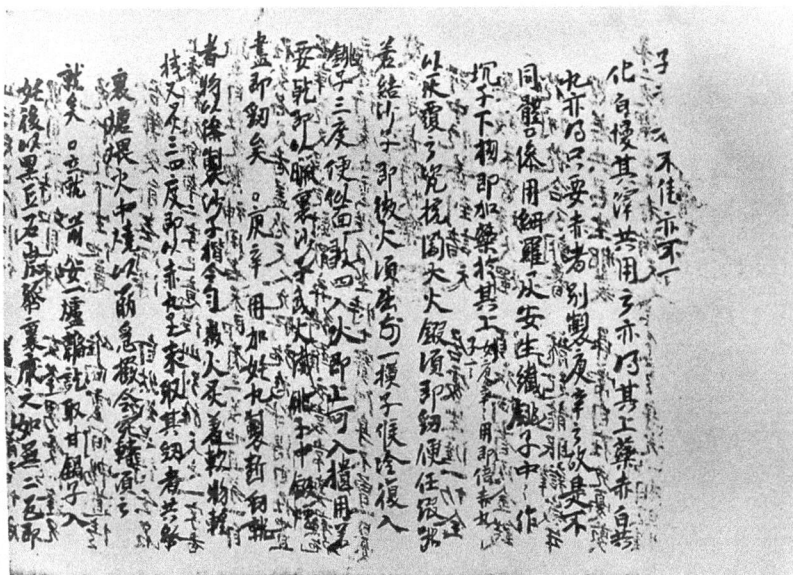

图 7-17　P.3093V 杂方术

1. 撰著年代

具体撰著年代不详。

2. 写本的抄写年代

《敦煌医药文献辑校》中认为此书中"有六朝时'饭'的讳字，似为隋唐以前写本"。笔者得到李正宇教授指点与《敦煌学大辞典》中周绍良先生的提示，正面"佛说观弥勒菩萨上生兜率陀天经讲经文"据《敦煌学大辞典》中周绍良先生介绍此系唐代讲经文，"世"字讳缺笔，又唱词内有"诗赋却嫌刘禹锡，令章争笑李稍云"句，刘为中唐时人，李为盛唐时人，可见当为中唐后晚唐写本[261]。据此，背面的杂方术亦应为中唐后晚唐写本，根据古人先写正面，后写背面的习惯，背面杂方术一般不会早于正面的讲经文。

3. 写本的定名

此卷子《敦煌医药文献辑校》称其为《杂方术》残卷。今从之。

4. 写本的治病范围

除炼制金石药方外，治病范围主要有疾风、阴毒伤寒方、夹食伤寒、风湿伤寒等病。

十八、阴阳书中十二支日得病与病证、药方的摘录（S.1468）

此卷子（图7-18）首尾均缺，共78行文字。记有"十二时中得病日推勘即知轻重"某支日病鬼姓名等。虽涉迷信，但其中所记病证及象征性治疗的药名。

1. 撰著年代

具体撰著年代不详。

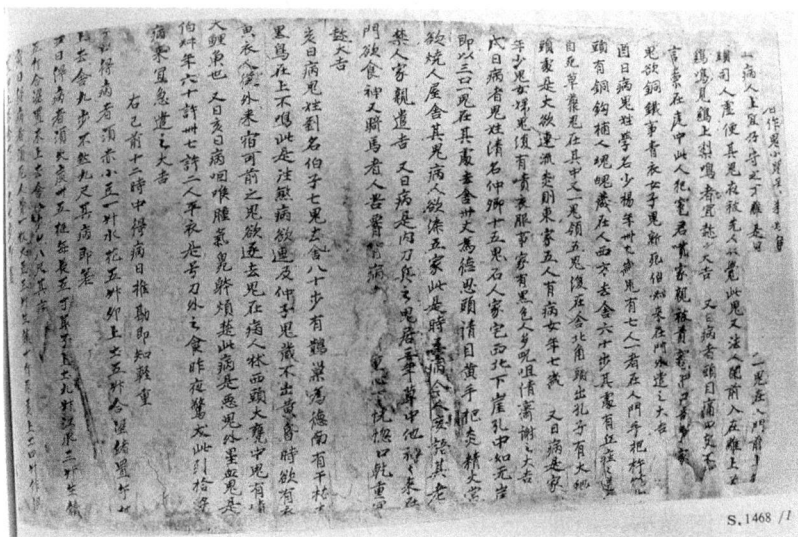

图 7-18　S.1468 阴阳书中十二支日得病与病证、药方的摘录

2. 写本的抄写年代

具体抄写年代不详。有唐敦煌卷子常见的别体字，如原文第 21 行"又曰：亥日病咽喉肿，气臭，体烦楚"中"咽"写作"喎"。可能仍属唐代写本。

3. 写本的定名

此卷子《敦煌医药文献辑校》称其为《不知名阴阳书中有关病证与药名》[262]。今笔者根据主要内容定名为"阴阳书中十二支日得病与病证、药方的摘录"。

4. 写本的治病范围

包括咽喉肿、气臭、体烦楚等病的祝由方。

十九、《辅行诀脏腑用药法要》（无编号）

《辅行诀脏腑用药法要》无编号，历代未见著录，原卷子藏于敦煌藏经洞。系河北威县的张偓（wò）南先在生民国初年从敦煌莫高窟藏经洞发现者王圆箓手中购得，惜原卷子"文革"期间被毁。1974 年，由河北威县张大昌（字为靖）先生，以"赤脚医生"的名义将本书抄本寄赠给中国中医研究院的。初未引起重视，后此件转交给马继兴先生，与此同时，中医研究院的王雪苔也对此书寄予了高度重视，专门就此直接去威县张大昌先生处作了详细调查，并进一步获见保存于其弟子处的另一抄本，抄本题"华阳隐居陶弘景撰"。1991 年 8 月，王淑民、陶广正二位同志为了进一步考察《辅行诀脏腑用药法要》的发现经过，并专程前往河北威县采访了偓南先生的嫡孙 80 岁（实际为 65 岁）高龄的张大昌中医师，王淑民同志据张偓南先生的嫡孙张大昌回忆，此书是写在"绫子"上的，即丝织品。卷子长约一丈二三，高尺许。卷首有三皇像，在三皇像四周为二十八宿和朱雀、玄武、青龙、白虎四神像。具体流传过程在《敦煌古医籍考释》《敦煌医药文献辑校》《敦煌石窟秘藏医方》[263]中均有详细的记载。

2007 年至 2008 年间，著名针灸学家王雪苔先生出于对《辅行诀 脏腑用药法要》强烈的历史责任感，不顾年老体弱，完成了《辅行诀脏腑用药法要校注考证》一书的编著。这部书 2009 年 9 月由人民军医出版社出版。本书分为三个部分：上篇收载《辅行诀脏腑用药法要》原文及笔者的校注和按语；下篇收载笔者对《辅行诀脏腑用药法要》的调查与考证的论述；附篇收载张大昌弟子的转抄本、张大昌本人的追记本和其他有关资料选编[264]。

为了进一步考察《辅行诀脏腑用药法要》（钱超尘教授综合有关资料认为应是《辅行诀五脏用药法要》）的流传，2005 年 10 月至 2008 年 9 月，著名中医文献学家钱超尘先生两次深入张大昌的家乡河北邢台，深入实地调查研究，总凡发掘出了 21 种极有价值的不同抄本，其中多数是张大昌的弟子抄出，也有张大昌本人及其挚友所录的本子。历时 3 年，终于在 2008 年 9 月由学苑出版社出版了《辅行诀五脏用药法要传承集》。这部书既重视对原始史料的保存，又收录了细致的考证性文章[265]。2008 年 11 月底，在广西南宁召开的全国第十一届中医医史文献学术研讨会上，钱超尘教授向李应存博士讲述了自己考察《辅行诀五脏用药法要》的经过，听后感人肺腑，并用流畅美妙的书法当场抄录了陶弘景《辅行诀五脏用药法要》的卷首语，同时题赠李应存博士（图 7-19）。

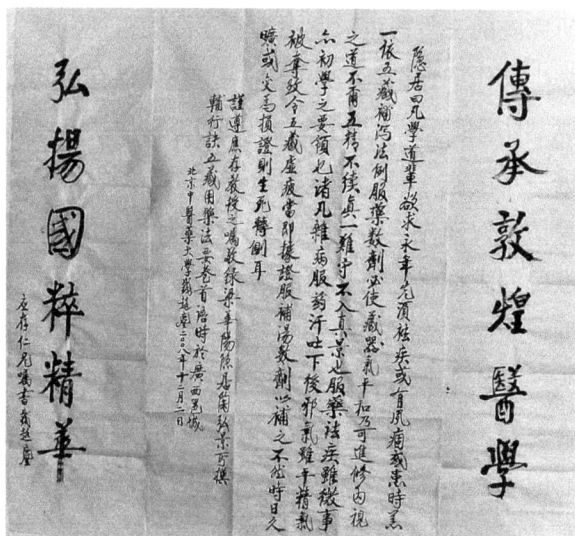

图 7-19　钱超尘教授为李应存博士题写的《辅行诀五脏用药法要》卷首语（中间内容）

《敦煌古医籍考释》中将张大昌的弟子之间转抄者定甲本，将张大昌追忆而成者定为乙本。该书内容基本完整，书中以脏腑学说为基础。论述疾病治疗及方法，特别是其中古经方主治及配伍方药，不仅有很高的学术价值，而且具有临床实用意义。

1. 撰著年代

虽抄本题"华阳隐居陶弘景撰"，但文中有许多地方乃引用陶弘景语，并且有"隐居曰""陶云""陶曰""陶隐居云""陶隐居曰""弘景曰"等不同的称谓，如"隐居曰：凡学道辈，欲求永年，先须祛疾""陶云：肝德在散；故经云：以辛补之，酸泻之；肝苦急，急食甘以缓之。适其性而衰之也""陶曰：又有泻方五首，以救诸病误治，致生变乱者也""陶隐居云：依《神农本经》及《桐君采药录》，上中下三品之药，凡三百六十五味，以应周天之度，四时八节之气""陶隐居曰：此图乃《汤液经法》尽要之妙，学者能谙于此，医道毕矣""弘景曰（《辑校》作"隐居曰"）：外感天行，经方之治，有二旦、六神（《辑校》作"四神"）、大小等汤""陶隐居云（《辑校》作"陶云"）：中恶卒死者，皆脏气被壅，致令内外隔绝所致也"等。均表明《辅行诀脏腑用药法要》非陶弘景自撰，故王淑民同志认为"应是后人辑录其说而为之，为了尊崇本师，在书名下加题'梁华阳隐居陶弘景撰'"[266]的看法是符合客观实际的。既然是为了"尊崇本师"而托名，可能系其手下的门人弟子所撰，加之《汤液经法》《桐君采药录》均为东汉以前的著作，在陶弘景之后便未见流传，能看到此书的很有可能系陶弘景同时代或稍后的门人，并且得到陶弘景的真传之后撰著而成，故笔者认为其原撰年不会距离陶弘景时代太远，可能在陶弘景时代或稍后。另外中国社会科学院著名历史学家张政烺和李学勤教授对写本的撰著均作了书面鉴定，其认为："此书不是近代的伪作，但也不可能早到梁代的作品……疑是后人辑录陶说为之，为了尊崇本师，在书名下加题"梁华阳隐居陶弘景撰"。[267]

2. 写本的抄写年代

关于写本的抄写年代，中国中医科学院（原中国中医研究院）著名中医文献学家马继兴教授作有书面鉴定意见，认为"《辅行决脏腑用药法要》抄本所据之原书，不论在其所保留与引用的古俗字、讳字、别名、古病证名称，以及方剂配伍特征、文章结构与风格等多方面内容，可以确定绝非近世或今人仿造赝品，因而其成书年代下限绝不晚于北宋初期以前，是很值得重视的"。[268] 但马继兴教授未考证出写本的具体抄写年代，其有待进一步研究探讨。

3. 写本的治病范围

《辅行诀脏腑用药法要》内容包括：

（1）书名撰者及论治总则。

（2）五脏病证文并方（24首）。

（3）救诸病误治泻方（5首）。

（4）救诸劳损病方（5首）。

（5）《汤液经法》之要妙及图。

（6）大、小二旦及大、小六神汤（16首）。

（7）救卒死中恶开窍方（5首）。

其中有医方55首，治病的范围非常广泛，包括五脏的虚实病变、误治病变、外感时气病变、急性病变等等。其中方中的大、小二旦及大、小六神汤与《伤寒论》有密切的关系，其中小阳旦汤、小阴旦汤、大阳旦汤、大阴旦汤、小勾陈汤、大勾陈汤、小腾蛇汤、大腾蛇汤则传世《伤寒论》中则无，《敦煌古医籍考释》《敦煌医药文献辑校》对大、小二旦及大、小六神汤与《伤寒论》及传世古医书中同名同类方进行了对比研究，使人颇受启发。

二十、《亡名氏脉经第二种》中之医方（P.3287）

敦煌医学卷子 P.3287（图 7-20）[269]，现藏法国国家图书馆。该卷现存149行文字，有上下栏框及行线，前后均残缺。墨笔书写而成，每节之首多用朱笔作"、"或"0"标记。P.3287卷子前后依次包括五种内容，均缺书名。经与传世本古医籍对照，其第一、二、四3种分别相当于

《素问·三部九候论》,《伤寒论·伤寒例》(《敦煌古医籍考释》[270]、《敦
煌医药文献辑校》[271] 称之为《伤寒杂病论》乙本）和《伤寒论·辨脉法》
(《敦煌古医籍考释》《敦煌医药文献辑校》称之为《伤寒杂病论》丙本）
中的部分内容，而第三、五种，皆为论辨脉与证治之法，但无撰者和出
处，故《敦煌古医籍考释》《敦煌医药文献辑校》依次分别称之为《亡
名氏脉经第一种》《亡名氏脉经第二种》,《敦煌医粹》中称其为《脉经》
残卷。

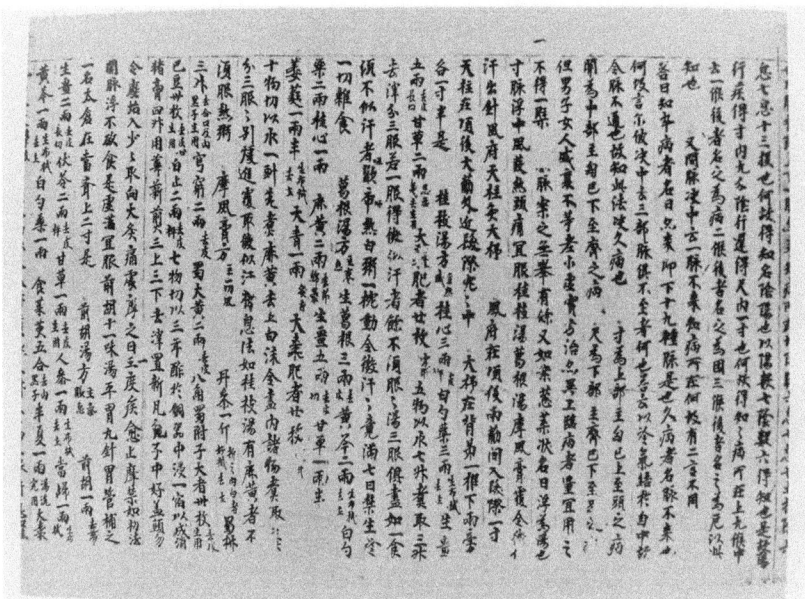

图 7-20　P.3287《亡名氏脉经第二种》中之医方

1. 撰著年代

根据 P.3287 所选录的内容，撰年最早者为《素问·三部九候论》,
该篇据新校正说："全元起本在第一卷，篇名《决死生》王冰尊经复古
又改名为"三部九候论。"[272]《黄帝内经》约成书于春秋战国时期，其
次是成书于东汉末年著名医学家张仲景的《伤寒论·伤寒例》和《伤寒
论·辨脉法》,较晚的当为《亡名氏脉经第一种》与《亡名氏脉经第二
种》,由于其与传世《脉经》《备急千金要方》和《千金翼方》中的部分

内容相同或相似，故此书的撰著年代可上溯到西晋，下线不晚于唐代早期。

2.写本的抄写年代

关于写本的抄写年代，可依据以下情况：

其一有唐代敦煌卷子中常见的别体字，“肉”写作“宍”，“亦”写作“忽”，如P.3287《素问·三部九候论》第12行中有：

“其肌宍（肉）身充，气不去来者忽（亦）死。”

“吐”写作“哇”，如P.3287第43行《伤寒杂病论》乙本中有：

“发汗、哇（吐）、下相反者，祸福至速也。”

“诊”写作“诊”，如P.3287《素问·三部九候论》第24行中有：

“似七诊（诊）之病而非七也。”

又如P.3287第51行《亡名氏脉经第一种》中有：

“黄帝问曰：凡诊（诊）脉之法，常以平旦。”

“葱”写作“菍”，如P.3287第101行《亡名氏脉经第二种》中有：

“又如案（按）菍（葱）菜（葉）状。”

据此该卷确系唐代写本无疑。

其二，可据卷中的文字避讳特征来断定，卷子中避唐高祖李渊“渊”字讳，“渊”均写作“渕”，如P.3287第82行《亡名氏脉经第二种》中有：

“三分属太渊（渕），以渊（渕）中有鱼。”

85行中有：

“以渠上去太渊（渕）一寸。”

88行中有：

“泽能出水流注太渊（渕）。”

卷子中避唐太宗李世民“世”字讳，“世”写作“廿”，“葉”写作“菜”，如P.3287第49行《伤寒杂病论》乙本中有：

“廿士唯知习沓之荣。”

P.3287第101行《亡名氏脉经第二种》中有：

"又如案（按）苀（葱）菜（葉）状。"

卷子中避唐高宗李治"治"字讳，"治"写作"治"，如 P.3287 第 46 行《伤寒杂病论》乙本中有：

"治（治）则有其先后也。"

卷中不避唐睿宗李旦"旦"讳，如 P.3287 第 51 行《亡名氏脉经第一种》中有：

"黄帝问曰：凡诊（诊）脉之法，常以平旦。"

此处"旦"字照录不讳。而且又无武周新字，如天、地、人等字照录。

故写本的年代《敦煌古医籍考释》《敦煌医药文献辑校》认为当在唐高宗时期的说法是完全正确的。

3. 写本的定名

笔者认为此处《敦煌古医籍考释》《敦煌医药文献辑校》中的定名是完全符合实际情况的，故对《亡名氏脉经第二种》中 102 行至 146 行中寸、关、尺三部脉所主病证与方药，笔者此处仍依《敦煌古医籍考释》《敦煌医药文献辑校》及所选录的内容定名为"《亡名氏脉经第二种》中之医方"。

4. 写本的治病范围

主要包括：中风发热头痛、热盛、寒热、一切风病、不欲食，虚满、气胀急、主心悬、饥不用食、小便难、小便血色、啬（涩）痛、小便余不禁、胃胁满、胃中满、少腹满、引阴痛等。

《亡名氏脉经第二种》中之医方颇为珍贵，值得深入研究，所载方药方名即使与传世医书相同，但组成用法均有不同之处，而且在治疗上往往针药并用，各取所长。如对中风发热、头痛，除主张内服桂枝汤、葛根汤、外用摩风膏并覆令微似汗出外，同时要求针刺风府、天柱、灸大杼以祛风解表，散热止痛。

第二节　疗专科病证为主之医方书

疗专科病证为主之医方书包括：

1. 治五劳七伤等钟乳散方 Φ356（背面为①除咳逆短气方；②专中丸方 Φ356V）。

2. 除咳逆短气方及专中丸方 Φ356V（正面治五劳七伤等钟乳散方 Φ356）。

3. 治上气咳嗽等病医方 Дx10298（背面为咏墨、纸、酒、扇等物的诗）。

4. 用药指南及男、妇两科方 S.4433V（正面为佛经 S.4433）。

5. 美容美发医方 S.4329V（正面为童蒙读物《辩才家教》）。

6. 豆少许及塞耳即差等正背面书写之医方残片 P.5549。

7. 佛书陀罗尼杂集四天王所说大神咒略抄中之眼、耳、腰病方 P.2665。

8. 毗沙门天王奉宣和尚神妙补心丸方 S.5598。

9. 金光明最胜王经中之香药洗浴方 P.3230。

10. 罗振玉氏家藏疗服石方。

一、治五劳七伤等钟乳散方（Φ356）

俄罗斯藏敦煌文献 Φ356 卷子（图 7-21）正、背两面书写，正面即此"治五劳七伤等病钟乳散方 Φ356"[273]，系倒写，书写工整，但字迹模糊不清，最后一行有较大较黑的字体，仅有标题"春秋左氏传解苐（第）四——闵公　王氏"字样。该卷号钟乳散方的尾部残缺，残存 10 行文字。卷子正、背两面字体不一，故非出自一人之手。

1. 撰著年代

此卷子具体撰著年代不详，笔者推测，《备急千金要方》中有三首钟乳散方，但只有《备急千金要方·卷第十七肺脏》气极第四中的钟乳散[274]药物组成中包括 Φ356钟乳散方残存药物，其为："治气极虚寒，阴畏阳气，昼瘥暮甚，气短息寒，钟乳散亦治百病，令人丁强，能食饮，去风冷方：钟乳（别研）、干姜、桔梗、茯苓、细辛、桂心、附子、人参各一两六铢，白术一两，防风、牡蛎、栝楼根各二两半。上十二味下筛，以酒服方寸匕，日三，渐加至二匕，五十以上可数服，得力乃止。"从此可知，该方来源于唐代早期，其撰著年代也可能是唐代初期。

2. 写本的抄写年代

卷子中不避高宗李治讳，"治"字不讳照录，如原文第 1 ～ 2 行：

钟乳散方石钟乳散：治五劳七伤，五藏（脏）错逆，气抢心，喘噎倚息不得安眠。

但有敦煌文献中常见的别体字，如"亦"写作"尒"，如原文第 7 行"心腹处（？）有寒（？）疝（？），不能饮食，尒（亦）可服（？）之（？）"。故其抄写年代可能在高宗李治之前的唐代初期。

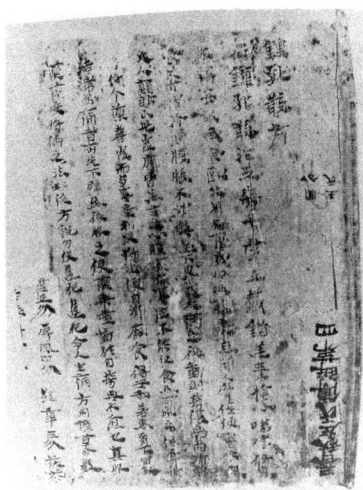

图 7-21 Φ356 治五劳七伤等钟乳散方

3. 写本的定名

《俄藏敦煌文献》第五册 294 ～ 295 页中定名为"钟乳散方"。《敦煌医药文献辑校》亦定名为"钟乳散方。"该卷号中较详细地论述了钟乳散方的主治病证、使用注意事项及药物组成，只可惜部分药物组成及服药方法残脱。今笔者为了不与《备急千金要方》中之三首钟乳散方混名，故按其主治病证定名为"治五劳七伤等钟乳散方"。

4. 写本的治病范围

包括五劳七伤、五藏（脏）错逆、气抢心、喘噎倚息、不得安眠、呕吐、咳喘、腹胀不消谷、动则劳复、大人颠（癫）眩、小儿发简

（痫）等。

钟乳散中的君药石钟乳，最早见于《神农本草经》中，为碳酸盐类矿物钟乳石的矿物，性味甘、温、有毒，具有温肺壮阳、止咳通乳之功。《神农本草经》中列为上品，谓其："主咳逆上气，明目益精，安五脏，通百节，利九窍，下乳汁。"《中药大辞典》钟乳石条引《日华子本草》谓其："补五劳七伤。"《本草纲目·金石部第九卷》石钟乳条引《别录》谓其："益气，补虚损，疗脚弱疼冷，下焦伤竭，强阴，久服延年益寿，好颜色，不老，令人有子。"受道家思想服石长生及历代本草著作对其作用的夸张，自魏晋至唐代亦盛行服用石钟乳，故因过服而深受其害者不少，故临床不宜超量久用。

二、除咳逆短气方及专中丸方（Φ356V）

俄罗斯藏敦煌文献 Φ356V 卷子（图7-22）[275] 正、背两面书写，尾部及下部有残缺，正面为"治五劳七伤等钟乳散方 Φ356"（见本书"治五劳七伤等钟乳散方 Φ356"）。背面即此书，卷子正、背两面字体不一，故非出自一人之手。残存8行文字。

1. 撰著年代

此卷子具体撰著年代不详，笔者推测，根据其中用字特点，写本的抄写年代不晚于唐代，那么撰著年代与Φ356 正面治五劳七伤等钟乳散方一样，可能是唐代初期。

2. 写本的抄写年代

卷子中未见避讳字，但有敦煌文献中常见的别体字，如"咽"写作"咽"，如原文第1～4行：

人参三分　杏子六分　甘草　姜

桂　茯苓各五分

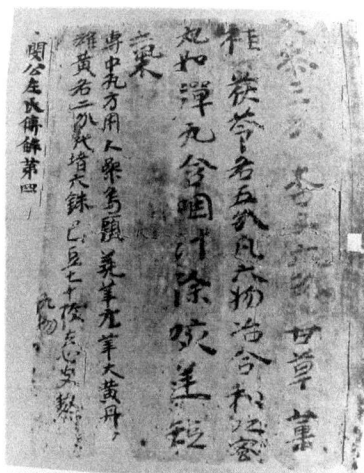

图7-22　Φ356V 除咳逆短气方及专中丸方

凡六物冶合，和以蜜丸如弹丸，含咽（咽）汁，除咳逆短气。

"参"写作"槑"，如原文第 5 ～ 7 行：

专中丸方：用人槑（参）　乌头　羌（?）华（活?）　元（芫）华（花）　大黄　丹□雄黄各二分　代堵（赭）六铢　巴豆七十枚，去心皮，熬九物▮▮

故写本的抄写年代不晚于唐代。

3. 写本的定名

其中原文第 1 ～ 4 行为除咳逆短气方（原无方名，《俄藏敦煌文献》第五册第 294 ～ 295 页据方后主治功能而加，今从），原文第 5 ～ 7 行专中丸方，原文第 8 行闵公左氏传解苐（第）四（仅存标题）。《敦煌医药文献辑校》定名为"不知名医方第三十八种残片"。笔者依《俄藏敦煌文献》第五册第 294 ～ 295 页定名为"除咳逆短气方及专中丸方"。

4. 写本的治病范围

包括咳逆短气、寒湿积聚、中满水肿等。

三、治上气咳嗽等病医方（Дx10298）

俄罗斯藏敦煌文献 Дx10298 卷子（图 7-23）正、背两面书写，正面即此"治上气咳嗽等病医方"，背面为咏墨、纸、酒、扇等物的诗。该卷号尾及下部均残缺，有边栏及行线。正、背两面字体不同，并非出自一人之手。

1. 撰著年代

已无从可考，但本卷中皂荚治疗上气咳嗽，最早可见于张仲景《金匮要略·肺痿肺痈咳嗽上气病脉证治第七》第七条，其为："咳逆上气，时时唾浊，但坐不得眠，皂荚丸主之。皂荚八两，刮去皮，用酥炙。上一味，末之，蜜丸如梧子大，以枣膏和汤服三丸，日三，夜一服。"用独颗蒜治疗上气，可见于《备急千金要方·卷第十七肺脏》积气第五，其为："治上气方：上酥一升，独头蒜五颗。上二味，先以酥煎蒜，蒜黄出之，生姜汁一合，共煎令熟，空腹服一方寸匕，温服之。"可见本方书的最早撰者可上溯到东汉末年（《伤寒杂病论》，约成书于建安五年至建安二十四年，即 200 ～ 209 年）[276]。

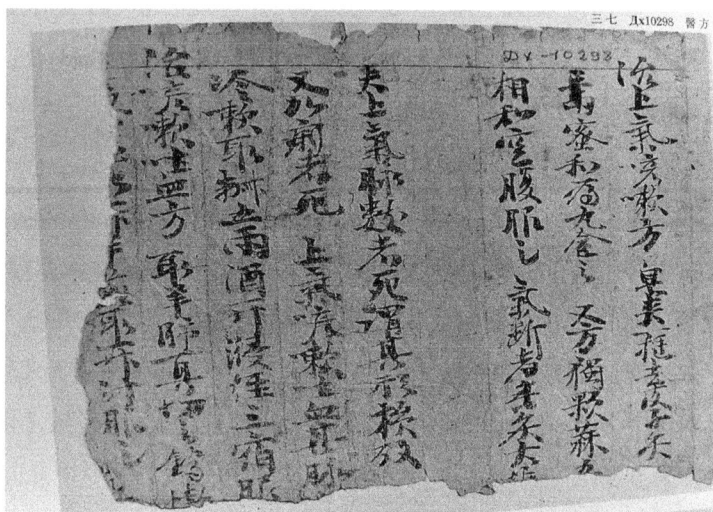

图 7-23　Дx10298 治上气咳嗽等病医方

2. 写本的抄写年代

卷子中不避唐高宗李治"治"字讳，如原文第 1 行：

治上气咳嗽方：皂夹（荚）一挺（梃），去皮、子炙▊▊

又可见到敦煌卷子中常见的别体字，如"吐"写作"吒"，如原文第 5 行：

又加痢者死。上气咳嗽，吒（吐）血，其脉▊▊

可能系唐太宗李世民时期写本，《敦煌医药文献辑校》推测"或为唐以前写本"[277]。另外背面咏墨、纸、酒、扇等物的五言诗为唐诗，无撰者姓名，《敦煌学大辞典》中柴剑虹先生考知为初唐著名诗人李峤一百二十首杂咏诗中的四首，亦载于《全唐诗》卷五十九、六十中[278]，故背面咏墨、纸、酒、扇等物的五言诗抄写年代不会早于初唐。因而正面"治上气咳嗽等病医方"的抄写年代可能稍早于背面之五言诗。

3. 写本的定名

由于书名及撰者均不详，故《敦煌医药文献辑校》定名为"不知名医方第三十七种残片"。《俄藏敦煌文献》第 14 册 266 页中没有定名，但《俄藏敦煌文献》第 1 册彩图第三十七中定名为"医方"。该卷号中残存 5 首治上气咳嗽等病医方，故笔者定名为"治上气咳嗽等病医方"。

4. 写本的治病范围

包括上气咳嗽、气短、吐血等。

四、用药指南及男、妇两科方（S.4433V）

此卷子现藏英国国家图书馆，编号为 S.4433V（图 7-24）。此卷子首尾均缺，原无书名标题及撰人姓名。正、背两面书写。正面为太玄真一本际经卷第四（《敦煌遗书总目索引新编》依黄永武定名[279]），背面即此医方，共 48 行。

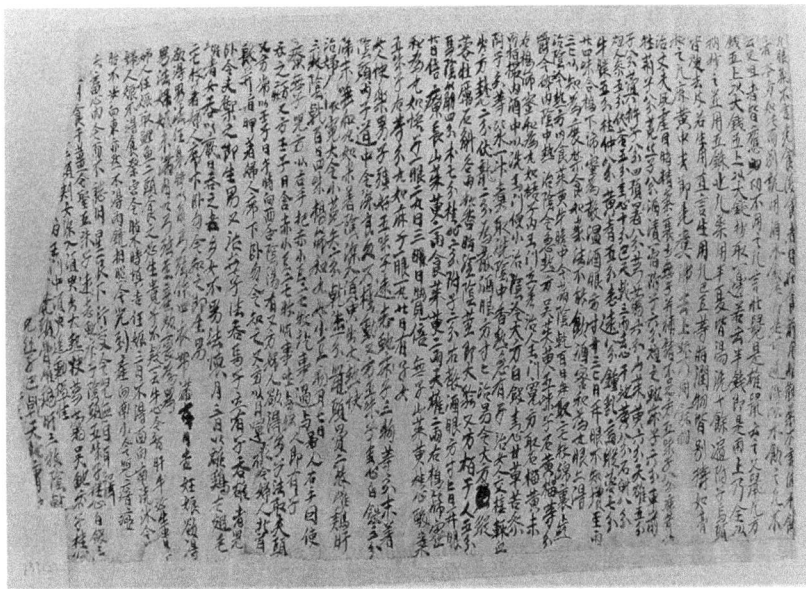

图 7-24　S.4433V 用药指南及男、妇两科方

1. 撰著年代

书中部分内容与唐代早期的《备急千金要方》中的相关内容基本相同，如原文第 19 ~ 20 行：

治女人交接辄血出方：桂心二分，伏龙二分为散，酒服方寸匕。

此与《备急千金要方·卷第三妇人方中》杂治第八中"治女人交接辄血出方：桂心、伏龙各二两，上二味为末，酒服方寸匕，立止"基本相同。

又如原文第 29～30 行：

治妇人阴宽大，令小：

兔矢（屎）二分　干漆一分　鼠头骨二枚　雌鸡肝三枚，阴干百日

四味捣筛，和丸如小豆。初月七日。

此与《备急千金要方·卷第三妇人方中》杂治第八中"治阴宽大令窄小方：兔屎　干漆各半两　鼠头骨二枚　雌鸡肝二个，阴干百日　四味捣筛，和丸如小豆。初月七日。……"基本相同。

以上说明该方书的原撰著年代应该在唐初或以前。

2. 写本的抄写年代

卷子中"疗""治"并用，不避唐高宗李治"治"字讳，如原文第 23～24 行：

疗长：山茱萸二两　食茱萸二两　天雄二两

右（上）捣筛，蜜和为丸如梧子，一服二九，日三服，日觉倍。

又如原文第 20～21 行：

治男令大方：苁蓉　牡蛎　石斛各两

和香脂涂阴茎即大，验。

据此可能系唐太宗李世民时期或以前写本。另外正面太玄真一本际经为道教经典，《敦煌学大辞典》中王卡先生引唐释玄嶷《甄正论》称："《本际》五卷乃隋道士刘进喜造，道士李仲卿续成十卷。"[280] 说明太玄真一本际经的撰著年代在隋代，从古代传统先写正面的习惯看，背面医方的抄写年代不会早于隋代。

3. 写本的定名

由于原无书名标题及撰人姓名。故《敦煌医药文献辑校》称其为《不知名医方第十七种》[281]。其内容主要记述了用药指南及男、妇两科方为主的医方 34 首。今据内容命名为"用药指南及男、妇两科方"。

4. 写本的治病范围

包括丈夫风虚目暗、精气衰少无子、诸不足、阴冷、玉门宽、阴冷大、女人交接辄血出、男阴小短、阴宽大、不生男等等。

五、美容美发医方（S.4329V）

此卷子原件现藏英国国家图书馆，编号为 S.4329V（图 7-25），古医籍及簿录均未见记载，也不详撰人及原书卷数。首尾均缺，正、背两面书写，正面为《辩才家教》，残存第八章至第十二章，子目为：贞女章第九（无第十章），五字教章第十一，善恶章第十二。《敦煌学大辞典》四部书《辩才家教》条李鼎霞撰文认为乃童蒙读物[282]，在 P.2515 一卷中，首尾完整，前有叙言，分十二章，首题辩才家教卷上并序，有题记：甲子年四月廿五日显比丘僧愿成俗姓王保全记。据《敦煌遗书总目索引新编》归纳，有关《辩才家教》的卷号有：P.2515、S.4329、P.3622V（王三庆定名为文赋体类书乙）三个卷号[283]。背面为无书名标题之医方书，共存 48 行文字。此书与传世医书无类同者。

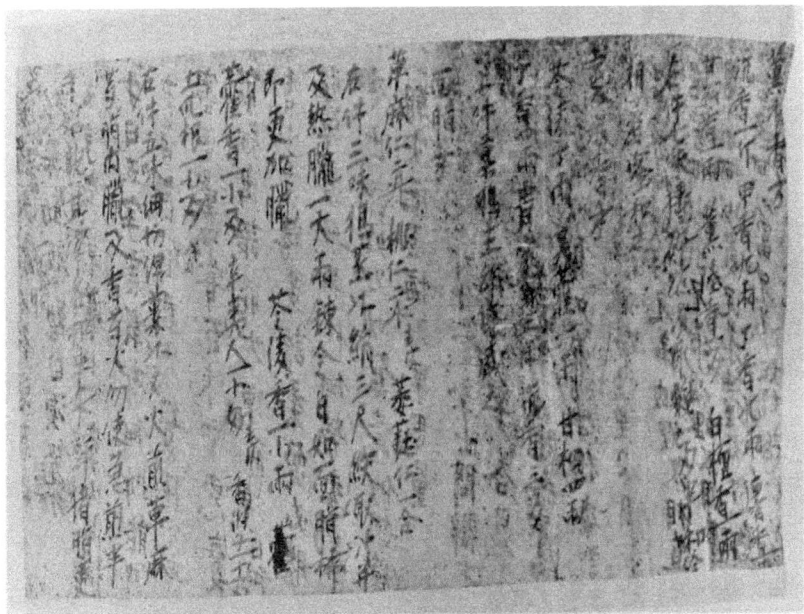

图 7-25　S.4329V 美容美发医方

1. 撰著年代

可能系唐代初期写本。因方中用药与《备急千金要方》中有类似之处，如原文第 28 ～ 30 行：

洗 面 □□ 方：白芷　白蚕　葳蕤　白术　杏仁　桃仁　瓜仁

以上各一两，捣和绵裹，洗面即用之。

此与《备急千金要方·卷第六下七窍病下》面药第九洗面药方类似，其原文为"洗面药方：白芷、白蔹、白术、桃仁、瓜仁、杏仁、葳蕤各等份，皂荚倍多。上各八味绢筛，洗手面时即用"。

两者比较，S.4329V 中有白蚕、无白蔹、皂荚，其余组成均相同，可见基本药物相同。两方可能均来源于唐代初期以前，其著者可能系唐代初期以前。

2. 写本的抄写年代

卷子中不避唐高宗李治"治"字讳，如原文第 38 ～ 41 行：

治口气臭方：丁香三分　甘草三分，炙　细辛五两　桂心五两　芎藭四两

右（上）件五味捣筛，蜜为丸，如弹子大，临卧服两丸。

另外，卷子正面的《辩才家教》有题记：甲子年四月廿五日显比丘僧愿成俗姓王保全记。中国台湾学者郑阿财等教授认为《辩才家教》就其命名与内容而论，当是出自佛教徒之手，以作为寺院用来教育童蒙而编的德行教材。关于 P.2515《辩才家教》的抄写时代，郑阿财等教授根据题记"甲子年四月廿五日显比丘僧愿成俗姓王保全记"及吐蕃纪年但用干支而无年号，敦煌陷吐蕃时期约为唐德宗贞元二年（786 年）到唐宣宗大中二年（848 年），在此期间"甲子年"宜为唐武宗会昌四年即公元 844 年，认为此《辩才家教》抄写年代当是 844 年[284]。根据古人先写正面，再写背面的习惯，加之不避唐高宗李治"治"字讳，按此说法，此美容美发医方的抄写年代当为甲子年（844 年）四月廿五日至 848 年吐蕃占领敦煌时期。关于卷子正面的题记：甲子年四月廿五日显比丘僧愿成俗姓王保全记，著名敦煌学专家李正宇教授的观点新颖、见解独

特，其认为王保全乃五代后期北宋初人，题记中的"显"为"显德寺"，建于后周显德年间，此甲子当为宋乾德二年（964年）。李正宇教授《敦煌史地新论》中有"显德寺"条，其谓：显德寺，简称"显"，在沙州城内，最早见于北图周字六十六号（载《敦煌杂录》），时为北宋建隆二年辛酉（九六一年）。土肥义和认为是后周显德年间由法门寺改名而来（见《敦煌讲座（三）》）。乾德四年（九六六年）归义军节度监军史、检校尚书左仆射御史大夫曹延晟施入该寺大般若经并锦帙（zhì）（《古写经尾题录存》）[285]。以此来看王保全确系五代后期北宋初无疑，按照先写正面，再写背面的习惯，那么背面的美容美发医方的抄写年代当为五代后期北宋初期王保全写题记之后。

3. 写本的定名

由于古医籍及簿录均未见记载，也不详撰人及原书卷数。故《敦煌古医籍考释》定名为《不知名医方第十二种》。因本书内容以家庭日用美容美发类医方为主，今据其内容特点定名为"美容美发医方"。

4. 写本的治病范围

包括美容之皇甫面脂、面膏、洗面液、面散、玉屑面脂，加香之薰衣香方，除臭之口气臭方，美发之发落不生等等。

六、豆少许及塞耳即瘥等医方残片（P.5549）

此卷子原件现藏法国国家图书馆，编号为P.5549。古医籍及簿录均未见记载，也不详撰人姓名及原书卷数。正、背两面书写，均医方著作。原文较多，但今仅存一小方形残片，前后上下均缺。其正面依《敦煌古医籍考释》《敦煌医药文献辑校》称其为甲卷，共三行文字。背面称为乙卷，共四行文字。并指出此书具体撰写与抄录年代待考。

1. 撰著年代

本卷正背面因残缺太多，其撰著年代已无法可考。据P.5549乙卷原文第1行中"▭▭塞耳即差"。来看，此系塞耳治疗疾病之方，多用治耳病。

关于塞耳之法，在敦煌医方中也较为常见，多用治耳疾，如 P.3378V 杂疗病药方原文第 50 行有：

疗□□□：取生鹅脂作酪，以绵裹塞耳中即瘥[286]

从"取生鹅脂作酪，以绵裹塞耳中"的治疗方法看，所疗疾病当为耳聋，生鹅脂作酪乃为鹅脂膏，气味甘、微寒，《本草纲目·禽部第四十七卷·鹅》引《别录》云："灌耳，治卒聋。"

又如 P.3596V 原文第 132 ～ 133 行中有：

耳卒疼痛有方：蒸盐熨之。又方：附子、昌（菖）蒲绵裹塞耳。

P.3596V 原文第 134 ～ 137 行中有：

疗聋方：巴豆三分、生松脂，二味和捣，绵裹，内耳中。日夜各半时。若患两耳，先治一耳。若热聋：取黄连浸，汁滴耳中，然后着药塞耳。又方：铁匕子白（自）挑去塞，杏仁塞。又方：附子酢浸令液，取如枣核大，绵裹塞。又方：真珠末，塞之，验。

P.3596V 原文第 138 ～ 139 行中有：

疗耳脓出方：取成练矾石如小豆。内耳中，不过三日，差（瘥）。又方：取伏龙肝以绯沙（纱）裹，塞耳。[287]

此外还可用于练功，如 P.3810《呼吸静功妙诀》原文第 7 行中有：

以绵塞耳，心绝念虑。

2. 写本的抄写年代

写本正背面虽系残片，但从书写特点上看，仍属唐代写本。如"差"写作"差"等。另外正背面书法字体相同，因而系同一抄写者完成。

3. 写本的定名

因古医籍及簿录均未见记载，也不详撰人姓名及原书卷数，故《敦煌古医籍考释》《敦煌医药文献辑校》定名为《不知名医方第十四种》，笔者依据卷子内容特点将其定名为"豆少许及塞耳即差等医方残片"。

4. 写本的治病范围

其残存内容包括甲卷之残缺豆少许等方（2 首），乙卷之残缺塞耳即差方（1 首）、残缺细辛等方（1 首），但所治疗的疾病名称均残脱，故治病范围不详。

七、佛书陀罗尼杂集四天王所说大神咒略抄中之眼、耳、腰病方（P.2665V）

敦煌卷子 P.2665 卷子系正背两面书写，正面为太上道本通微妙经（《敦煌遗书总目索引新编》中依大渊忍尔定名）中有品题，称扬持戒品第三。背面编号为 P.2665V（图 7-26），有三种内容，分别是：①愿文；②藏文题记；③陀罗尼杂集四天王所说大神咒略抄。其中愿文为倒写。陀罗尼杂集四天王所说大神咒略抄共计 23 行。

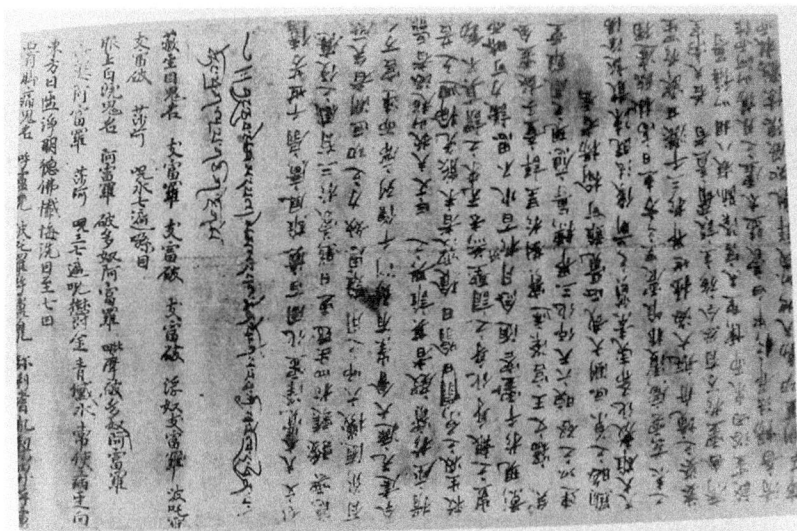

图 7-26　P.2665V 佛书陀罗尼杂集四天王所说大神咒略抄中之眼、耳、腰病方

1. 撰著年代

具体撰著年代不详。

2. 写本的抄写年代

此卷子中出现了武周新字，如"人"写作"𤯔"，"月"写作"囸"等，如原文第 4～5 行：

……咒郁金、青黛水，常使病生（人）向东方日囸（月）净明德佛忏悔洗目至七日。

据此《敦煌医药文献辑校》认为，此"写本年代应在武则天当政时期"[288]，笔者与此看法相同。

3. 写本的定名

由于医方部分不详书名及撰者，故《敦煌医药文献辑校》定名为"佛家医方第一种残卷"。为了能够进一步反映卷子的主题，笔者将其定名为"陀罗尼杂集四天王所说大神咒略抄中之眼、耳、腰病方"。

4. 写本的治病范围

包括眼病、腰脚痛等。

八、毗沙门天王奉宣和尚神妙补心丸方（S.5598V）

"毗沙门天王奉宣和尚神妙补心丸方"现藏英国国家图书馆，编号为 S.5598V（图 7-27），该卷子分正背两面书写，正面为佛经 S.5598a《大悲启请》（首题）、S.5598b《无障碍大悲心陀罗尼》（首题）；背面为 S.5598V《佛说加句尊胜灵验陀罗尼神妙章句》。《毗沙门天王奉宣和尚神妙补心丸方》方即出自背面 S.5598V，《英藏敦煌文献（汉文佛经以外部分）》中将"妙"作"州"，定名为"毗沙门天王奉宣和尚神州补心丸方"[289]。此方后有倒写之"定昌，定□□□□"等杂写字样，该卷子首尾均缺，系行书书写，书法一般，不详书名及作者。

1. 撰著年代

具体撰著年代不详。

2. 写本的抄写年代

虽然具体撰写及抄录年代无可考，但根据方中"薯蓣"的称谓，没有因唐代宗名预（豫），避讳改名薯药，却出现了敦煌文献中常见的别体字，如"陀"写作"陁"，"尼"写作"尸"，"乾（干）"写作"乹"，"人"写作"亾"，"咽"写作"咽"等。因此我们初步推断为唐代宗登基以前（即 763 年以前）的作品。

3. 写本的定名

由于医方部分不详书名及撰者，故《敦煌医药文献辑校》定名为"佛家医方第二种残卷。"[290] 为了能够进一步反映卷子的主题，笔者将《英藏敦煌文献（汉文佛经以外部分）》中定名"毗沙门天王奉宣和尚神州补心丸方。"改为"毗沙门天王奉宣和尚神妙补心丸方。"其中将"州"改为"妙"。

4. 写本的治病范围

包括四肢乏力、神疲失眠、心悸易惊等。

由于组方甚妙，故现附毗沙门天王奉宣和尚神妙补心丸方原文及释要：

【原文】佛说加句灵验，尊胜陁（陀）罗尼（尼）神妙章句，真言曰：毗沙门天王奉宣和尚神妙补心丸方：

乳（干）薯蓣　乳（干）地黄　杜仲　百节（部）　方（防）风芒（"芒"为"芒"一种写法，"芒"通"人"）参　丹参　茯苓　茯神贝母　乳糖　五味子　石菖蒲　麦门冬去心　甘草炮过　远志　柏子仁（"仁"为"仁"一种写法）

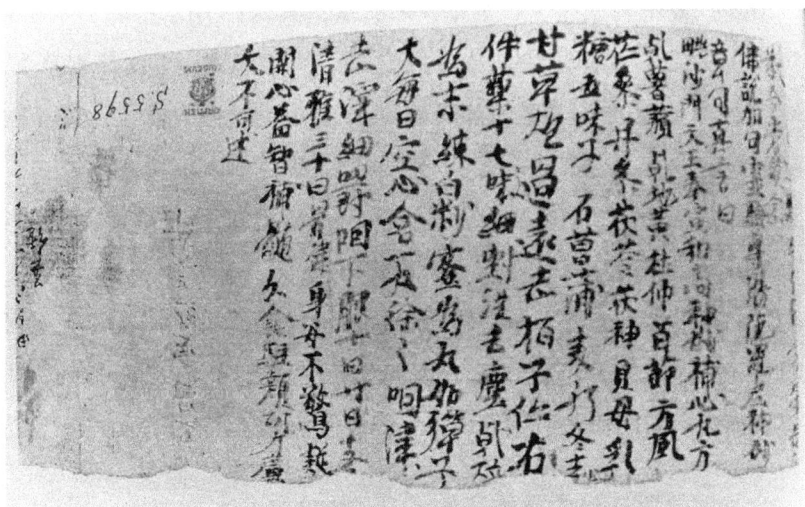

图 7-27　S.5598V 毗沙门天王奉宣和尚神妙补心丸方

右（上）件药十七味细剉，洗去尘，乿（干）焙为末，练（炼）白粉蜜为丸，如弹（弹）子大，每日空心含一丸，徐徐咽（咽）津，去滓细爵（嚼）咽（咽）下，服十日二十日支（肢）清雅，三十日骨健身安不惊疑，开心益智补髓，久食驻颜，功力广大不可述。

【释要】从该方组成看，组方严谨，条理分明，实出于深谙医理的高僧，方中用干地黄、麦冬滋补肾阴，清降虚火。人参、茯苓、茯神、五味子、干薯蓣、杜仲补益心气，健脾补肾安神。丹参、柏子仁、远志养血安神，祛瘀通络。石菖蒲开心窍而涤痰。贝母、百部润肺止咳，兼解郁除烦。防风和补药配合使用，可使补中有散。甘草调和诸药。诸药合用，共奏益气养阴、补心安神、开窍涤痰、润肺止咳之效。对于气阴两虚、脾肾不足、肺虚痰滞之证尤为适宜，长期服用亦佳。该方阴阳兼顾，于阴中求阳，在滋肾阴中妙用杜仲一味，以鼓动肾阳，使滋而不腻，茯苓、茯神并用，既健脾，又安神，双管齐下，延年益寿，加之人参、远志同用，可达开心益智，敦煌卷子 P.2115 张仲景《五脏论》就有"泰山茯苓，发阴阳而延年益寿。……远志、人参，巧含开心益智"之语。

另外，方中乳糖即《唐本草》之石蜜，其云："用水牛乳、米粉和，煎炼沙糖为之，可作饼块，黄白色。"尚志均辑校唐·《食疗本草》引《开宝本草》云："此石蜜，其实乳糖也。"敦煌卷子英国编号 S.76《食疗本草》残卷中有："石蜜，寒。右心腹胀热，口干渴。波斯者良。注少许于目中，除去热膜，明目。"可见乳糖（石蜜）波斯产者最好。《本草纲目》中所载之乳糖与《唐本草》之石蜜亦相似，《本草纲目》谓其："以石蜜（白沙糖）和牛乳、酥酪作成饼块者为乳糖。"《神农本草经》中所载石蜜，并非乳糖，乃生山谷，为陶弘景所言之崖蜜。陶隐居云："即岩蜜也。高山岩石间作之，色青赤……其蜂黑色似虻。"

九、金光明最胜王经中之香药洗浴方（P.3230）

金光明最胜王经中之香药洗浴方，现藏法国国家图书馆，编号为

P.3230，该卷子内容系金光明最胜王经卷第七，卷中有三个品题：即金光明最胜王经无染著陀罗尼品第十三、金光明最胜王经如意宝珠品第十四、金光明最胜王经大辩才天女品第十五，第十五品中列举了注有梵音的香药三十二味洗浴方[291]，分正面书写，首尾均缺，系行书书写，书法整洁端庄。

1. 撰著年代

具体撰著年代不详。金光明最胜王经的译者系唐三藏法师义净。义净（635—713），唐代僧人，旅行家，中国佛教四大译经家之一，可见于《宋高僧传》卷一、《开元释教录》卷九等，俗姓张，齐州（今山东历城）人，一说范阳（今北京城西南人）。于咸亨二年（671）由海道往印度求法[292]。敦煌卷子中的金光明最胜王经还包括 S.2453、S.6170 两种。

2. 写本的抄写年代

原经翻译于义净（635—713）时期，卷中避唐睿宗李旦（684年，710—712 年）讳，如"怛"缺笔讳作"怛"，如原文最后残存部分：

当▆▆呪（咒）一百八遍。呪（咒）曰：怛（怛）侄他　苏讫栗帝　讫栗帝▆▆劫摩怛（怛）里　缮怒羯▆▆　郝羯▆▆（后缺）。

整个金光明最胜王经卷第七卷中不避唐太宗李世民之"世""民"讳，笔者认为，此系唐睿宗 710 年以后之写本，可能为唐代中晚期，吐蕃占领敦煌后，避讳已不太必要所致。

3. 写本的定名

由于该方系香药洗浴方，又出自金光明最胜王大辩才天品女第十五中，故笔者定名为"金光明最胜王经中之香药洗浴方"。《敦煌医药文献辑校》定名为"佛家医方第三种残卷"。

4. 写本的治病范围

本方所载 32 味药物，每味药味均附记梵文译音。这些药物均具有芳香气味，多能芳香开窍，辟秽化浊，化瘀解毒，除恶杀虫。煎汤洗浴，取其气而舍其味轻清宣散，芳香透表，通络疏窍。煎汤洗浴可除恶梦鬼神、蛊毒、厌魅等病，现将香药三十二味列出，供学者参考，其为：昌（菖）蒲（跋者）、牛黄（瞿虚折娜）、苜蓿香（塞毕力迦）、麝香（莫河婆伽）、雄黄末（搽眵罗）、合昏树（尸利洒）、白及（因达罗喝悉哆）、芎䓖（阇莫迦）、苟（枸）杞根（苦弥）、松脂（室利薛瑟得迦）、桂皮（咄者）、香附子（目率哆）、沉香（恶揭嚕）、旃檀（旃 zhān 檀 tán 娜）、零陵香（多揭罗）、丁子（索瞿者）、郁金（茶矩幺）、婆律膏（曷罗婆）、䓤香（搽刺拖）、竹黄（鹆（hú）嗋（lù）战娜）、细豆蔻（苏泣迷罗）、甘松（苦 shān 弭 mǐ 哆）、藿香（钵 bō 坦罗）、茅根香（喔尸□）、叱脂（萨洛计）、艾纳（世黎也）、安息香（婆 jù □□）、芥子（萨利教跛）、马芹（叶婆你）、龙花鬈（那咖罗）、白胶（萨折罗婆）、青木（矩瑟佗）。

【附】《中华电子佛典协会》收录的由大唐三藏沙门义净奉制译《金光明最胜王经》卷第七中的金光明最胜王大辩才天品女第十五之一的原文与法国编号：P.3230 金光明最胜王经香药洗浴方相关原文为：

金光明最胜王大辩才天品女第十五之一：尔时大辩才天女。于大众中。即从座起。顶礼佛足白佛言。世尊。若有法师。说是金光明最胜王经者。我当益其智能。具足庄严言说之辩。若彼法师于此经中文字句义。所有忘失皆令忆持能善开悟。复与陀罗尼总持无碍。又此金光明最胜王经。为彼有情已于百千佛所。种诸善根常受持者。于赡部洲。广行流布。不速隐没。复令无量有情闻是经典。皆得不可思议捷利辩才。无尽大慧。善解众论及诸伎术。能出生死。速趣无上正等菩提。于现世中。增益寿命。资身之具悉令圆满。世尊。我当为彼持经法师及余有情。于此经典乐听 / 闻者。说其呪（咒）药洗浴之法。彼人所有恶星灾变与初生时星属相违。疫病之苦，斗诤战阵。恶梦鬼神、蛊毒、厌魅、呪（咒）术起尸。如是诸恶为障难者。悉令除灭。诸有智者。应作如是洗浴之法。当取香药三十二味。所谓：菖蒲（跋者）、牛黄（瞿卢折娜）、苜蓿香（塞毕力迦）、麝香（莫迦婆伽）、雄黄（末奈眵罗）、合昏树（尸利洒）、白及（因达啰喝悉哆）、芎䓖（阇莫迦）. 枸杞根（苦弭）、松脂（室利薛瑟得迦）、桂皮（咄者）、香附子（目窂哆）、沉香

（恶揭噜）、栴檀（栴檀娜）、零凌香（多揭罗）、丁子（索瞿者）、欝金（茶矩么）、婆律膏（揭罗婆）、苇香（捺刺柁）、竹黄（鹘路战娜）、细豆蔻（苏泣迷罗）、甘松（苦弭哆）、藿香（钵怛罗）、茅根香（喔尸罗）、叱脂（萨洛计）、艾纳（世黎也）、安息香（窭具攞）、芥子（萨利杀跛）、马芹（叶婆俪）、龙花须（那伽鸡萨罗）、白胶（萨折罗婆）、青木（矩瑟佗）皆等分。以布洒星日。一处捣筛。取其香末。当以此呪（咒）呪（咒）一百八遍。呪（咒）曰：怛侄他　苏讫栗帝　讫栗帝讫栗帝劫摩怛里　缮怒羯啰滞　郝羯喇滞　因达啰阇利腻　铄羯［口阑］滞　钵设侄曬　阿伐底羯细　计娜矩睹矩睹　脚迦鼻曬　劫鼻曬劫鼻曬劫毗啰末底（丁里反）　尸罗末底那底度啰末底哩　波伐雉畔稚曬　室曬室曬萨底悉体泜莎诃。

十、原罗振玉家藏疗服石方（无编号）

据《敦煌古医籍考释》[293]、《敦煌医药文献辑校》[294] 论述，《疗服石方》一卷，古目录学未见记载。原卷子为罗氏家藏，并以影印件收入《贞松堂藏西垂秘籍丛残》中（图7-28），首尾均缺，现存此书第六篇之尾及第七篇大部分。

1. 撰著年代

具体撰著年代不详。据书中大部分内容与《诸病源候论·卷六解散病诸候》及《千金翼方·卷之二十二飞炼》服诸石药等书中内容相同或相近，估计其撰年可能在隋末或唐初。

2. 写本的抄写年代

据《敦煌古医籍考释》论述：此书内容第六篇论服石药中金石毒所致诸病证状及调治法，存二十条。第七篇之首篇目标题是"解石方第七"。其下原著云："合二十七条。"据此"第七"的篇中原有二十二条，但现存只有十六条，尚缺六条。第六篇的大部分文字，又可见于巢元方《诸病源候论·卷六解散病诸候》寒食散发候，《千金翼方·卷之二十二飞炼》服诸石药及寒食已、违失节度发病疗之法合四十五条第三，《医

心方》卷十九第四,《外台秘要》卷三十七等处. 当是分别据此书的不
同传本者。第六篇"或石发动饮酒不解"条所记内容与《诸病源候论》
及《千金翼方》所记皇甫谧误服寒石散后用三黄汤得愈故事相近,似即
转录自《隋书·经籍志》所载:"梁有:皇甫谧、曹翕《论寒食散方》二
卷"中的佚文。至于此书撰者已无法考知。此卷子有避"治"字（改为
"疗"）及"旦"字讳（改"清旦"为"清朝"）,当系唐睿宗以后写本。
因笔者未能见到《疗服石方》图片,故此处观点皆引录自《敦煌古医籍
考释》及《敦煌医药文献辑校》中。

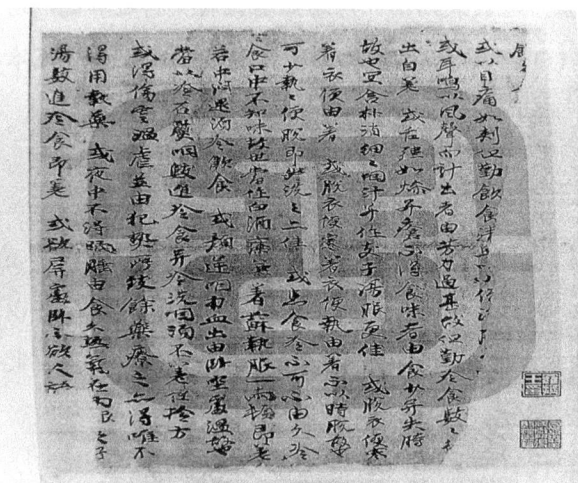

图 7-28　国图藏罗振玉家藏影印件收入《贞松堂藏西垂
秘籍丛残》中之《疗服石方》

第三节　单验医方书

单验医方书包括:

1. 妇科疾病为主民间单验方 Дx00924。

2. 疗各科病证之单药验方 P.2666V（正面为道教经典 P.2666）。

3.《备急单验药方》[S.9987B2V ＋ S.9987A ◎ S.3395（马继兴定名

为不知名医方第三种残卷）＋ S.9987A ◎ S.3347 ＋ S.3347（马继兴定名为不知名医方第十三种残卷）]1989 年由王冀青教授发现并录文[295]，2000 年由王淑民教授证实并缀辑[296]。

4.《王宗无忌单方》P.2635。

一、妇科疾病为主民间单验方（Дx00924）

Дx00924（图 7-29），现存 20 行文字，字体工整易辨，系行书书写，首尾均残。

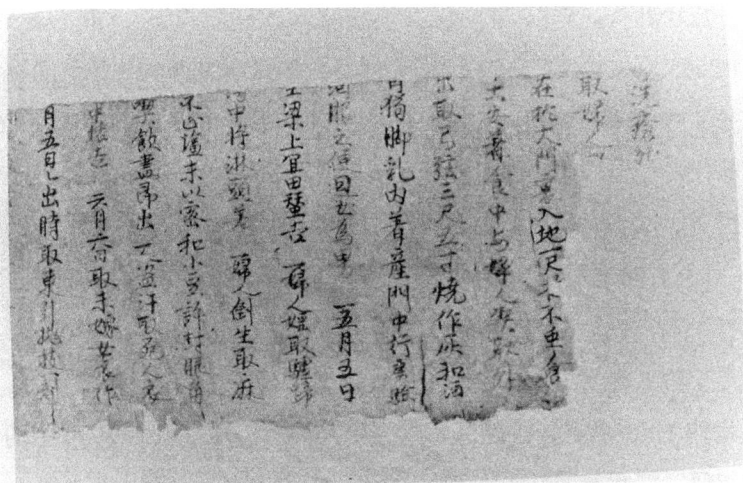

图 7-29　Дx00924 妇科疾病为主民间单验方

1. 撰著年代

此为俄罗斯藏敦煌文献，原卷子无书名及撰者，其具体撰著年代亦无从查考，但笔者从唐代早期的《备急千金要方》中看到与该残卷有相似之处，如原文第 5 行有：

▬▬▬▬［不］出，取弓弦三尺五寸，烧作灰，和酒。[297]

此与《备急千金要方·卷第二妇人方上》胞胎不出第八中"治胞衣不出方，……又方，取水煮弓弩弦，饮其汁五合，即出，亦可烧灰，酒和服"[298] 相似，可见该方书部分撰者当在唐代早期或以前，弓弦具有的催生之功方，早在梁代的《别录》就反映出来了，如《本草纲目·服器部第五十卷》弓弦条引《别录》谓其主治"难产，胞衣不出。……产难，取弓弩弦以缚腰，及烧弩牙纳酒中饮之，皆取发放快速之意。"[299]

2. 写本的抄写年代

根据卷子中的用字特点，如"虫"写作"垔"，"狗"写作"猗"，"枸杞子"写作"茍杞子"等，系唐代之俗写，此在敦煌医学其他卷子中亦可见到。如"茍杞子"，P.3930 原文第 11 ～ 14 行中有：

治头白屑方：取茍（枸）杞子、根、菜（叶），四时俱得，捣作末，量多少，每日服之即差（瘥）。又方：取根细剉，甘（泔）清渍之一、两宿，煎汁淋头。[300]

P.2565 原文第 17 ～ 21 行张文仲石龙芮六子加味丸（原无方名，笔者自拟）中亦将"枸杞子"写作"茍杞子"，P.4038 原文第 58 ～ 61 行韦侍郎疗发变白方中亦将"枸杞子"写作"茍杞子"等等。

另外，敦煌医学其他卷子"虫"一般写作"垔"、"狗"除写作"猗"外，有时也写作"茍"，如 P.3930 原文第 14 ～ 19 行治面热卒赤肿方中有：

茍（狗）粪下土和水涂，皆差（瘥）。

此外 Дx00924 与敦煌医学卷子 P.2666、S.6177V、P.3930 中的部分内容相似，如此卷原文第 6 行：

▬▬□猗（狗）脚乳，内（纳）着产门中行房，验。

其与 P.2666V 第 62 行原文："治妇人无子，多年不产，取白狗乳，内（纳）着产门中，以行房，立得"相似。

又如原文第 14 行中：

▬▬酒和饭，堂上坐，食家无口舌，吉。

其与 P.2666V 第 78 行原文"二月社日，取酒和饭，堂上坐食之，合家无口舌，孝顺宜大▬▬"相似。

因此不论内容，还是文字特点，均应属写于唐代的敦煌医学卷子，虽系俄罗斯藏敦煌文献，应亦出自莫高窟。

3. 写本的定名

Дx00924 原无书名，在《俄藏敦煌文献》第七册中将其定名为"妇科秘方"，经我们仔细辨认后发现，其内容主要系指民间治疗妇科疾病的单验方，故将其定名为"妇科疾病为主民间单验方"较为合适，Дx00924 残存 20 行文字。陈明先生[301] 经过与敦煌医学卷子 P.2666、S.6177V、P.3930 及《医心方》中的有关内容仔细比较后发现，它们之间有相互关联的内容，这一点笔者与陈明先生看法相同，据此推测，Дx00924 妇科疾病为主民间单验方可能系从 P.2666、S.6177V、P.3930 等方书中节选而来。

4. 写本的治病范围

该卷子中论述了妇科疾病民间治疗的单验方，这些单验方绝大多数属祝由方的范畴，所治疾病包括：疮、夫妇不和、胞衣不出、生女不生男、不吉利、妇人姪、头风、妇人倒生、眼中冷泪出不止、妇人难产、妇人产后肠中痛、妇人肠中子死、妇人无子、疟病、痔病等等。

二、各科病证之单药验方（P.2666V）

《单药验方》，古医籍及簿录均未见记载，也不详撰人姓名及卷数，此卷子（法国编号为 P.2666V）正、背两面书写（图 7–30）。正面为道教经典"太上道本通微妙经"，背面即本书。缺卷首，存卷尾。有上、下框及后框，缺前框，有行线，共存 89 行。每行（间或二行）录方 1 首。其上多有朱点及朱笔勾勒。

1. 撰著年代

部分医方的撰者还可上溯到东晋的葛洪，因其方来源与《肘后备急方》，如原文第 5 行：

▬▬ 葱黄心鼻中入七寸，使目中血出即活，男左女右。

其与葛仙翁《肘后备急方·卷之一》救卒中恶死方第一中第一方"取葱黄心刺其鼻，男左女右，入七、八寸，若使目中血出佳"基本相同。

有些医方与 P.3596V 有密切的关系，原文第 17 行：

人盅水遍身洪肿，取马（乌）牛尿，每日服一盏，即差（瘥）。

其与 P.3596V 原文第 56～67 行"疗盅水遍身洪肿方：……又方：服乌牛尿一盏，效。……"基本相同。

又如原文第 19 行：

人冷痹，随年壮，灸足小指歧纹头，黑血出，即差（瘥）。

其与 P.3596V 原文第 85～88 行"疗脚忽痹厥不遂及冷痹方：……又方：冷痹，灸随年壮。又方：灸足小指纹头，黑血出，立差（瘥）"基本相同。

笔者认为写本的撰著当时参考了 P.3596V 原文，并将其中的单方摘录了出来。那么 P.3596V 的撰著年代可能较早，或同一时期，但不会晚于 P.2666V。

亦可与《杂疗病药方》新缀合本中 P.3378V 与 S.6177V 疗治妇人为主之单验方（正面为《孝经》）互参，如 P.3378V 原文第 44～45 行"疗小便不通：上口□□如小豆许，内孔中着，即差（瘥）"与原文第 52 行"治人小便不通，熏黄如豆许大，用绵裹，着玉茎头孔中，即尿，大吉"基本相同；又如原文第 32 行"妇人月水不止，取籔箕舌烧作灰，和酒服，即止"与 S.6177V 原文第 4 行"疗妇人月水不止方。取籔箕舌烧作灰，和酒服即止"基本相同；再如原文第 86 行"治妇人腹中子死不出，取苟（枸）杞子三升服，即差（瘥）"与 S.6177V 原文第 8 行"治妇人腹中子死不出。取苟（枸）杞子三升，服即差（瘥）"基本相同等等。

亦可与俄罗斯藏敦煌文献 Дx00924 妇科疾病为主民间单验方互参，如 Дx00924 原文第 6 行"▆▆□猗（狗）脚乳，内（纳）着产门中行房，验。"与原文第 62 行"治妇人无子，多年不产，取白狗乳，内（纳）着产门中，以行房，立得"基本相同等等。

可见 P.2666V 是摘录了多种方书中的单验方而撰成的。

图 7-30　P.2666V 各科病证之单药验方

2. 写本的抄写年代

书中避唐太宗李世民"世"字讳，"葉"写作"菜"，如原文第 7 行：

人嚖（吃）蛊毒，取胡荽子根菜（葉），捣汁半升，顿服，即毒出，差（瘥）。

原文第 43 行：

人患一切风，取槐根一升和槐菜（葉）三升，盐一升，和水煎取一升，分为三服。

书中既有"疗"字、又有"治"字，如原文第 69 行：

疗妇人胎在腹中死，急取狗热血一盏，与妇人饮尽，即生。

文中有"疗"字。

又如原文第 68 行：

治人眼中冷泪出不止，取盐末以蜜和小豆许，封眼角，即差（瘥）。

文中有"治"字等等，说明不避唐高宗李治"治"字讳。

亦不避唐睿宗李旦"旦"字讳，如原文第 71 行：

八月一日旦起，去斋（脐）中垢，合（令）人多智，至者无病。

文中"旦"字照录不讳。

以上说明该写卷可能写于唐代初期唐太宗李世民时期。

3. 写本的定名

由于所录各方均系每病一药（个别有二药者），或每病灸一穴，无复方，与此卷第 51 行所记"单方"二字相符。故《敦煌医药文献辑校》称其为《单药方残卷》[302]。由于此书内容抄录内、外、妇、儿各科病证之单方，加之原文第 51 行中有："单方：一切病无不治者，大验。"故笔者定名为"各科病证之单药验方"。

4. 写本的治病范围

包括卒死、鬼魇死、蛊毒、恶疰入心欲死、目翳、心痛欲死、急黄疸黄、急蚶（疳）、赤白痢、脚转筋及入腹、一切恶肿疼痛不可忍、积年上气、唾脓血、蛊水遍身洪肿、偏风、冷痹、癫狂、时气遍身生疮、反花疮、火烧疮、恶疰吐血欲死、疔疮根入腹欲死、人被狂狗咬、妇人多失子、失音不语、鱼骨在咽中、面欲得如花色、小儿霍乱吐乳欲死、妇人月水不止、妇人不用男女、妇人产后腹中痛、小儿重舌、妇人两三日产不出、心痛、子死腹中及衣不出、湿痒、一切风、被蛇咬、产后血不止、痢、小便不通、腹胀心痛、恶疮不差、女人带下、产妇小便不通、妇人产衣经宿不荫、舌肿、秃人、妇人无子、纯生女、妇人数失男女、头风、眼中冷泪出不止、胎在腹中死、盗汗、难产、小儿舌上疮、痔病、烂唇、蜘蛛及蚕咬人、小儿警（惊）啼、妇人产后腹中痛、小儿夜啼、妇人无子、虐（疟）病、妇人产后疼痛不止、妇人腹中子死不出、妇人别意、咽喉病等等。

三、《备急单验药方卷》（缀辑本）（S.9987B2V+S.9987A ◎ S.3395+S.9987A ◎ S.3347+S.3347）

敦煌写本 S.3347、S.3395 是第一批公布的英藏敦煌文献中的两个医学写本，在《敦煌古医籍考释》与《敦煌医药文献辑校》中 S.3395 被命名为《不知名医方第三种》，S.3347 被命名为《不知名医方第十三种》。写本 S.9987A 残片《敦煌医药文献辑校》被命名为《不知名医方第十八

种》。写本 S.9987B2V 残片为《备急单验药方卷》卷首序文部分（图
7–31）。1989 年，兰州大学王冀青教授在伦敦大不列颠图书馆考察敦煌
写本时发现 S.3347、S.3395、S.9987（两个残片）四个写本"内容、纸
质、书法、字体、格式、墨色等完全相同"，并且指出"《（备）急单验
药方卷》已知四块残片中，S.9987·BACK2（即 S.9987B2V）为书名标
题及序文，自然是原卷的首部；S.9987·FRONT（即 S.9987A）修复前
与标题序文部分紧贴在一起，以卷子形制推测，它离卷首不会太远；至
于其余两块残片，我们无法断定孰先孰后，暂以较长 S.3347 号置于较前
位置，将 S.3395 号排在最后。"[303] 这是一个重要发现。1999 年，张瑞贤
先生在其主编的《龙门药方释疑》中发现《备急单验药方卷》四个残卷
与《龙门药方》有密切联系。据其考察："不知名医方第 13 种（S.3347）
载方 77 条，与《龙门药方》完全相同或基本相似的有 25 条。S.3395 共
有 34 条，多支离，难与《龙门药方》相对照。""在 S.9987. FRONT 中
也有与《龙门药方》相同类似的条文。"[304] 这一发现说明敦煌《备急单
验药方卷》与《龙门药方》有传承关系，2008 年李应存博士在洛阳龙门
石窟考察时也对这一关系进行了思考。

图 7–31　S.9987B2V《备急单验药方卷》卷首序文部分

2000 年 7 月，中国中医研究院中国医史文献研究所王淑民因受 Wellcome 基金会的赞助支持，在伦敦大不列颠图书馆查阅敦煌石窟发掘的医学写本时，发现了 S.3347、S.3395、S.9987A 三个残卷的拼合点，并将三个残卷的字成功拼合，加之卷首残片 S.9987B2V，构成《备急单验药方卷》缀辑本。写本 S.9987B2V 残片为《备急单验药方卷》卷首序文部分。王淑民从序文中了解到，该书收集著录单验药方 108 首，是一部患者"依用自取"的救急手册。在序文中作者表示想把这 108 首方剂刊刻于岩石上，便于往来过客"录之备急"[305]。笔者将《英藏敦煌文献》中影印的几个卷号放在一起反复对照，其结果与王淑民教授的相同。因此我们认为从王冀青教授发现并录文到王淑民教授 10 年后证实并成功缀辑，其所做的努力对敦煌医学卷子的复原及研究均有十分重要的意义。笔者对《备急单验药方卷》缀辑本原文均按王淑民教授所缀辑的原行款著录，凡缀辑处用"◎"符号分隔。

1. 撰著年代

具体撰著年代不详。王淑民教授认为文中"葛氏"，当指葛洪，且指出在那时已有人对葛洪的某些医方"鄙耻而不服"，说明编此《备急单验药方卷》时离葛洪生活时代已远，撰著年代约为六朝或其后，笔者同意此看法。

2. 写本的抄写年代

《敦煌医药文献辑校》在 S.9987B2V 残片《备急单验药方卷》卷首序文中，认为卷子中"治"字避唐高宗李治讳而改为"疗"，此说非常正确，就整个《备急单验药方卷》缀辑本均作"疗"，说明写本的抄写年代当在唐高宗李治时代或之后。同时卷子中"葉"字避唐太宗李世民"世"字讳而改为"茶"。

3. 写本的定名

今仍依 S.9987B2V 残片卷首序文前面之书名定名为《备急单验药方卷》。

4. 写本的治病范围

缀辑本残存医方130首，治病范围非常广泛，包括（S·9987A ◎ S·3395）黄水疮、虫病、赤痢、白痢、积痢（利）、肠痈、食不消、霍乱方（S·9987A ◎ S·3347）脚筋及已入腹、［恶肿疼］痛不可忍、肿毒、发乳、产妇复风方（S·3347）、咳嗽、服（腹）满、髓虚、涎唾多、坐卧不得、蛊水遍身洪肿、腹满积年不损、冷热上气关隔（膈）、气上下不通、腹胀、肾（？？）不调及冷气、失音不语、消渴、劳热及骨蒸、反胃、卒偏风、一切偏风、半身不随、手不上头、痹躄下（不）随及冷痹、患遍身生疱、诸漏疮方等等。

四、《王宗无忌单方》（P.2635V）

该卷子原件现藏法国国家图书馆，残存九行，医方8首。正背两面书写，正面为类林残卷，背面即此书，其在传世的有关古医籍及簿录中均未见记载。正面类林残卷系古类书，据《敦煌学大辞典》[306]杨宝玉撰文："《新唐书·艺文志》著录为十卷，唐于立政撰，王重民考定立政乃

图 7-32　P.2635V《王宗无忌单方》

唐初名宰相于志宁之子，卒于玄宗前，该书以事为类，引用古经、史、子著述缀辑而成，所引佚书甚多。敦煌卷子至少存有三个卷号：P.2635、Д x .970 ＋ 6116，均为残卷，所存不多。"从此可知，类林残卷的原撰著年代系唐玄宗前于立政生活之年代。

1. 撰著年代

具体撰著年代不详。

2. 写本的抄写年代

不避唐高宗李治"治"字讳，将"治"照录，如原文第 2 ～ 3 行：

治小儿初生，……治小儿以初生月入学，……

文中"治"照录不讳。但却有唐敦煌卷子常见的别体字，如原文第 4 行：

治小儿聪明多智，取七月七日苽（瓜）下土，……

文中"瓜"写作"苽"。

加之正面类林残卷据《敦煌学大辞典》杨宝玉撰文："《新唐书·艺文志》著录为十卷，唐于立政撰，王重民考定立政乃唐初名宰相于志宁之子，卒于玄宗前，该书以事为类，引用古经、史、子著述缀辑而成，所引佚书甚多。敦煌卷子至少存有三个卷号：P.2635、Д x .970 ＋ 6116，均为残卷，所存不多。"从此可知，类林残卷的原撰著年代系唐玄宗前于立政生活之年代。其抄写年代在于立政之后，背面《王宗无忌单方》应不会早于正面之类林残卷，可能抄写于吐蕃占领敦煌时期。

3. 写本的定名

因卷首有题记"王宗无忌单方"字样，故我们仍定名为"王宗无忌单方"。

4. 写本的治病范围

包括儿科、妇科等。多系道家所利用的祝由方之类。

第四节 辟谷养生延年为主之医方书

辟谷养生延年为主之医方书包括：

1. 辟谷诸方甲本 P.2637（另有 P.2703 辟谷诸方乙本）。

2. 辟谷方书 S.2438。

3. 辟谷长生方 S.5795。

4. 疗病养生延年方 P.4038。

5. 五辛文书中之修身养生方 P.3244。

6. 呼吸静功妙诀及神仙粥 P.3810。

7. 养生医方 S.6052。

8. 调息服气休粮养生方 P.3043。

一、辟谷诸方甲本 P.2637（另有 P.2703 辟谷诸方乙本）

P.2637 原件现藏于法国巴黎国家图书馆（图 7–33），首尾均缺，残存 76 行文字，有七首方剂，从内容看，其中既有佛家称谓的"观音菩萨最胜妙香丸法""佛说停厨经"内容，又有"济饥虚渴涌泉方""吃草方""休粮方"等辟谷方面的内容。另有 P.2703"辟谷诸方乙本"，内容与甲本基本相同。

1. 撰著年代

具体撰著年代不详。

2. 写本的抄写年代

《敦煌医药文献辑校》中认为：P.2637 甲本无明显的避讳等用字特征，具体时代难以断定，P.2703 乙本却有"菩萨"二字的唐人俗写合文"卅"，并避唐太宗李世民讳，将"世"写成"世"等，可知乙本系唐人写本[307]。

笔者发现，P.2637 甲本虽无明显的避讳等用字特征，但我们可以从原卷中用字特点分析，其中有唐代敦煌卷子中常见的别体字，如"果"写作"菓"，原文 65～66 行中有：

茶菓（果）些些，不妨助之。

又如"豆"写作"荳"，"术"写作"茉"，原文第 28～31 行有：

吃草方：墨荳（豆）一升　苍茉（术）五两

右（上）件二味，已（以）水蓥（煮）欲后，乾（干）炒令黄色，将行路中有一切草木、树叶，将已（以）食之满口，用法荳（豆）五七粒，日吃一切草木，并作豆味，兼能香滑，请各记之。

P.2637 不避唐太宗李世民之"世"字讳，如原文第 7～9 行：

观音菩萨最胜妙香丸法。尔时，观世音菩萨告大梵天王，却后未来，五浊恶世之时，十魔竞起，三灾八难，刀兵饥馑，草（苦）劫诸难。

文中之"世"照录不讳。

因此 P.2637 抄写年代，可能为吐蕃占领敦煌时期抄写。

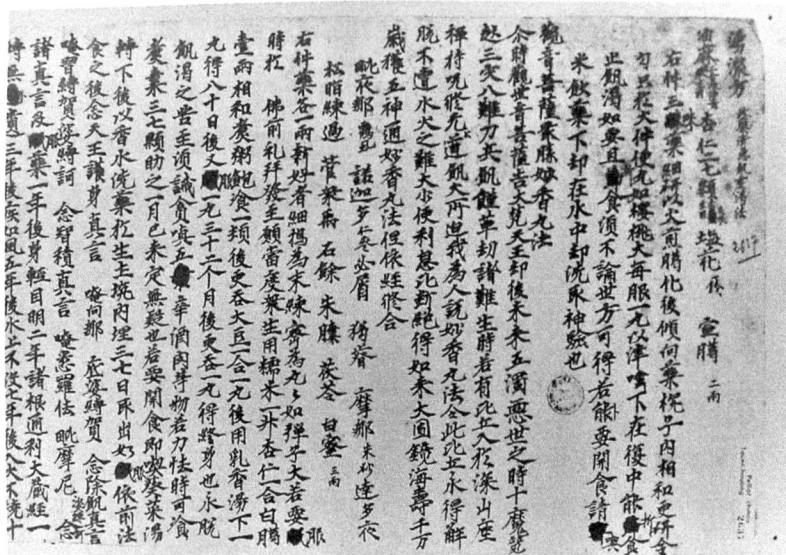

图 7-33　P.2637 辟谷诸方甲本

3. 写本的定名

《敦煌医药文献辑校》中将 P.2637 定名为"辟谷诸方第一种·甲

本"，笔者依据《敦煌医药文献辑校》将其定名为"佛家辟谷诸方甲本"。另外，P. 2703"辟谷诸方"与 P.2637"辟谷诸方甲本"除个别地方文字略有出入外，内容基本相同，《敦煌医药文献辑校》中将其定名为"辟谷诸方第一种·乙本"，笔者依据《敦煌医药文献辑校》将其定名为"辟谷诸方乙本"。

4. 写本的治病范围

包括治疗紧急饥饿、虚渴等辟谷引起的症状。

二、辟谷方书 S.2438

此卷子原件现藏英国国家图书馆（图 7-34），首尾均缺，不详书名及撰人姓名。原卷子前 69 行杂录辟谷服食诸方。自第 70 行以下为《三万仏（佛）同根本神秘之印并法》等，后者有首缺尾。

图 7-34　S.2438 辟谷方书

1. 撰著年代

具体撰著年代不详。

2. 写本的抄写年代

卷中有时避唐太宗李世民"世"字讳,将"世"字缺笔避讳写作"卋",如原文第 35 ～ 39 行:

观卋(世)音并(菩萨)□□傍(螃)蟹八枚 上好洒(酒)半升□□末和□□肉身,日行万里,奔马趁不及□□从经劫数已来,不曾见之念□□说令人狐疑颠倒。[308]

又如将"葉"字避讳写作"茶",如原文第 6 ～ 13 行:

绝谷仙方,胡麻之法□□如一名三光之贵荣,一名□□昌,一名含暎(映),一名青襄(即青襄,指胡麻叶),是其茶(叶),食□□好成熟者捣,持土秒,随意多少,汤□□干后蒸之,使微气出,极溜通止,更曝□□曝,每至蒸时要须快日,天阴不得蒸□□复温而复蒸,都曝讫,而后捣之,和以白蜜□□至服时,一服一牧(枚),以日三时服之,可长生不死。

有时"世"字照录,同时也不避唐穆宗李恒"恒"字讳,如原文第 21 ～ 29 行:

去三尸方:恒以□□黄 雌黄等分末之,以绵裹□□死,出去寿五百年活。又方:□□以酒和取,八月破除日和药□□百病愈,服三节耳目聪明□□同光,上尸百日,中尸六十日,下□□鸡子。上尸黑,中尸青,下尸□□伺人罪过,上奏天翁,世间□□泂其药力,令人百病不愈□□五味色。

文中"恒""世"照录不讳。

不避唐高宗李治"治"字讳,将"治"照录,如原文第 59 ～ 60 行:

又治三尸法。取狼牙根阴干□□服之一方寸匕,日三,明虫下得□□

文中之"治"照录不讳。

但却有唐人俗写,如"佛"写作"仏"、"菩萨"写作"并"。估计为晚唐五代写本,此时可能避讳已不太严格。

3. 写本的定名

《敦煌医药文献辑校》中将其定名为"辟谷诸方第四种残卷",笔者将其定名为"辟谷方书"。

4. 写本的治病范围

内容包括辟谷飞仙、长生身轻等。

三、辟谷长生方 S.5795

此卷子原件现藏英国国家图书馆(图 7–35),首尾及下半截均残缺,不详书名及撰人姓名。原卷共存 12 行文字,以辟谷方为主,兼有健行、强志方,残存医方 6 首。

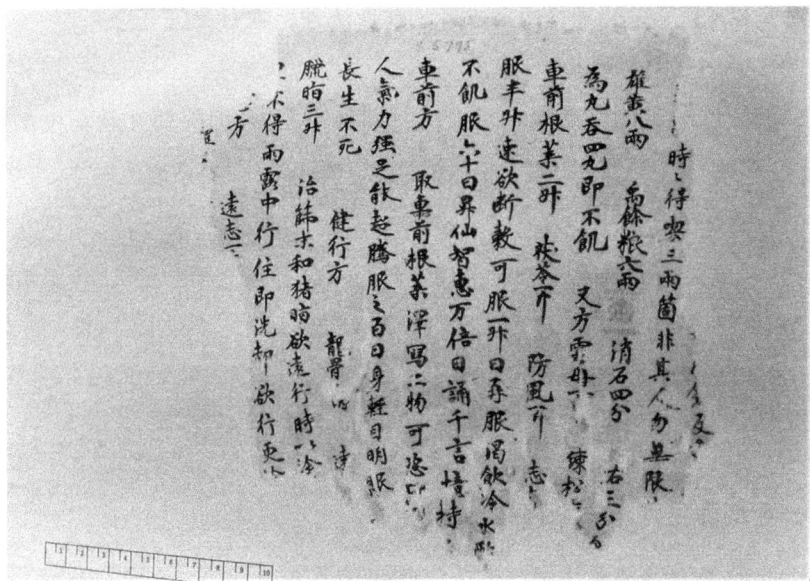

图 7–35 S.5795 辟谷长生方

1. 撰著年代

具体撰著年代不详。

2. 写本的抄写年代

卷中避唐太宗李世民"世"字讳,将"葉"字避讳写作"茱"。如原文第 3 ~ 6 行:

又方：云母□□　练（炼）松□□□车前根菜（葉）二升　茯苓一斤　防风一斤　志□□□服半升，速欲断谷，可服一升。日再服，渴饮冷□不饥，服六十日升仙，智慧万倍，日诵千忆（？），持□□□

又如原文第 7 ~ 9 行：

车前方：取车前根菜（葉）　泽写（泻）二物，可恣□□□人气力强，足能超腾。服之百日，身轻目明；服□□□长生不死。

文中将叶的繁体字"葉"字避讳写作"菜"。

但不避唐高宗李治"治"字讳，将"治"照录，如原文第 9 ~ 11 行：

健行方：龙骨一两　远□□□腊脂三升　治，筛末，和猪脂。欲远行时，以冷□□□不得雨露中行，住即洗却，欲行更□□□

文中之"治"照录。

据此推测可能系唐太宗李世民时期抄写。《敦煌医药文献辑校》认为"以书中避唐太宗李世民讳，改'葉'为'菜'，当系唐人写本。"[309]

3. 写本的定名

《敦煌医药文献辑校》中将其定名为"辟谷诸方第二种"，今笔者根据书中的具体内容定名为"辟谷长生方"。

4. 写本的治病范围

主要为辟谷养生、长生之用。

四、疗病养生延年方 P.4038

此卷子原件现藏法国巴黎国家图书馆（图 7-36），系行书书写，整个卷子以疗病养生方为主，共有 12 首。

1. 撰著年代

由于古医籍及簿录中均未见收录，也不详撰著者姓名及原书卷数，具体撰著年代不详。

2. 写本的抄写年代

首先，卷子中避唐太宗李世民讳，"葉"讳作"菜"，如原文第

49～57行：

又松笋变白方。松笋长五寸以末者采三斤以上，不得取墓莹上者。右（上）取松笋曝干，遇雨即火焙干，后取桑葚、地黄、旱莲子草、南烛菜（叶）四味汁各三升，以上次第浸松笋，以药汁尽为度。然后曝干捣筛，蜜合为丸，空心酒下四十九，任意加减，忌依服地黄法。

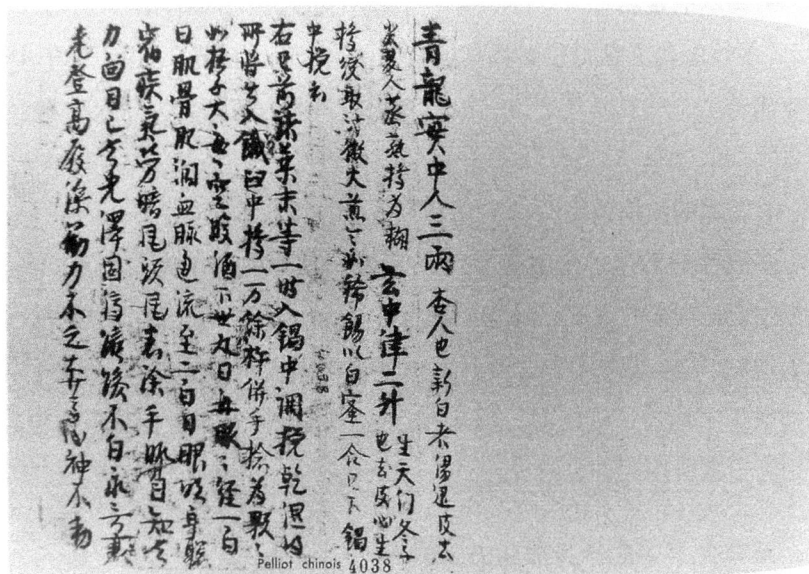

图7-36　P.4038 疗病养生延年方

其次卷子中避唐睿宗李旦讳，"旦"缺笔讳作"旦"，如原文第23～29行：

疗丈夫四十以上，七十岁以下不及少年方。钟乳一分，令精倍（焙）　蚍（蛇）床子一分　远志一分　鹿茸一分　肉从（苁）容（蓉）一分　薯蓣一分　续断一分，为末并细研和磨末。右（上）已（以）上七味并捣为散，和合一处，每旦（旦）以无灰好酒服方寸匕，食后再服，十日即自知，身轻眼明，力生腰脊，神妙不可多也。

但不避唐玄宗"玄"字讳，如原文第1～3行：

青龙实中人（仁）三两，杏人（仁）也，新白者，汤退皮，去尖，多人（仁），蒸熟，捣为糊，玄中津二升，生天门冬子也，去皮心，生捣，绞取汁，火煎，令如饧，以白蜜一合，以下锅中搅和。

文中"玄"字照录不讳。

据此，笔者认为当在唐睿宗后，唐玄宗前。《敦煌医药文献辑校》据卷子中有"荼"字并"旦"字缺笔讳，认为其乃"唐睿宗以后写本，撰年当在此之前"[310]的看法也是合乎实际的。

3. 写本的定名

《敦煌医药文献辑校》将其定名为"道家医方残卷"，由于卷子中多系疗病养生、乌发延年之方，故笔者根据具体内容定名为"疗病养生延年方"。

4. 写本的治病范围

多属疗病养生、乌发延年等的范围。其中中老年丈夫不及少年方（钟乳、蚍（蛇）床子、远志、鹿茸、肉从（苁）容（蓉）、薯蓣、续断）、神仙定年法方（生地黄汁、干地黄细末、阿胶、白密（蜜））、八公神散（干地黄、天门冬、菖蒲、远志、石韦、五味子、茯苓、桂心）等均为道家所用医方之精华。

五、五辛文书中之修身养生方 P.3244

敦煌卷子中的五辛文书包括了法国编号 P.3244 及 P.3777（图 7–37），作者均不详，P.3244 首尾均残缺，残存 53 行文字；P.3777 首残尾全，残存 98 行文字；五辛文书系中国佛教禅宗文献，历代大藏经均未收录，对研究佛教禅宗修身养生方法价值重大[311]。

1. 撰著年代

具体撰著年代不详。

2. 写本的抄写年代

不避唐太宗李世民之"世"字讳，如原文第 8 行：

▇▇阿拂（？）利一分，取至心珍重者　息世缘一分，取绝不关心者　离贪爱一分，取如辟恶贼者　制情欲一分

文中之"世"照录不讳，因此 P.3244 抄写年代，有两种可能，要

么为唐以前抄写，要么为唐末五代抄写，具体抄写年代仍有待进一步考证。

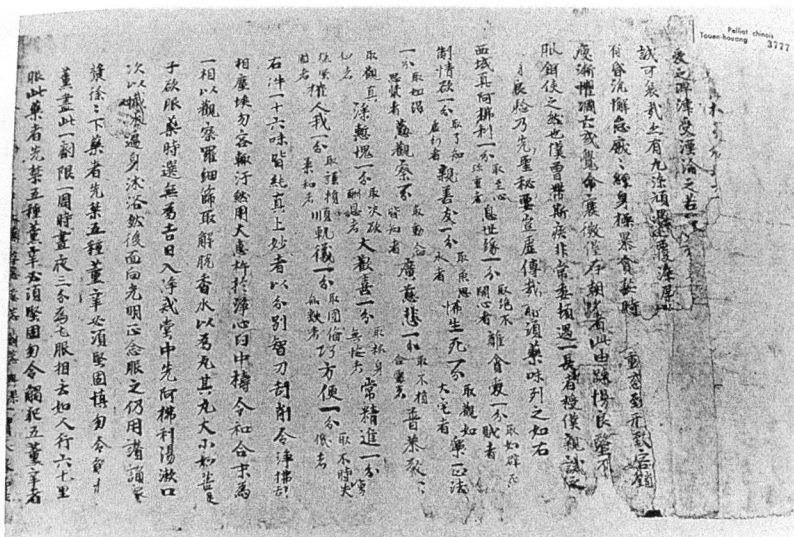

图 7-37　P.3777 五辛文书

3. 写本的定名

今根据其内容定名为"五辛文书中之修身养生方"，P.3244 五辛文书日本三木荣题为："佛教的养心方"。马继兴先生考其内容系用医家制定治疗方剂规范喻以佛家养生之法，称其为"佛家语喻医方"[312]。

4. 写本的治病范围

此方对于一切药物无效的身心疾病有一定的帮助。五辛文书中 16 味纯真上妙之药皆由佛教义理组成，如息世缘、离贪爱、制情欲、乐正法、亲友善、广慈悲、普恭敬、深惭愧、大欢喜、常精进、摧人我、顺轨仪、巧方便等，服用这些药物前，必须先禁五种熏辛（根据五辛文书中所论，所谓五熏辛包括外五辛、中五辛、内五辛，外五辛中以大蒜指代曹局，草葱指代阴阳，慈葱指代恩爱，兰葱指代邪教，兴渠指代商价；中五辛中以眼指代色，耳指代声，鼻指代香，舌指代味，身指代触；内五辛中以贪爱指代毒恶，嗔恨指代迷惑，愚痴指代卒暴，淫欲指代妻妾，帑财指代财宝），其目的在于告诫人们要健康长寿，百病不生，就得抛弃心中的利、贪、欲等杂念，不胡思乱想，应远离世俗，专心修炼。

六、呼吸静功妙诀及神仙粥（P.3810）

P.3810 卷号现藏法国巴黎国家图书馆（图 7-38），原缺撰著者姓名及原书书名，系行书书写，除《呼吸静功妙诀》及神仙粥外，整个卷子的其余部分均属道家内容，包括①湘祖白鹤紫芝遁法；②踏魁罡步斗法；③太上金锁连环隐遁真诀；④足底生云法；⑤呼吸静功妙诀；⑥神仙粥。这些名称均为原标题。《呼吸静功妙诀》与明代晚期龚廷贤的《寿世保元·卷四·补益》中的"呼吸静功妙诀"前一部分的内容基本相同，但无神仙粥方[313]。

图 7-38　P.3810 呼吸静功妙诀及神仙粥

1. 撰著年代

原缺撰著者姓名及原书书名，具体撰著年代不详。

2. 写本的抄写年代

卷中不避唐太宗李世民"世"字讳，将"泄"照录。如原文第

13～16行：

　　神仙粥：山药蒸熟、去皮一斤，鸡头实半斤煮熟去谷、捣为末，入粳［米］半升，慢火煮成粥，空心食之，或韮（韭）子末二三两在内尤妙，食粥后用好热酒饮三盃（杯）妙，此粥善补虚劳，益气强志，壮元阳，止泄，精神妙。

　　文中之"泄"字不讳。

　　也不避唐高宗李治"治"字讳，将"治"照录，如原文第1～6行：

　　呼吸静功妙诀：人生以气为本，以息为元，以心为根，以肾为蒂，天地相去八万四千里，心肾相去八寸四分，此肾是内肾，脐［下］一寸三分是也。中有一脉，以通元息之浮沉，息总百脉，一呼则百脉皆开，一吸则百脉皆阖，天地化工流行亦不出呼吸二字，人呼吸常在于心肾之间，则血气自顺，元气自固，七情不炽，百病不治自消矣。

　　文中之"治"字照录不讳。

　　又无唐代敦煌卷子中常见的别体字，如原文第4～5行：

　　天地化工流行亦不出呼吸二字。

　　文中之"亦"仍直接写作"亦"，并未写作"㐲"等等。

　　故笔者认为此书非唐代写本，加之神仙粥中之山药，本名薯蓣，"山药"之名出现于宋英宗时期，山药在唐代宗（李豫 763［癸卯］～779［癸亥］年在位）以前称"薯蓣"，李时珍《本草纲目·菜部第二十七卷·薯蓣》引"宗奭（即宋代寇宗奭，著有《本草衍义》）曰：薯蓣因唐代宗名预（豫），避讳改名薯药；又因宋英宗（赵曙1064～1067年在位）讳署，改为山药。近失当日本名，恐岁久以山药为别物，故详著之"[314]。另外，山药之名在藏经洞遗书 P.3810 呼吸静功妙诀中的出现，对探讨藏经洞的封闭时间也有重要意义，敦煌研究院谭真先生的《从一份资料谈藏经洞的封闭》一文就是根据敦煌卷子 P.3810 "呼吸静功妙诀及神仙粥"中的山药避讳，并以《本草衍义》《负暄杂录》为例证认定，山药原名薯蓣，因唐代宗名豫，避讳改为薯药，又因宋英宗讳署，改为山药。既然有山药名称的遗卷在藏经洞出土，那么藏经洞的封闭很可能在宋英宗登基（1064 年）以后[315]。据此可以推断此写本抄写于宋英宗登基（1064 年）以后。《敦煌医药文献辑校》认为"此卷首篇记有'唐大理寺臣韩湘'之名，又不避唐讳治字，考韩湘为唐代中期人，故此卷当为唐以后写本"[316]，亦可参照。

3. 写本的定名

今依原题及内容定名为"呼吸静功妙诀及神仙粥"。

4. 写本的治病范围

呼吸静功妙诀具有调气血、补元气、通经脉、安心神之功。神仙粥具有补虚劳，益气强志，壮元阳，止泄精等神妙之功。

按：呼吸静功妙是以气、息、心、肾为关键的练功治病方法，提出"人生以气为本，以息为元，以心为根，以肾为蒂"精要观点。并认为"天地化工流行亦不出呼吸二字，人呼吸常在于心肾之间，则血气自顺，元气自固，七情不炽，百病不治自消矣"。此呼吸静功妙诀与明代晚期龚廷贤的《寿世保元卷四·补益》中的"呼吸静功妙诀"前一部分的内容基本相同，说明明代晚期呼吸静功妙诀仍然很盛行，已经从单独的道家著作中融会到医学专著当中，从一个侧面反映了道家所利用的气功养生疗病对中医学的重大影响。

神仙粥重在补脾益肾，方中山药即薯蓣，又名山芋，性味甘、温、平、无毒，《神农本草经》中属上品，谓其："主伤中，补虚羸，除寒热邪气，补中，益气力，长肌肉。久服耳目聪明，轻身不肌，延年。"鸡头实即芡实，性味甘、平、无毒，《神农本草经》中属上品，谓其："主湿痹腰脊膝痛，补中，除暴疾，益精气，强志，令耳目聪明，久服轻身不饥，耐老神仙。"粳米性味甘、苦、平、无毒，具有益气止渴、止烦止泻之功，《本草纲目·谷部第二十二卷》粳米引好古谓其："合芡实作粥食，益精强志，聪耳明目。"韭子，性味辛、甘、温、无毒，具有温肾涩精、缩泉止遗之功，可用治腰膝酸冷无力，梦遗溺白，尿频遗尿，妇女白带等。食粥后用好热酒饮三杯更具活血通脉之妙。

七、养生医方（S.6052）

该卷子原件现藏英国国家图书馆（图 7-39），首尾及上半截均残缺，残存 33 行文字，无书名标题。有 14 首有关养生医方。

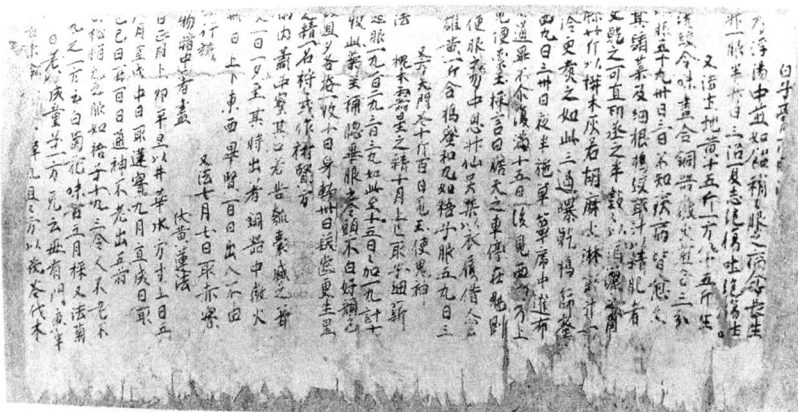

图 7-39　S.6052 养生医方

1. 撰著年代

具体撰著年代不详。

2. 写本的抄写年代

卷中避唐太宗李世民"世"字讳，将"葉"字避讳写作"菜"，见原文第 7～8 行：

▅▅▅其［须］菜（葉）及细根，捣绞取汁，以精肥者▅▅▅更干之，可直切蒸之半日，数以酒洒之。

另外卷子中有常见的唐代敦煌卷子中的别体字，如原文第 3 行：

▅▅▅升，一服半升，日三。治夏志（至）绝伤，吐（吐）绝伤吐（吐）。

文中之"吐"写作"吐"。

据此推断，此系唐代写本，可能抄写于唐太宗李世民时期或之后。

3. 写本的定名

由于缺书名标题及撰人，《敦煌医药文献辑校》将其定名为"不知名医方第十一种"。由于这些医方属于养生治病的范畴，故笔者将其定名为"养生医方"。

4. 写本的治病范围

主要为养生、长生之用。

八、调息服气休粮养生方（P.3043）

此卷子原件现藏法国国家图书馆（图 7-40），首尾均缺，不详书名及撰人姓名。其残存六方。

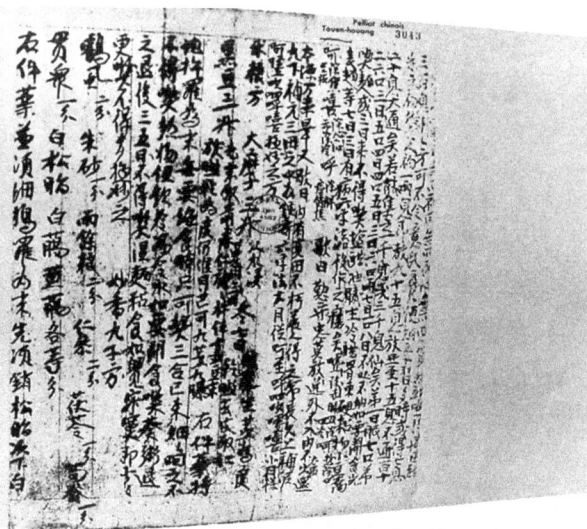

图 7-40　调息服气休粮养生方

1. 撰著年代

具体撰著年代不详。

2. 写本的抄写年代

书中避唐高宗李治"治"字讳，将"治"均改为"除"，如原文第 7～8 行：

七日、三日有病，六字法如后作之，瘥矣。嘘：除赤眼。呬：除冷。呵：总除四大病。呵（吹）：除焦口病。嘻：除心闷，亦除冷。呼：除脾病，唇焦。

文中"治"均改为"除"。

但不避唐睿宗李旦"旦"字讳，将"旦"照录，如原文第 3～4 行：

初一两息、即教（？），九十五息放旦，至十五息不通，百十、二十息大通矣。若能集之一千息，或三千息，仙矣。

文中将"旦"照录不讳。

另外，卷子中有常见的唐代敦煌卷子中的别体字，如原文第 12～14 行：

休粮方：大麻子三升，以水浸，夏月三日，冬七日，候芽（？）生，蒸为度，干晒，去皮，取仁。黑豆三升，为末，取前麻仁放入（？），杵拌尽豆末，旋晒干为度. 仍候日色，可九蒸九曝。右（上）件药特地杵，罗为末。每要绝食时，只可吃三合已来，细细咽（咽）之。

文中之"咽"写作"咽"。

据此推测可能系唐高宗李治时期抄写。

3. 写本的定名

《敦煌医药文献辑校》中将其定名为"辟谷诸方第三种残卷"，笔者根据具体内容将其定名为"调息服气休粮养生方"。

4. 写本的治病范围

主要为辟谷调息服气，休粮养生之用。

第五节 巫术禁方书（共一种）

陵阳禁方（S.6030）

此卷子原件现藏英国国家图书馆（图7-41），首尾均缺，不详书名及撰人姓名。原卷子共存 20 行文字。系古代方士所用的巫术禁方。首载禁方一首的后半截，次载禳役鬼神之文，末附七步足迹图。书中有两处记有"陵阳曰"字样。

按：陵阳系汉代道家人物陵阳子明，原姓窦，丹阳人。论服饵养生，因隐陵阳，故以为名。后汉王逸《楚辞注》中曾引有《陵阳子明经》佚文，《隋书·经籍志》也记有《陵阳子说黄金秘法》之目。《道教大辞典》阜部陵阳子明条引《列仙传》："陵阳子明者，铚乡人也。好钓鱼，于巡溪钓得白龙，惧拜而放之，后得白鱼，肠中有书，教子明服食之法。子明遂上黄山，采五石芝服之，百余年，龙来迎去。"又引《清一统志》："陵阳子明，性窦，汉丹阳人。尝获白鱼，剖之得丹书，论服饵之法，遂得仙去。"[317] 但在《抱朴子内篇·卷十一仙药》中有陵阳子仲，并将其列为仙人八公之一，云："昔仙人八公，各服一物，以得陆仙，各数百年，乃合神丹金液，而升太清耳……陵阳子仲服远志二十年，有子三十七人，开书所视不忘，坐在立亡。"[318]

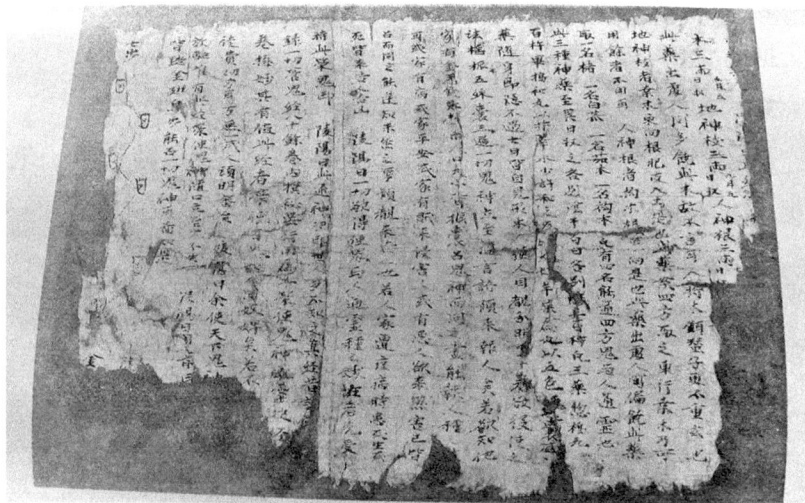

图 7-41　S.6030 陵阳禁方

1. 撰著年代

具体撰著年代不详。

2. 写本的抄写年代

卷中不避唐太宗李世民"世"字讳，将"世"照录，如原文第14行：

陵阳曰：此通神记印，世人多不知。

文中"世"照录不讳。但却有唐敦煌卷子常见的别体字，如原文第4～5行：

此药取一名楮，一名白芾（瓜），一名茄木，一名构木，凡有四名，能通四方鬼，与人通灵也。

文中"瓜"写作"芾"。

据此估计 S.6030 为晚唐五代写本，此时可能避讳已不太严格，也可能为吐蕃占领敦煌时期抄写。

3. 写本的定名

此卷子《敦煌医药文献辑校》称其为《陵阳禁方》残卷。今从之。

4. 写本的治病范围

原卷子共存 20 行文字。系古代方士所用的巫术禁方。首载禁方一首的后半截，次载禳役鬼神之文，末附七步足迹图。

第六节 少数民族之医方书（选介两种）

敦煌少数民族之医方书据本人所知，有藏文医方书、于阗文医方书、于阗文梵文双语医方书、回鹘文医方书等，其中藏文写本的代表医方书为 P.T.1057《藏医杂疗方》；于阗文写本之医方书。据陈明博士[319]介绍有三种，即于阗文的《医理精华》、于阗文梵文双语的《耆婆书》、于阗文残药方。敦煌回鹘医方书笔者尚未见到，据敦煌研究院著名敦煌学专家李正宇教授介绍，敦煌研究院收藏有一种回鹘医方书写本，他曾请中央民族大学的耿世民先生看过，但该卷子有关翻译研究的情况在学界还未公布。由于《医理精华》《耆婆书》是印度医学的产物，这里只介绍法国编号 P.2889V 于阗文残药方书。

一、《藏医杂疗方》（P.T.1057）

法藏敦煌藏医文献 P.T.1057《藏医杂疗方》历经王尧、陈践、罗秉芬、黄布凡等藏学专家翻译整理，又由医史专家洪武娌、蔡景峰（指导）对其医史价值进行了分析与论证，其后敦煌医学专家赵健雄教授等亦对卷子的概况及学术价值作了分析[320]，可谓成绩斐然。1982年，中央民族学院的藏语专家干尧、陈践首次对法国伯希和所劫敦煌古藏文写本 P.T.1057《藏医杂疗方》进行了解题与翻译，该文在解题中根据卷子所反映的内容及文字本身的特点，断定其为公元 8 世纪的藏文写本[321]。同时中国中医研究院的洪武娌同志在蔡景峰老师的指导下，根据王尧、陈践同志的译文，首先从临床各科、所用药物、病因病理、诊断治法等方面进行了论述，其次从重要的医史价值中进行了分析与论证[322]。随后，王尧、陈践于 1983 年 8 月出版了《敦煌吐蕃文献选》一书（四川民族出版社），在该书第五部分"早期藏医藏药文书"中收录了 P.T.1057《藏医杂疗方》、P.T.127《藏医灸法残卷》、P.T.1044《藏医灸法残卷》三种藏医文献的译文[323]。与此同一时间，中央民族学院的藏语专家罗秉芬、黄布凡同志出版了《敦煌本吐蕃医学文献选编》一书（北京民族出版社），该书整理刊布了四篇敦煌藏文医药文献，即 P.T.1057《医疗术》（即王尧、陈践所译的《藏医杂疗方》）、P.T.127《火灸疗法》（藏医灸法残卷）、P.T.1044《火灸疗法》（藏医灸法残卷）、India Office 56、57《医疗术》，其对每篇文献，先用藏文印刷体摹写，然后是汉文译文和词语注释[324]。以上王尧、陈践、罗秉芬、黄布凡、蔡景峰、洪武娌等同志均对吐蕃时期古藏文医药文献的传播与普及起到了重要作用。时隔 20 余年，笔者仔细研读译文，仍发现许多地方与汉族医学、现代医学的论述相吻合，具有很高的科学价值，笔者本着"古为今用"观点，将其科学的、至今有用的部分从临床实用的角度出发，综合了藏医、中医、西医的有关研究成果，分十个方面浅述了其科学价值[325]。

1. 撰著年代

具体撰著年代不详。

2. 写本的抄写年代

王尧、陈践教授从藏文文字本身发现其文字苍古、风格朴素，保存了浓郁的古代藏文特点，尤其是书写字形上保存的反 i 字，my 和 da 强音复辅尾的形态，无庸多说，就可以断定它是 8 世纪的文献。相传著名藏医学家宇妥·元丹贡布所著的《四部医典》也是这一时期成书的，但缺乏文献来证明，《藏医杂疗方》等三份（还有 P.T.1044、P.T.127 两份《藏医针灸方》）藏医文献恰恰填补了这个缺陷[326]。据此抄写年代当为八世纪的唐代。

3. 写本的定名

此卷子王尧、陈践称其为《藏医杂疗方》，今从之。另外，罗秉芬、黄布凡定名为《医疗术》[327]。

4. 写本的治病范围

治病范围的论述以王尧、陈践教授《藏医杂疗方》译本为主，包括出血疾病、瘰疬、瘤子、咽喉疾病、牙病、心痛、肺病、肝病、背痛、饮酒过量、饮食中毒、小便不畅、肠断、黄水疮、烧伤、中暑、疥疮、胸口痛、呃逆、阳萎（痿）、过敏发痒、瘊子、痣、产难等等。

二、于阗文残医方书（P.2889V）

P.2889V 于阗文残医方书残存药方 15 行，据陈明博士[328]介绍，其中第 9 行和第 14 行疑为汉语词汇的音译，其义不明，陈明博士翻译的汉文（未翻译出的部分省略）为：

第 1 行：缺。

第 2～3 行：……荜茇（长胡椒）、石榴籽、石蜜、葛（卜）干、蓖麻子、加上葡萄酒糟。

第 4～5 行：应煮一段时间，［再］加入牛酥油涂抹，撒在皮肤上。

第 6 行：两种药物、大蕉（茂遮果）的果仁、大豆（秦豆）、白芥子、植物的臭根。

第 7 行：菖蒲、芝麻、青木香、仙茅、枣子、蓖麻，诸药等分。

第 8 行：（诸药）必应煮之，煮好的药置于内脏（？）。（中缺）

第 9 行：其义不明。

第 10 行：小豆蔻、多揭罗香、达子香叶、（野生巴豆根？）、天木香。

第 11 行：（木苹果？）、青莲花、（茜草？）、（一种西瓜，属植物）、刺天茄和黄果茄、姜黄和小檗。

第 12～13 行：一种素馨属植物（茉莉）、腰骨藤、旃檀香、天门冬、山马螳、尖叶兔尾草、一种胡椒属植物（大豆蔻）、杜松、莲花须。

第 14 行：其义不明。

第 15 行：在这些药物之上，洒上麝香、甜汁、蜜、糖蜜、石蜜。（后缺）

陈明博士认为该文书中包含的三个药方（即 1～5，6～8，9～15）中的主要药物均包含在生命吠陀的"本草"之内，在药剂中加入蜜和糖，也是生命吠陀的常见手法。可见 P.2889V 于阗文残药方书也与印度医学有密切的关系，这与丝绸之路的交流及医药文化的传播有关。

1. 撰著年代

具体撰著年代不详。

2. 写本的抄写年代

可能出自晚唐五代归义军时期，陈明博士所引用的熊本裕（Kumamoto Hiroshi）的论文《敦煌的于阗人》（The Khotanese in Dunhuang）中主要探讨了敦煌于阗文的写本是在何种情况下写成的。其文认为：在 10 世纪的敦煌，应当有一个拥有相当一批僧侣和带有家口的于阗人所组成的社团，他们在归义军的控制范围内生存。陈明博士认为：既然有于阗人的社团存在，那么社团内部就极有可能使用自己的语言来编写医学文书，这些于阗文医学文书之所以封存于藏经洞，一方面是因为敦煌的寺院有一些习医的高僧；另一方面，是因为敦煌的于阗人与寺院的往来密切，他们有可能向寺院提供了这些知识文本。故此写本的抄写年代为晚唐五代归义军时期的可能性较大。[329]

3. 写本的定名

此卷子陈明博士在《殊方异药——出土文书与西域医学》中将其定名为"于阗语药方残文书"，《敦煌遗书总目索引新编》将其定名为"于阗语药方十五行"。为了体现医方书的统一体例，笔者将其定名为"于阗文残医方书"。

4. 写本的治病范围

残存医方三首，治病范围因残缺而不详。

综上所述，研究确定敦煌医方的撰著年代及写本的抄写年代是一项非常有意义，但十分艰难的工作。绝大部分医方书未见流传，因而具体撰著年代已无法确定，但我们结合前辈学者的研究成果，从卷子内容特点、避讳、用字及与传世相关医书对比研究后发现，这些医方书的绝大部分抄写年代都在唐代，这就深深地印证了封建社会的繁荣时期——唐代在丝绸之路上不但有宗教艺术的交流、商业贸易的交流、政治军事等的交流，而且繁荣的丝绸之路把治病救人的中国医学这个伟大宝库的交流也推向了历史的巅峰，藏经洞医方书的出土便是最有力的证据。这些宝贵的医方书填补了中医学的一大空白。

第八章　敦煌针灸类著作

　　敦煌遗书中针灸类著作内容亦很丰富，其中《灸法图》（编号为 S.6168 及 S.6262，张侬氏将其命名为《灸经图》）及《新集备急灸经》（此卷二种，编号为 P.2675），为灸疗之图谱，系现存最古的针灸图实物，实为难得。《灸经明堂》（编号为 S.5737）及《人神每月日忌流注》（编号为 P.3247）为论针灸禁忌应避入神流注之法等等。

　　本章主要介绍《灸法图》甲卷（S.6168）、《灸法图》乙卷（S.6168）、《新集备急灸经》（P.2675）、《灸经明堂》（S.5737）、《大唐同光四年具历》中的《人神每月日忌流注》（P.3247V）。

　　首先介绍的《灸法图》系一部绘有人体穴位的灸疗图谱。其书名及卷数均未见古籍记载，也不详撰人姓名。其撰绘的具体年代虽不可考，《敦煌古医籍考释》据其字体与其他卷子对照时仍系出自唐季。原卷子（英国编号 S.6168 及 S.6262）本身断裂为数段，现仅残存六段（包括碎片），《敦煌古医籍考释》将其分别称为甲、乙、丙、丁、戊、己卷。各卷前后均互不联系，其中甲卷与乙卷原编号为 S.6168，丙卷、丁卷、戊卷与己卷原编号为 S.6262。

第一节　《灸法图》甲卷（S.6168）

　　S.6168《灸法图》甲卷共有五幅图，图中标有穴位及主治病证，有的病证要灸一千壮灸，如图 8-1，全图完整。注文：

　　"男子五劳七伤，失精，尿血。当灸发际，灸关原（元），灸两手髓孔，灸玉茎头，灸两脚五舟，灸两脚痹经，灸两［脚中］封，不两相

（厢）十一处，各灸一千壮。"

图中穴位至今仍具有重要意义。

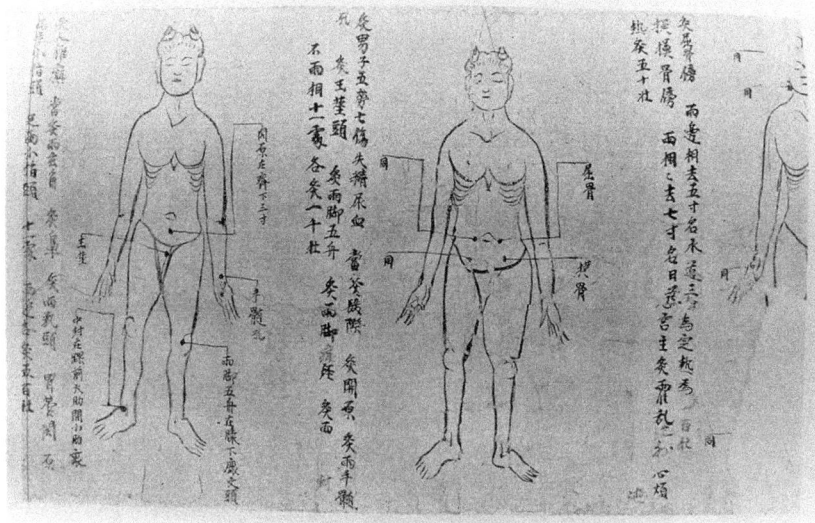

图 8-1　S.6168《灸法图》甲卷

第二节　《灸法图》乙卷（S.6168）

《灸法图》乙卷共有五幅图（图 8-2），图中标有穴位及主治病证，图中穴位至今仍常用，如百会、天门、风府、小腹俞、大杼（zhù）等。例如对于大杼穴，其云：

"大椎下第二节两边，相去二寸三分。主风劳，颈项强，头眩，目瞑，伤寒，配（痞）气，灸一百壮，善。"

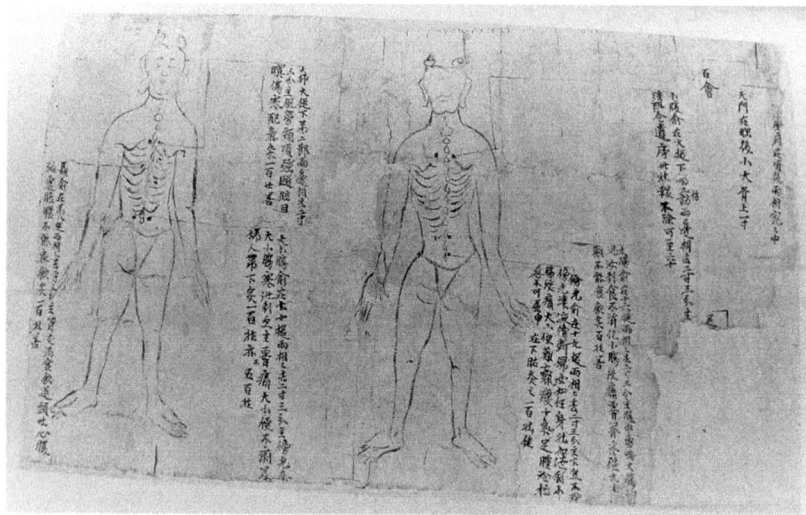

图8-2　S.6168《灸法图》乙卷

第三节　《新集备急灸经》节选（P.2675）

　　《新集备急灸经》现藏于法国国家图书馆，编号为 P.2675（图 8-3）。背面为《阴阳书》，该《阴阳书》末题有"咸通二年……二人写讫"，可知此卷抄写于公元 861 年。由于《阴阳书》与《新集备急灸经》的字体有所不同，非同一人所写，《新集备急灸经》中"小小灾疾，药耳（饵）难求，性命之忧，如何所治"中"治"字不避唐高宗"李治"讳，可能系唐代晚期避讳已不太严格所致。《新集备急灸经》卷首题有书名"《新集备急灸经》一卷"，首行记"京中李家于东市印"数字，知其原为刻印本，初刊于唐代京都长安。卷中写有小序，正文部分画有人体正面明堂图，标注穴名、定位、主治及灸法。《阴阳书》惜已失传，现据《针灸甲乙经》《备急千金要方》《千金翼方》《外台秘要》《针灸大成》《针灸聚英》《针灸四书》及《针灸大全》等校注。该卷子的撰著者无从考知。

图 8-3　P.2675《新集备急灸经》节选

其部分原文如下：

《新集备急灸经》一卷，京中李家于东市印。《灸经》云：四大成身，一脉不调，百病皆起，或居偏远，州县路遥；或隔山河，村坊草野。小小灾疾，药耳（饵）难求，性命之忧，如何所治。今略诸家灸法，用济不愚，兼及年、月、日等人神并诸家杂忌，用之，请审详，神俭（验）无比。患肩膊重，抬手不起，取左右膊井上灸，各二七壮，名膊肩井穴。患肚胀如板，气急，取脐两［傍］五分，名四蒲（满？）穴，灸三七壮。患腰脚重，冷风下，化为冷痹，令人垂两手，中指头压（？）股上是，灸三七壮。患邪气、鬼气、疰、风痫等病，下唇下名承浆穴，灸二七壮，立差（瘥）。患癫风，心狂乱，加兼卒不语良久，取鼻孔下名人中穴，灸七壮，立差（瘥）。

第四节　《灸经明堂》节选（S.5737）

《灸经明堂》残卷现藏英国国家图书馆，编号为 S.5737（图 8-4），其作者及成书年代不详，有待于进一步考证，但据文体及内容，如"刺"写作"剌"等，可能系唐期作品。现存古医籍文献未见载，原残卷共存23行，但是，卷子下三分之一处残缺，留下明显残痕，致使文义时断时续，其缺内容可参照《新集备急灸经》《人神日忌》《备急千金要方》《针灸聚英》等书进行补校。

如部分原文为：

"《灸经明堂》▭▭月一日足下，少阴不▭▭不可灸，四日腰不可灸（？）▭▭；六日胁，足小指，小（少）阳不灸；七日在四（？）▭▭股内不灸；九日足阳明，脊不灸；▭▭，十一日眉，鼻柱、口中不灸；十二日发际，▭▭颈、项、肘不灸；十四日咽喉、胃管不▭▭，十七日在气冲，十八日在股内，十九▭▭，二十一日唇、目、足小指，二十二日外踝中目，▭▭，二十四日足阳明、少阳、腹、两胁，二十五日心，▭▭，二十七日眉、膝下、内踝上，二十八日颊阳▭▭，三十日在阴，从关元下至阳。以上神▭▭。"

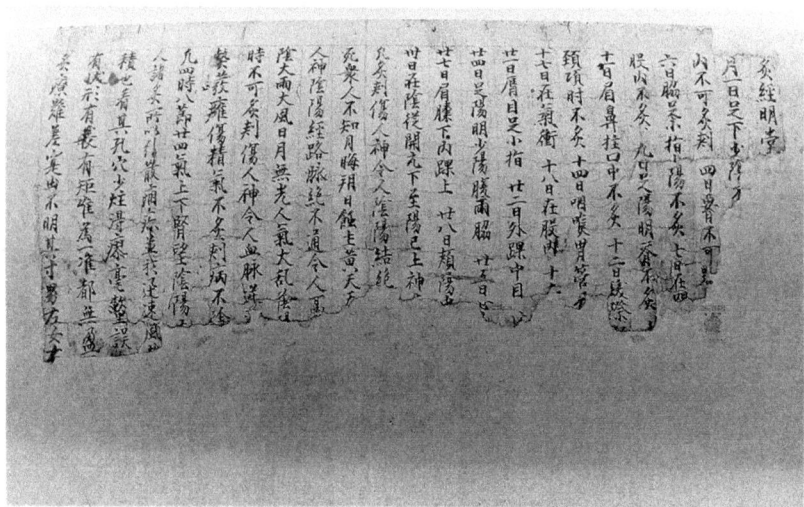

图 8-4　S.5737《灸经明堂》

第五节　《大唐同光四年具历》中的《人神每月日忌流注》（P.3247V）

　　此卷子现藏法国国家图书馆，编号为 P.3247V。原卷正、背两面书写，正面为《四分律羯磨》卷下，背面为《大唐同光四年具历》一卷。《人神日忌》一卷文，即原卷中的《每月人神注在当日足下》一段。

　　原撰著者及撰作年代均无从考证。

　　其内容多被转录于针灸医书或其他方术、历书之中。此文即收载于上述的《大唐同光四年具历》之首，并说："夫历日者，是阴阳秘法。"足见其对"人神日忌"的重视。《新集备急灸经》中也可见到相关内容，但缺讹较多。本卷内容基本完整，行格分明，字迹清晰。因其所论为每月三十日中每一日的人神所在，故《敦煌中医药全书》称其为《人神日忌》。今笔者根据其整体内容定名为"人神每月日忌流注"。此相关内容在《外台秘要》中被称为"日忌法"。原文如下：

　　每月人神注在当日足下。一日在足大指（趾），二日在外踝，三日在股内，四日在腰，五日在口，六日在手小指，七日在内踝，八日在长腕，九日在尻尾，十日在腰背，十一日在鼻柱，十二日在发际，十三日在牙齿，十四日在胃管（脘），十五日在遍身，十六日在胸，十七日在气冲，十八日在股内，十九日在足，二十日在内踝，二十一日在手小指，二十二日［在］外踝，二十三日在肝，二十四日在手扬（阳）明，二十五日在足扬（阳）明，二十六日在胸，二十七日在膝，二十八日在阴，二十九日在膝胫，三十日在足眛（趺）。

　　本卷文所论述的相关内容可见于《备急千金要方》《针灸四书》《外台秘要》及《针灸聚英》等医书中，其多将这些观点用于针灸治疗的宜忌当中，属中医时间医学的组成部分。这种按日流注的科学机理有待于进一步探讨。

附 篇

传承敦煌医学文化　提升学生综合素质

——甘肃中医药大学突显敦煌医学办学特色

敦煌医学的研究在甘肃中医药大学（原甘肃中医学院，2015 年更名）有近 40 年的历史，多年来学院将丰硕的教学科研成果融入到教书育人过程中，成效显著，因而在 2007 年 10 月得到教育部本科教学水平评估专家的充分认可。为了进一步发挥敦煌医学办学特色优势，2008 年 4 月学院决定成立敦煌医学研究所，2009 年 11 月学校聘任兼职研究人员 26 名（图附 –1），2010 年甘肃省高校人文社科重点研究基地"敦煌医学文献与临床应用研究中心"成立，2011 年省部共建教育部重点实验室"敦煌医学与转化"在甘肃中医学院通过专家论证，2017 年 11 月通过了验

图附 –1　2009 年 11 月甘肃中医学院敦煌医学研究所兼职研究人员聘任会议合影

收。2012年敦煌医学学科被确定为国家中医药管理局十二五重点建设学科，2018年11月通过了验收。实现了敦煌医学的理论研究、实验研究、教学研究、临床应用的全面覆盖，更有利于人才的培养及为人民群众的健康服务。本篇从研究成果、教书育人、提升素质三个方面对甘肃中医药大学突显敦煌医学办学特色进行整体论述，反映甘肃中医药大学集体智慧的结晶。

一、敦煌医学研究领域成果丰硕

甘肃中医药大学自20世纪80年代初至今在敦煌医学卷子研究方面成绩斐然，成果颇丰，特色甚浓，承担了30余项国家级、省部级科研项目；出版了《敦煌医粹》《敦煌中医药全书》《敦煌佛儒道相关医书释要》《俄罗斯藏敦煌医药文献释要》《敦煌佛书与传统医学》等10余部著作，2部教材。发表与交流学术论文300余篇，取得了一批研究成果，由黄祝岭、王道中、王道坤、吴正中、丛春雨等老师完成的"敦煌中医药馆等的建设"1993年获国家普通高等学校优秀教学成果二等奖（图附−2）。由李应存、张士卿、王道坤、李金田、史正刚等老师完成的"敦煌医学教学改革的探索与实践"2009年获甘肃省教学成果二等奖。

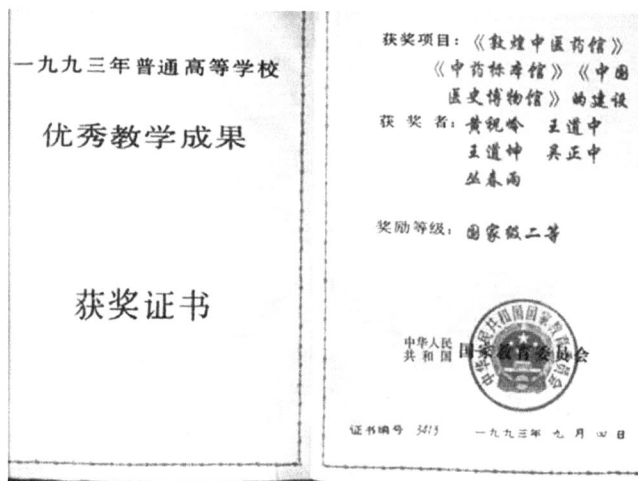

图附−2 "敦煌中医药馆等的建设"1993年获国家普通高等学校优秀教学成果二等奖

李应存、李金田、史正刚所著《俄罗斯藏敦煌医药文献释要》获2008年度第十七届中国西部地区优秀科技图书一等奖。

敦煌医学研究成果的取得，得益于历届校领导与有关专家的共同努力及艰辛付出。在2018年建校40周年之际，敦煌医学在医、教、研方面的成绩已成为学校浓墨重彩的一笔，丛春雨、贾斌、张士卿、李金田三届从事敦煌医学的领导与著名专家王道坤、李应存等汇聚一堂，共话往事，展望未来，大家对敦煌医学更加充满自信（图附–3）。

图附 –3　建校四十周年之际，研究敦煌医学的三届校长及有关专家合影

1. 理论研究

理论研究是敦煌医学研究的基础。1984年由赵健雄、徐鸿达、王道坤等老师申报立项的卫生部项目"敦煌医学研究"，通过大量敦煌文物史料的系统研究，令人信服的确立了敦煌医学作为整个敦煌学分支学科的地位，填补了敦煌学研究的空白，居国内外领先地位。1991年获得了国家科技进步三等奖（图附–4）。

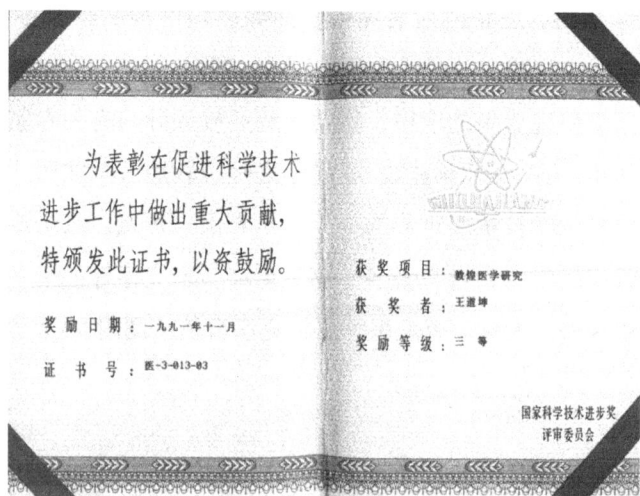

图附 –4 "敦煌医学研究"1991 年获得了国家科技进步三等奖

1990 年立项的甘肃省科技厅项目"敦煌中医药文献研究",在《敦煌古医籍考释》《敦煌医粹》等著作的基础上,对敦煌医学卷子进行了又一次系统全面的研究,出版了《敦煌中医药全书》。

1993 年立项的甘肃省教育厅项目"敦煌遗书《灸经图》古穴及残图研究",在初步考证髓孔、足五舟、慈宫等 14 个古穴点的基础上,复原了古《灸经图》残卷,并出版了《敦煌石窟秘方与灸经图》,获得了甘肃省高校科技进步二等奖。

2005 年立项的国家社科基金西部项目"敦煌遗书中的佛书与传统医学研究",将敦煌佛学与传统医学的研究相结合,填补了敦煌佛书对传统医学影响研究方面的空白,出版了《敦煌佛儒道相关医书释要》。同年立项的甘肃省自然科学基金项目"俄罗斯藏敦煌医药文献的全面整理研究",对于突出敦煌传统医学特色,创新临床实践,提高治疗效果等方面均有十分重要的现实意义。该研究发表与交流论文 13 篇。

2008 年 3 月出版了《俄罗斯藏敦煌医药文献释要》,经全国 7 位著名专家鉴定后认为,该项研究在俄藏敦煌医药文献方面已达到国际领先水平。

2006 年甘肃中医学院申报的甘肃省中医药科研项目"敦煌石窟秘藏

医方书的疗病方法与用药思路研究"获得立项。这一系列理论研究为敦煌医学的挖掘整理与发展奠定了坚实的基础。

2. 临床应用与开发研究

临床应用与开发研究为敦煌医学的发展提供了重要支撑。甘肃中医药大学专家学者依据敦煌二七二等石窟医史资料，研制出内病外治、强身健体的系列医疗保健用品，如敦煌二七二腹带、敦煌健胃带等。

1994 年研制的"摩风消肿膏"在临床试用后，对筋骨损伤有明显的治疗作用。

1995 年挖掘的敦煌医方——硝石雄黄散，贴敷至阳穴防治冠心病心绞痛取得了明显的疗效。

1995 年研制的敦煌消肿镇痛贴，对软组织损伤及骨折具有显著的消肿止痛作用，消肿止痛效果好，价格低廉等优点突出。

1995 研制"菩提宝命茶"，具有明显的抗疲劳作用。

1998 年研制的"敦煌古医方神明白膏"对老年性皮肤瘙痒的治疗效果明显。

2000 年王道坤教授等研制的"敦煌石室大宝胶囊"对慢性萎缩性胃炎、免疫功能低下等病有较好的临床疗效。李应存教授近年来应用敦煌疗风虚瘦弱方、敦煌大小泻肝汤、敦煌紫苏煎、敦煌补泻肾汤等治疗有关疾病取得疗明显疗效。

2016 年初在甘肃中医药大学附属医院成立的敦煌医学专科已迎接着来自全国各地的患者，深受广大患者的欢迎（图附 -5）。

3. 实验研究

建院以来，甘肃中医药大学十分重视对敦煌古医方治疗疾病的机理研究，如敦煌古方"紫苏煎"防治肺间质纤维化的实验研究、敦煌古方"紫苏煎"对慢支大鼠 ET-1、NO、IL-2 及病理组织形态改变的影响、敦煌古方"紫苏煎"治疗慢性支气管炎的作用机制、敦煌消痹定痛酊对类风湿关节炎患者 IL-6、IL-8、TNF-α 水平影响的研究等，这些研究对进一步发掘敦煌医学的精华内容提供了很好的依据。

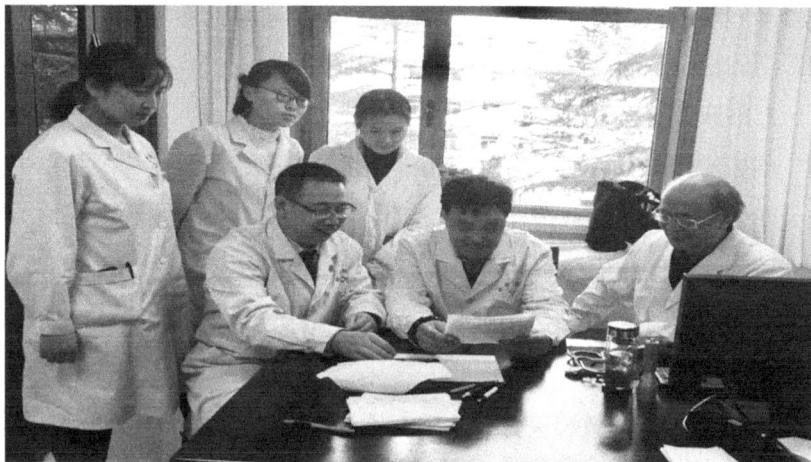

图附 –5　著名中医专家张士卿、王道坤教授与李应存教授在
敦煌医学专科诊室研讨病例

二、敦煌医学成果融入教书育人

1. 创建敦煌医学展馆

甘肃中医药大学为了传承、弘扬敦煌医学文化，于 1993 年建成了敦煌中医药馆（现为敦煌医学馆），展馆内容丰富多彩，充分反映了敦煌医学研究领域的成就，被国家科技部、中宣部、教育部、中国科协确定为全国青少年科技教育基地，学院充分利用敦煌医学馆开展敦煌医学与传统文化教育，为同学们了解敦煌、培养学习敦煌医学的兴趣起到了很好的作用。自建馆以来，接受教育参观的学生达 6 万余人次，极大地拓宽了同学们的知识面，激发了爱国勤学精神。同时学校敦煌医学研究专家还经常在敦煌医学馆进行研讨（图附 –6）。

2. 编写敦煌医学教材

2002 年甘肃中医学院完成的省教育厅重点教学改革项目"实用敦煌医学汇讲"研究，将敦煌医学中最实用、最核心的内容直接运用到教学之中，得到有关专家的一致好评。这一研究编写的教材《实用敦煌医学汇讲》，充分体现了甘肃中医药大学在敦煌医学研究方面的优势与特色，具有创新性和开拓性，填补了敦煌医学在本科教学中的应用空白。通过在教学中的具体应用，进一步丰富了学生传统医学知识，启迪了学生的科研思路和科研方法，培养了学生热爱甘肃、热爱祖国、热爱祖国医学的精神。另外，经过这些年教学经验的积累与内容的扩充，新版教材《实用敦煌医学》扩充了三分之一的内容，而且增加了部分图片，内容更完善，特色更浓。

图附 –6　2006 年 8 月专家在敦煌医学馆研讨后合影

3. 开设敦煌医学课程

为了使敦煌医学在教书育人中更好地发挥作用，从 2001 年起，甘肃中医药大学在中医、针灸、骨伤、中西医结合临床、中药等本科专业增设了敦煌医学选修课，受到了学生的广泛欢迎，取得了良好的教学效果，评教成绩优秀。反映出该任选课的教学实践非常成功，具有广泛的推广价值。随着教学改革的不断深入，学院已决定在中医、针灸、骨伤、中西医结合临床、中药等本科专业中将本门课程设为必修课，进一步发挥敦煌医学在人才培养过程中的优势作用。同时，近年来甘肃中医药大学教师在《中医教育》《亚太传统医药》《甘肃中医》等刊物上发表有关敦煌医学研究与教学方法改革的相关论文，为提升甘肃中医药大学的声誉，推进敦煌医学研究与教学起到了积极的作用。下图（图附 –7）为李应存教授为岐黄英才班 2017 级讲述敦煌医学课。

图附 –7　李应存教授为岐黄英才班 2017 级讲述敦煌医学课

4. 举办敦煌医学讲座与学术交流

为了传承敦煌医学文化，多年来甘肃中医学院众多专家不断地举办有关敦煌医学研究的专题学术讲座与报告，并与国内外有关专家学者进行广泛的学术交流，如邀请著名敦煌医学研究专家赵健雄教授等来校为广大师生做学术报告（图附 –8）。

图附 –8　2007 年 10 月 25 日邀请著名敦煌医学研究专家赵健雄教授（中）
做学术报告

举办国际敦煌医学学术研讨会以拓展学术影响以及广大学生的知识面。继 1990 年在敦煌召开的敦煌中医药国际学术研讨会之后，2019 年 6 月 18 日在敦煌市召开了世界中医药学会联合会敦煌医学研究及文化传承专业委员会成立大会，甘肃中医药大学李金田校长当选为会长，会议邀请了兰州大学郑炳林教授、南京中医药大学郭盛教授、上海中医药大学张如青教授、敦煌研究院研究员王进玉、英国伦敦大学罗维前教授和甘肃中医药大学李应存教授围绕敦煌医学的研究与发展作了精彩的学术报告，开拓了参会学生们的知识视野（图附 -9）。

图附 -9　世界中医药学会联合会敦煌医学研究及文化传承
专业委员会成立大会理事合影

甘肃中医药大学已形成了敦煌医学研究的浓厚学术氛围，在这种浓厚学术氛围的熏陶下，广大学生学习传统医药文化的兴趣与积极性明显增强，对祖国医药文化的历史和发掘敦煌医学宝藏的重要性有了进一步的了解，增强了爱国热情，增加了专业知识，提高了文化素养。

5. 成立敦煌医学协会

随着敦煌医学研究与教学工作的不断开展，传承挖掘、研究学习敦煌医学文化的氛围在甘肃中医药大学逐步形成。甘肃中医药大学中医临床学院的学生自发组织成立了敦煌医学协会，该协会以发扬光大敦煌医学文化为宗旨，通过组织开展敦煌医学精髓内容的背诵、学术讲座、参与学术研究等活动，在甘肃中医药大学形成重视经典、诵读经典、传承敦煌医学文化的良好风尚。此外，皇甫谧医学协会等学生社团也积极组织学生诵读敦煌医学典籍，拓宽了知识面，提高了专业素养。

6. 充实相关课程内容

甘肃中医药大学教师充分利用敦煌医学研究的成果，充实中医药课程的教学内容。如在《内经》的教学中，加入了《病形脉诊》的内容；《伤寒论》的教学中，加入了《辅行诀脏腑用药法要》的内容；在《中医诊断学》的教学中，加入了《平脉略例》的内容；《中医基础理论》及《中药学》的教学中，加入了《张仲景五脏论》的内容；《针灸学》的教学中，加入了《灸法图》(《灸经图》)的内容等。这些敦煌医学内容在相关中医药课程教学中的充实，丰富了专业教学内容，增加了学生对敦煌医学的认知与了解，从多方面传承和弘扬了敦煌医学文化。

三、敦煌医学文化提升学生素质

1. 接受了深刻的爱国主义教育

通过参观敦煌医学馆和开展学术讲座，广大学生深刻地了解到发生在 20 世纪初由于国力衰弱，祖国宝藏遭外国列强掠夺、瓜分的悲伤历史，进而激发了同学们的爱国主义激情。许多学生在接受展馆教育、聆听讲座后纷纷表示要努力建设祖国，担负起民族复兴、国家强盛的神圣使命。

2. 巩固了学生的中医专业思想

敦煌宝藏是世界文化遗产，也是甘肃的骄傲。通过敦煌医学展馆教育和课程的学习，学生们认识到具有珍贵价值的六朝及隋唐医学文献既反映了当时祖国医学在西部的繁荣程度，也反映了中西文化交流过程中医学所处的重要地位。普遍认为祖国医学在古代为我国甚至世界人民医疗保健作出了巨大的贡献，今天依然发挥着重要的作用，作为炎黄子孙，国粹必须弘扬，中医必须振兴。

3. 学到了异于其他课程的知识

在敦煌医学卷子中，有许多内容在其他课程中均未讲述，如 P.2155《张仲景五脏论》中的"肾为列女"，又如 P.3477《玄感脉经》有："九脏者，形脏四，头角、耳目、口齿、胸中也，……"一段，其中"头角"的功能是"精识之主"。再如用字特点，如 P.2565 治疗孩儿冷痢时不仅组方独特，还可以看到武周新字如"人参"之"人"写作"㸒"等。学生们学习后很大程度上拓宽了知识面。

4. 弘扬了举世闻名的文化遗产

由于敦煌莫高窟的艺术成就与敦煌遗书的发现，敦煌莫高窟 1987 年被联合国教科文组织列为世界文化遗产保护名录。敦煌医学卷子作为敦煌遗书的组成部分，其影响遍及世界各地，通过在本科教学中的学习与贯穿，使这一举世闻名的文化遗产中的医学内容得到了继承与发扬。

5. 培养了本科学生的科研能力

甘肃中医药大学在敦煌医学的教学中，注重将科学研究与教学实践密切结合，充分应用学校在敦煌医学研究方面的大量科研成果进行讲授，启发了同学们的科研思路，增强了求实创新意识。同时学校积极鼓励本科生、研究生积极参加有关敦煌医学研究课题，多年来已有部分同学参与到甘肃中医药大学教师有关敦煌医学研究的课题中，培养了学生的科研意识与能力，尤其是敦煌医学与转化教育部重点实验室（图附 –10）等平台的开放基金项目，对学生在敦煌医学科研能力的培养方面发挥了重要作用。

近 40 年来，甘肃中医药大学注重将敦煌医学研究成果融入教书育人过程中，通过创建展馆、编写教材、开设课程、举办讲座、诵读经典、成立协会、研发产品、充实相关课程内容、开展医疗服务等途径，将敦煌医学研究成果应用于专业教学、临床医疗及学生素质培养过程中，营造了学生热爱祖国、热爱中医药文化、热爱所学专业、热爱甘肃的良好氛围，丰富和提升了学生的专业知识与文化素养，激发了学生爱国勤学的精神，形成了鲜明的具有地域优势的办学特色。

图附 −10　敦煌医学与转化教育部重点实验室召开 2019 年度学术委员会会议

主要参考文献

1. 陈寅恪.《陈垣敦煌劫余录序》，载《金明馆丛稿二编》［M］.上海：
上海古籍出版社，1980.

2. 敦煌研究院.敦煌石窟全集·藏经洞珍品卷［M］.北京：商务印书馆，
2005.

3. 黄永武.敦煌宝藏［M］.中国台北：新文丰出版公司印行，1981.

4. 敦煌研究院.敦煌石窟全集·藏经洞珍品卷［M］.北京：商务印书馆，
2005

5. 西北第二民族学院，上海古籍出版社，英国国家图书馆.英藏黑水城
文献（彩图）［M］.上海：上海古籍出版社，2005.

6. 罗振玉影印.开元写本本草集注序录残卷（敦煌石室本）（吉石盦丛
书，第一集目录）［M］.1916：36.

7. 罗福颐.西陲古方技书残卷汇编［J］.中华医史杂志，1953（1）：27.

8. 王庆菽搜集，陈邦贤说明.英国伦敦不列颠博物馆藏敦煌卷子中的古
代医药文献图片（一）［J］.医学史与保健组织，1958（1）：64.

9. 唐兰，罗振玉.食疗本草残卷考（东方学会丛书初集，敦煌石室碎金）
［M］.1924.

10. 中尾万三（日本）校核，（唐）孟诜著.鸣沙石室古本草［M］.1931.

11. 范风源.敦煌石室古本草本校录［M］.上海：上海大东书局，1931.

12. 万斯年译.中亚细亚出土医书四种［J］.北平图书馆馆刊，1935,9（1）.

13. 上虞罗氏影印.开元写本本草集注序录残卷·敦煌石室本（吉石盦丛
书·目录）［M］，1916：1

14. 罗振玉整理.《疗服石方》（贞松堂西陲秘籍丛残一集）［M］.上虞

罗氏影印，1939.

15. 罗福颐 . 祖国最古的医方［J］. 文物参考资料，1956（9）：31.

16. 王重民 . 敦煌古籍叙录·食疗本草［M］. 北京：商务印书馆，1958，中华书局重印，1979.

17. 范行准 . 敦煌石室六朝写本本草经集注考录残卷校注［J］. 中国文化研究汇刊，1942，（2）.

18. 王国维 . 唐写本食疗本草残卷跋（观堂集林第四册卷二十一）［M］. 中华书局据商务旧本断句影印 . 北京：中华书局，1959.

19. 芳村修基 . 藏医学文献残叶［J］. 西域文化研究，1961（4）.

20. 商务印书馆编 . 敦煌遗书总目索引·敦煌医学文献目录［M］. 北京：商务印书馆，1962；中华书局 1983.

21. 范行准 . 敦煌石室六朝写本《本草经集注》考［J］. 上海：中西医药研究社，1937，3（4）：202.

22. 度边幸三（日本）编 . 罗振玉敦煌本本草经集注序录跋的商榷［J］. 王有生，译 . 医学史与保健组织，1957（4）：310.

23. 中尾万三（日本）.《食疗本草》之考察［J］. 上海自然科学研究所汇报，1930.

24. 侯详川 . 中国食疗之古书［J］. 中华医学杂志，1936，22（11）：1015.

25. 戴志勋 . 食疗本草之研究［J］. 真知学报，1942，（2）.

26. 渡边幸三（日本）. 食疗本草的书志学研究［J］. 日本医学史杂志，1949，（3）.

27. 朱寿民 . 食疗本草及其作者［J］. 新中医药，1957，（5）：16.

28. 范风源订正 . 敦煌石室古本草［M］. 台北：新文丰出版公司，1960.

29. 洪贯之 . 唐显庆新修本草药品存目的考察［J］. 中华医史杂志，1954（4）：239.

30. 马继兴 . 在我国历史上最早的一部药典学著作——唐新修本草［J］. 中华医史杂志，1955，（2）：83.

31. 朱颜.谈我国历史上第一部药典——为唐新修本草颁行一千三百周年而作［J］.人民日报，1959-5-25.

32. 尚志钧.现存唐本草残卷的考察［J］.哈尔滨中医，1960，（5）：52.

33. 谢海洲.补辑新修本草［J］.科学通报，1963，（4）：72.

34. 陈可冀.关于敦煌石室旧藏伤寒论辨脉法残卷［J］.人民保健，1959，（5）：477.

35. 宫下三郎（日本）.敦煌本《张仲景五脏论》校译注［J］.日本京都大学人文科学研究所主办，1964，（35）.

36. 马继兴.唐人写绘灸法图残卷考［J］.文物，1964，（6）：14.

37. 周大成.得医图的说明［J］.中医杂志，1956，（2）：封4.

38. 周宗岐.揩齿考——从敦煌壁画"揩齿图"谈到我国历代的揩齿、刷牙和洁齿剂［J］.医学史与保健组织，1957，（2）：129.

39. 赵健雄.敦煌医学研究的回顾与展望［J］.甘肃中医，1996,9(5):6-9.

40. 朱定华，王淑民主编，马继兴（指导）.敦煌医学卷子研究概述［J］.中医杂志，1986，（4）：57.

41. 马继兴.继敦煌残卷中发现《内经》古诊法后的再发现［J］.甘肃中医学院报，1990，7（4）：10-12.

42. 李应存，李金田，史正刚.俄藏敦煌文献 Дx02683、Дx11074《黄帝内经》录释［C］.全国中医药文化传承与发展学术研讨会论文集，中国庆阳，2005.

43. 李应存，李金田，史正刚.俄藏敦煌文献 Дx00613《黄帝内经》、《难经》摘录注本录校［J］.甘肃中医学院学报，2005，22（03）：21-23.

44. 李应存，李金田，史正刚.俄藏敦煌文献 Дx17453《黄帝内经·素问》"刺疟篇""气厥论篇"录校［J］.甘肃中医，2005，（11）：14-15.

45. 王淑民.敦煌脉书《玄感脉经》初探［J］.上海中医药杂志，1987，（8）：35-36.

46. 朱定华.敦煌医学卷子《明堂五脏论》初探［J］.上海中医药杂志，

1987，（7）：38-39.

47. 赵健雄.敦煌医粹［M］.贵阳：贵州人民出版社，1988.

48. 丛春雨.《辅行诀脏府用药法要》心病证治探秘［J］.上海中医药杂志，2000，（2）.

49. 李金田.敦煌写本张仲景《五脏论》中本草学内容特色简述［J］.甘肃中医学院学报，1992，（2）：40-44.

50. 李应存，李金田，史正刚.俄藏敦煌文献中新发现 Дх01325V《张仲景五脏论》录校［J］.甘肃中医，2006，（3）：16-17.

51. 杜雨茂，张喜奎.敦煌张仲景《五脏论》残卷刍议［J］.甘肃中医学院学报，1990，7（4）：18-20.

52. 李金田.关于敦煌写本张仲景《五脏论》成书年代及作者［J］.甘肃中医学院学报，1993，（2）：54-55.

53. 马继兴主编.敦煌古医籍考释［M］.南昌：江西科学技术出版社，1998.

54. 李应存，李金田，史正刚.俄藏敦煌文献 Дx08644 "《脉经》节选本"录校［J］.甘肃中医，2006，（1）：16-17.

55. 王尧，陈践.敦煌本藏医学残卷介绍［J］.中华医史杂志，1982，12（4）：246.

56. 罗秉芬，黄布凡.敦煌吐蕃医学文献选编［M］.北京：民族出版社，1983.

57. 王尧，陈践.敦煌本藏医学残卷介绍［J］.中华医史杂志，1982，12（4）：247.

58. 罗秉芬.敦煌本吐蕃医学文献《火灸疗法》的研究——1983年全国敦煌学术讨论会文集（文史·遗书编上）［C］.兰州：甘肃人民出版社，1987：373.

59. 洪武娌.敦煌石窟《藏医杂疗方》的医史价值［J］.中华医史杂志，1982，12（4）：251.

60. 洪武娌，蔡景峰.现存最早的灸法专著《敦煌古藏医灸法残卷》［J］.

西藏研究，1983（3）：48-55.

61. 赵健雄，苏彦玲.敦煌遗书藏医文献初析［J］.甘肃中医，1991（4）：28-29.

62. 李应存.法藏敦煌藏医文献P.T.1057《藏医杂疗方》的科学价值探讨［A］.丝绸之路民族古文字与文化学术研讨会会议论文集［C］.2005.

63. 尚志钧校.唐·新修本草［M］.合肥：安徽科学出版社，1981.

64. 赵健雄，徐鸿达，张士卿.敦煌医粹［M］.贵阳：贵州人民出版社，1988：275-281.

65. 赵健雄.敦煌遗书地志残卷中土贡药物浅析［J］.甘肃中医，1990，（1）：27-29.

66. 马继兴.敦煌古医籍考释［M］.南昌：江西科学技术出版社，1988.

67. 赵健雄，徐鸿达，张士卿.敦煌医粹［M］.贵阳：贵阳人民出版社，1988：262-263.

68. 王道坤，尹婉如.医宗真髓［M］.兰州：甘肃民族出版社，1995.

69. 丛春雨.敦煌中医药精萃发微［M］.北京：中医古籍出版社，2000.

70. 张侬.敦煌石窟秘方与灸经图［M］.兰州：甘肃文化出版社，1995.

71. 李应存.敦煌残卷妇科医方述要［J］.甘肃中医药信息，1992，11（23）：67-79.

72. 张士卿，李应存.实用敦煌医学［M］.兰州：甘肃科技出版社，2000.

73. 王淑民.敦煌石窟秘藏医方［M］.北京：北京医科大学、中国协和医科大学联合出版社，1999.

74. 陈明.殊方异药——出土文书与西域医学［M］.北京：北京大学出版社，2005.

75. 张如青.俄藏敦煌古医方两首考释［J］.上海中医药杂志，2000，（11）：40-41.

76. 张如青.俄藏敦煌钟乳散方释读考证［J］.中医文献杂志，2002，（4）：5-7.

77. 张瑞贤. 龙门药方释疑［M］. 郑州：河南医科大学出版杜，1999.

78. 张侬. 敦煌《脉经》七方考［J］. 敦煌研究，1991，（4）：96-98.

79. 王淑民. 敦煌石窟秘藏医方［M］. 北京：北京医科大学、中国协和医科大学联合出版社，1999.

80. 李应存，史正刚. 敦煌医学卷子《辅行诀脏腑用药法要》概况与医方释要［J］. 中医药通报，2007，（3）：38-41.

81. 李应存，史正刚. 敦煌佛儒道相关医书释要（郑炳林、樊锦诗主编《敦煌学研究文库》）［M］. 北京：民族出版社，2006：186.

82. 谢盘根. 古佚经方"阴旦汤、阳旦汤"考释［J］. 河南中医，1995，15（2）：72-73.

83. 谢盘根. 张仲景"四神汤"探源［J］. 河南中医，1996，16（3）：10-12.

84. 张永文. 以敦煌遗书《法要》探讨张仲景经方之源［J］. 中国中医基础医学杂志，2002，8（3）：75-76.

85. 张侬，刘强. 敦煌本《辅行诀脏腑用药法要》古医方的源流［J］. 敦煌研究，2002，76（6）：64-68.

86. 吴红彦，刘喜平，李沛清. 桂枝汤及其类方的源流衍化考［J］. 中成药，2002，24（7）：58-59.

87. 梁永林，李生财，贾育新.《辅行诀脏腑用药法要》五味的五行归属辨识［J］. 中医药学刊，2002，20（4）：491-492.

88. 张永文，郭郡浩，蔡辉. 敦煌遗书《辅行诀脏腑用药法要》探究［J］. 安徽中医学院学报，2003，22（3）：3-5.

89. 李应东. 敦煌遗书《辅行诀脏腑用药法要》中的五脏五行学说［J］. 甘肃中医学院学报，1998，15（2）：42-43.

90. 丛春雨.《辅行诀脏腑用药法要》心病证治探秘［J］. 上海中医药杂志，2000，34（2）：28-29.

91. 徐浩. 从《辅行诀》的研究探索经方组方法则和配伍规律［D］. 成都：成都中医药大学硕士论文，2005.

92. 王冀青. 英国图书馆藏《备急单验药方卷》（S.9987）的整理复原［J］. 敦煌研究，1991（4）：103–106，123.

93. 张瑞贤. 洛阳龙门石窟药方与敦煌卷子《备急单验药方卷》同源［J］. 中华医史杂志，1998，28（2）：51–55.

94. 王淑民. 敦煌《备急单验药方卷》首次缀辑［J］. 中华医史杂志，2001，31（1）：49–54.

95. 李应存，史正刚著. 敦煌佛儒道相关医书释要（郑炳林、樊锦诗主编《敦煌学研究文库》）［M］. 北京：民族出版社，2006：291.

96. 李应存，史正刚，魏迎春. 敦煌佛书 S.5598V 中毗沙门天王奉宣和尚神妙补心丸方浅探［J］. 甘肃中医，2006（7）：12–14.

97. 李应存，史正刚，魏迎春. 敦煌佛教禅宗文献 P.3244《五辛文书》中之修身养生方释要［A］. 敦煌佛教与禅宗学术研讨会论文集［C］，兰州，2006，7.

98. 李应存，史正刚，魏迎春. 敦煌佛书 P.3777《五辛文书》中之修身养生方录释［J］. 甘肃中医，2007（7）：28–29.

99. 李应存，史正刚. 敦煌佛儒道相关医书释要（郑炳林、樊锦诗主编《敦煌学研究文库》）［M］. 北京：民族出版社，2006.

100. 盖建民. 敦煌道教医学考论［J］. 福州大学学报（哲学社会科学版），2000（1）：68–72，100.

101. 谭真. 敦煌古药方《神仙粥》剖析［J］. 敦煌研究，1991（2）：95–98.

102. 王进玉. 敦煌藏经洞"神仙粥"及其食疗价值［J］. 上海中医药杂志，1993（11）：36–38.

103. 李应存，李鑫浩. 敦煌道家《呼吸静功妙诀》与"神仙粥"的今用［C］. 北京：中华中医药学会养生康复分会第十二次学术年会暨服务老年产业研讨会，2014.

104. 宋贵杰，宋敏. 敦煌医学卷子中膏摩方管窥［J］. 甘肃中医学院学报，1990，7（4）：22–26.

105. 丛春雨.论敦煌遗书古医方在外治法的应用［J］.上海中医药杂志，1999（1）：33-35.

106. 李应存.敦煌写本医方中20种主要的外治法述要［J］.湖北民族学院学报（医学版），2007（2）：3-7.

107. 刘喜平.敦煌遗书的粘膜给药医方初探［J］.中成药，2000，22（9）：58-59.

108. 高美凤.敦煌医方外治法小议［J］.国医论坛，1999，14（3）：44.

109. 孟陆亮.敦煌医学残卷"开九窍疗法"初探［J］.甘肃中医，1995，12（1）：49-50.

110. 豆永祥.敦煌遗书外治法初探［J］.甘肃中医，1996，9（4）：10.

111. 李应存.敦煌残卷妇科医方特色初探［J］.上海中医药杂志，1998（4）：36.

112. 李应存，李勃.浅探敦煌卷子疗服石方与现代职业病［J］.甘肃中医，1998（4）：11-13.

113. 史正刚.敦煌美容医方特色述评［J］.甘肃中医，1998，11（6）：8-9.

114. 孟陆亮，史正刚.敦煌医学卷子S.3347疗消渴方探析［J］.甘肃中医学院学报，1994，11（1）：57-59.

115. 李应存，史正刚，魏迎春.以佛书为主的敦煌遗书中的儿科医方概要［J］.中医儿科杂志，2006，2（1）：13-17.

116. 李永新.敦煌医学卷子疗鼓胀病方探析［J］.甘肃中医，1997，10（2）：8-9.

117. 李应存，史正刚.敦煌医学卷子中的男科医方概要［J］.中外健康文摘—医药月刊，2007，4（1）：30-32.

118. 招萼华.敦煌医方中的男性学浅述［J］.上海中医药杂志，1991（1）：23-24.

119. 郑益民.敦煌石窟秘方中治疗阳痿方初探［J］.福建中医药，1996（5）：24-26.

120. 孟列夫（俄罗斯），钱伯城.俄藏敦煌文献（第七册）［M］.上海：

上海古籍出版社出版，1996.

121. 李应存 . 敦煌单验方与儒佛道关系初探［C］. 佛教艺术与文化国际学术研讨会，2004.

122. 李应存，李金田，史正刚 . 俄藏敦煌文献 Дx00924 妇科疾病民间单验方录校［J］. 甘肃中医，2006，19（5）：9–10.

123. 李应存，柳长华 . 敦煌医学卷子中与《千金方》有关的妇产科内容释要［J］. 西部中医药，2013，26（02）：41–44.

124. 李应存，柳长华 . 敦煌医学卷子中与《千金方》有关的养生食疗内容释要［J］. 西部中医药，2013，26（12）：26–28.

125. 李应存，柳长华 . 敦煌紫苏煎及相关医方探析［J］. 西部中医药，2013（12）：26–28.

126. 郑炳林 . 敦煌归义军专题研究［J］. 兰州：兰州大学出版社，1997.

127. 陈明 . 印度梵文医典《医理精华》研究［M］. 上海：中华书局，2002.

128. 李应存 . 浅谈敦煌医学卷子中的诃梨勒组方［J］. 中医药通报，2005，4（3）：29–31.

129. 李应存 . 唐代著名医家张文仲及有关敦煌医方（《医论集锦》）［C］. 贵阳：第八届中医医史文献学术研讨会论文集，2005.

130. 欧阳广瑛 . 敦煌补益方中十味药物微量元素含量分析［J］. 甘肃中医学院报，1990，7（4）：24–26.

131. 张军平，阮士怡，祝炳华，等 . 敦煌长寿方药延缓衰老的实验研究［J］. 甘肃中医学院学报，1990，7（4）：27–28.

132. 牛锐，张剑勇，邓毅 . 敦煌残卷 S.4433·10 方药理作用实验研究［J］. 甘肃中医学院学报，1990，7（4）：29–30.

133. 段永强，成映霞，雷作汉，等 . 敦煌石室大宝胶囊对衰老大鼠脑组织 MAO–B、Na^+–K^+–ATP 酶活性的影响［J］. 甘肃中医学院学报，2005，22（3）：26–29.

134. 段永强，王道坤，成映霞，等 . 敦煌石室大宝胶囊对果蝇寿命影响的实验研究［J］.中成药，2007，29（2）：287-288.

135.段永强，程容，成映霞，等.敦煌石室大宝胶囊对衰老大鼠血清MDA含量、SOD和脑组织GSH2Px活性的影响［J］.兰州大学学报（医学版），2005，31（2）：20-22.

136.张士卿，李军，陈跃来，等.神明白膏对实验性老年皮肤瘙痒症的影响［J］.甘肃中医学院学报，1999，16（1）：13-15.

137.于能江.小补心汤的抗抑郁有效部位及其化学成分研究［D］.军事医学科学院博士后研究工作报告，2004.

138.王道坤，尹婉如.医宗真髓［M］.兰州：甘肃民族出版社，1995.

139.刘新，马鸿斌，李朝平，等.敦煌医方——硝石雄黄散贴敷至阳穴防治冠心病心绞痛61例临床研究［J］.中医杂志，2001，42（3）：153-155.

140.张侬.敦煌石窟秘方与灸经图［M］.兰州：甘肃文化出版社，1995.

141.张小荣.化瘀消癖胶囊治疗乳腺腺病和乳房纤维囊性增生症258例临床总结［J］.甘肃中医，2002，15（3）：46.

142.张士卿.敦煌古方神明白膏治疗老年性皮肤瘙痒病临床与实验研究［J］.中医药学刊，2003，21（1）：86-88.

143.刘家骏，石峰，周逢麟.敦煌丑奴娇胶囊治疗晚期原发性肺癌的临床研究［J］.中国医药学报，1998，13（5）：40-42.

144.苟延德.敦煌佛赐酒临床施治60例疗效观察［J］.甘肃中医，1998（4）：40-41.

145.万婷.李应存运用敦煌医方治疗肝病经验总结与思辨特点研究［D］.甘肃中医学院硕士学位论文，2014.

146.万婷，李应存，李淑玲.李应存运用敦煌医方大、小泻肝汤治疗失眠［J］.实用中医内科学杂志，2014，28（3）：9-11.

147.万婷，李应存，李爱国，等.李应存运用敦煌《辅行诀》大泻肝汤治疗炎症［J］.实用中医内科学杂志，2014，28（7）：22-24.

148.李应存，柳长华.敦煌疗风虚瘦弱方的方源及临床治验举要［J］.

西部中药，2013（1）：31.

149. 梁丽娟，米友军，孙超，等.李应存教授运用敦煌疗风虚瘦弱方治
　　 疗白细胞减少症经验［J］.中医研究，2014（9）：44-46.

150. 李应存.敦煌疗风虚瘦弱方及紫苏煎治验举隅［C］.国医大师精神
　　 传承论坛会刊，2011.

151. 葛政，李鑫浩，杨晓轶，等.李应存运用敦煌紫苏煎治疗小儿内伤
　　 咳嗽经验［J］.中国中医药信息杂志，2017，24（7）：105-108.

152. 杨佳楠，李鑫浩，陆航，等.李应存运用敦煌疗风虚瘦弱方治疗产
　　 后发热经验［J］.中国中医药信息杂志，2019，26（4）：124-126.

153. 杨晓轶，李应存，周翌翔.李应存教授运用丈夫肾虚无子方验案举
　　 隅［J］.内蒙古中医药，2017（9）：47.

154. 刘玲，李鑫浩，周翌翔，等.李应存教授运用敦煌大补脾汤治疗慢
　　 性萎缩性胃炎经验［J］.中医研究，2018，31（3）：42-44.

155. 季文达，李鑫浩，李应存，等.李应存教授运用敦煌古医方从脾胃
　　 论治顽固性头痛［J］.中国民族民间医药杂志，2019，28（22）：
　　 100-102.

156. 杨佳楠，李鑫浩，陆航，等.李应存教授运用敦煌神妙补心丸治疗
　　 失眠经验［J］.中医研究，2019，32（7）：34-35.

157. 叶红，李鑫浩，李俊珂，等.李应存教授运用敦煌道医方八公神散
　　 治疗月经过少经验［J］.中医研究，2019，32（10）：30-32.

158. 李爱国，李应存，孙超.李应存教授运用敦煌药对临床经验举隅
　　 ［J］，云南中医药杂志.2015，36（1）：13-14.

159. 葛政，李应存，李鑫浩.李应存运用敦煌张仲景《五脏论》药对当
　　 归-白芷经验［J］.亚太传统医药，2017，13（22）：86-87.

160. 叶红，李鑫浩，李俊珂，等.李应存教授应用敦煌遗书中所含大黄
　　 "角药"方的临床验案举隅［J］，中国民族民间医药杂志，2019，28
　　 （24）：59-61.

161. 马继兴.敦煌出土的古针灸图［J］.中国针灸，1985（5）：30-33.

162. 张侬. 敦煌石窟秘方与灸经图［M］. 兰州：甘肃文化出版社，1995.

163. 马继兴. 敦煌出土的古针灸图［J］. 中国针灸，1985（5）：30-33.

164. 赵健雄. 试论敦煌遗书中中医药文献的价值［J］. 兰州医学院学报，1987（1）：103-106.

165. 郑炳林. 敦煌归义军专题研究［M］. 兰州：兰州大学出版社，1997：514-524.

166. 郑炳林. 敦煌归义军专题研究［M］. 兰州：兰州大学出版社，1997：525-528.

167. 季羡林. 敦煌吐鲁番研究第五卷［M］. 北京：北京大学出版社，2001.

168. 党新玲. 五代敦煌粟特人医家史再盈［J］. 甘肃中医学院学报，1995（3）：9-10.

169. 郑阿财（中国台湾），朱凤玉（中国台湾）著. 敦煌蒙书研究·季羡林主编·敦煌学研究丛书［M］. 兰州：甘肃教育出版社，2002.

170. 李应存，李金田，史正刚. 俄藏敦煌文献 Дx02822 "蒙学字书" 中之医药知识［J］. 甘肃中医学院学报，2006，（4）：38-42.

171. 陈增岳. 读《敦煌中医药全书》杂识［J］. 古籍整理研究学刊，1997（3）：47-49.

172. 陈增岳. 敦煌古医籍校读札记［J］. 敦煌研究，2004，（2）：84-86.

173. 沈澍农. 敦煌医药文献 P.3596 若干文字问题考证［J］. 南京中医药大学学报（社会科学版），2003，4（2）：101-105.

174. 沈澍农. 敦煌医药文献 P.3596 校证［J］. 敦煌研究，2004，（2）：77-83.

175. 孟列夫（俄罗斯），钱伯城. 俄藏敦煌文献（第九册）. 上海：上海古籍出版社，1998：332.

176. 刘渡舟.《金匮要略诠解》. 天津：天津科学技术出版社，1984.

177. 孟列夫（俄罗斯），钱伯城. 俄藏敦煌文献（第十七册）. 上海：上海古籍出版社出版，2001：127.

178. 高文铸.医经病源诊法名著集成·素问·刺疟篇［M］.北京：华夏出版社，1997：41.

179. 高文铸.医经病源诊法名著集成·素问·刺疟篇［M］.北京：华夏出版社，1997：42.

180. 孟列夫（俄罗斯），钱伯城.俄藏敦煌文献（第七册）［M］.上海：上海古籍出版社出版，1996：8.

181. 马继兴.当前世界各地收藏的中国出土卷子本古医药文献备考.敦煌吐鲁番研究（第六卷）［M］.北京：北京大学出版社，2002：163.

182. 高文铸.医经病源诊法名著集成·灵枢经［M］.北京：华夏出版社，1997：170.

183. 高文铸.医经病源诊法名著集成·难经［M］.北京：华夏出版社，1997：184.

184. 高文铸.医经病源诊法名著集成·素问［M］.北京：华夏出版社，1997：28.

185. 上海古籍出版社，法国国家图书馆.法藏敦煌西域文献（第二十四册）［M］.上海：上海古籍出版社，2002：309.

186. 马继兴.敦煌古医籍考释［M］.南昌：江西科学技术出版社，1988：7.

187. 黄龙祥校注.黄帝针灸甲乙经（新校本）［M］.北京：中国医药科技出版社，1990.

188. 李应存.实用敦煌医学［M］.兰州：甘肃科学技术出版社，2006：68.

189. 季羡林.敦煌学大辞典［M］.上海：上海辞书出版社，1999.

190. 孟列夫（俄罗斯），钱伯城.俄藏敦煌文献（第八册）［M］.上海：上海古籍出版社，1997：91.

191. 中国社会科学院，中国敦煌吐鲁番学会，英国国家图书馆等编.英藏敦煌文献［汉文佛经以外部分］（第八册）［M］.成都：四川人民出版社，1992：145-158.

192. 上海古籍出版社，法国国家图书馆编.法藏敦煌西域文献（第六册）
［M］.上海：上海古籍出版社，1995：27.

193. 马继兴.当前世界各地收藏的中国出土卷子古医药文献备考.敦煌
吐鲁番研究第六卷［M］.北京：北京大学出版社，2002：164.

194. 金礼蒙（朝鲜）.《医方类聚卷之四·五藏门》（第一分册）［M］.
浙江省中医研究所，湖州中医学校点校.北京：人民卫生出版社，
1981：83-84.

195. 孟列夫（俄罗斯），钱伯城.俄藏敦煌文献（第十四册）［M］.上海：
上海古籍出版社，2000：133，207.

196. 孟列夫（俄罗斯），钱伯城.俄藏敦煌文献（第十六册）［M］.上海：
上海古籍出版社，2001：130.

197. 陈明.俄藏敦煌文书中的一组吐鲁番医学残卷［J］.敦煌研究，
2002（3）：100-108.

198. 孟列夫（俄罗斯），钱伯城.俄藏敦煌文献（第十四册）［M］.上海：
上海古籍出版社，2000：72.

199. 高文铸.医经病源诊法名著集成·脉经［M］.北京：华夏出版社，
1997：506，516-518.

200. 孟列夫（俄罗斯），钱伯城.俄藏敦煌文献（第十册）［M］.上海：
上海古籍出版社，1998：105.

201. 李应存.敦煌写本医方研究［D］.兰州大学博士学位论文，2006.

202. 季羡林.敦煌学大辞典［M］.上海：上海辞书出版社，1999：774-
775.

203. 上海古籍出版社，法国国家图书馆.法藏敦煌西域文献（第16册）
［M］.上海：上海古籍出版社，2001：23-24.

204. 李景荣.《备急千金要方》校释［M］.北京：人民卫生出版社，
2002：162.

205. 刘昫.旧唐书（第六册）［M］.中华书局点校.北京：中华书局.

206. 马继兴 . 敦煌古医籍考释［M］. 南昌：江西科学技术出版社，1988 年版，第 152 页

207. 马继兴，王淑民，陶广正，等 . 敦煌医药文献辑校［M］. 南京：江苏古籍出版社，1999：215–216.

208. 上海古籍出版社，法国国家图书馆 . 法藏敦煌西域文献（第 16 册）［M］. 上海：上海古籍出版社，2001：21–22.

209. 敦煌研究院编，施萍婷主撰稿 . 敦煌遗书总目索引新编［M］. 北京：中华书局，2000：243.

210. 上海古籍出版社，法国国家图书馆 . 法藏敦煌西域文献（第 27 册）［M］. 上海：上海古籍出版社，2002：171—172.

211. 上海古籍出版社，法国国家图书馆编 . 法藏敦煌西域文献（第 17 册）［M］. 上海：上海古籍出版社，2002：134—135.

212. 敦煌研究院编，施萍婷主撰稿 . 敦煌遗书总目索引新编［M］. 北京：中华书局，2000：296.

213. 马继兴，王淑民，陶广正，等 . 敦煌医药文献辑校［M］. 南京：江苏古籍出版社，1999：429.

214. 葛洪 . 肘后备急方［M］. 人民卫生出版社影印 . 北京：人民卫生出版社，1982：13.

215. 马继兴，王淑民，陶广正，等 . 敦煌医药文献辑校［M］. 南京：江苏古籍出版社，1999：336.

216. 季羡林 . 敦煌学大辞典［M］. 上海：上海辞书出版社，1999：765–766.

217. 上海古籍出版社，法国国家图书馆 . 法藏敦煌西域文献（第 30 册）［M］. 上海：上海古籍出版社，2003：212–215.

218. 葛洪 . 肘后备急方［M］. 人民卫生出版社影印 . 北京：人民卫生出版社，1982：55.

219. 马继兴 . 敦煌古医籍考释［M］. 南昌：江西科学技术出版社，1988：279.

220. 凌一揆.中药学［M］.上海：上海科学技术出版社，1985：274.

221. 中国社会科学院，中国敦煌吐鲁番学会，英国国家图书馆，等.英藏敦煌文献（汉文佛经以外部分）（第7册）［M］.成都：四川人民出版社，1992：53-62.

222. 李景荣.《备急千金要方》校释［M］.北京：人民卫生出版社，2002：332.

223. 李景荣.《备急千金要方》校释［M］.北京：人民卫生出版社，2002：481.

224. 马继兴.敦煌古医籍考释［M］.南昌：江西科学技术出版社，1988：211.

225. 北京卓群数码科技有限公司.中华历史文库（电子版）［M］.北京：北京卓群数码科技有限公司策划，2010：487-489.

226. 马继兴.敦煌古医籍考释［M］.南昌：江西科学技术出版社，1988：319.

227. 上海古籍出版社，法国国家图书馆.法藏敦煌西域文献》（第17册）［M］.上海：上海古籍出版社，2002：136-137.

228. 李景荣.《备急千金要方》校释［M］.北京：人民卫生出版社，2002：146-148.

229. 马继兴，王淑民，陶广正，等.敦煌医药文献辑校［M］.南京：江苏古籍出版社，1999：431.

230. 中国社会科学院，中国敦煌吐鲁番学会，英国国家图书馆，等.英藏敦煌文献（汉文佛经以外部分）（第3册）［M］.成都：四川人民出版社，1991：62-63.

231. 李景荣.《备急千金要方》校释［M］.北京：人民卫生出版社，2002：420.

232. 李景荣.《备急千金要方》校释［M］.北京：人民卫生出版社，2002：267.

233. 上海古籍出版社，法国国家图书馆编.法藏敦煌西域文献》（第29

册）［M］.上海：上海古籍出版社，2003：90-91.

234. 葛洪.肘后备急方［M］.人民卫生出版社影印.北京：人民卫生出版社，1982：121.

235. 李景荣.《备急千金要方》校释［M］.北京：人民卫生出版社，2002：298.

236. 李景荣.《备急千金要方》校释［M］.北京：人民卫生出版社，2002：318.

237. 中国社会科学院，中国敦煌吐鲁番学会，英国国家图书馆，等.英藏敦煌文献（汉文佛经以外部分）（第3册）［M］.成都：四川人民出版社，1991：63-64.

238. 季羡林.敦煌学大辞典［M］.上海：上海辞书出版社，1999：563.

239. 上海古籍出版社，法国国家图书馆.法藏敦煌西域文献（第29册）［M］.上海：上海古籍出版社，2003：90-91.

240. 李景荣.《备急千金要方》校释［M］.北京：人民卫生出版社，2002：267.

241. 季羡林.敦煌学大辞典［M］.上海：上海辞书出版社，1999：564.

242. 马继兴，王淑民，陶广正，等.敦煌医药文献辑校［M］.南京：江苏古籍出版社，1999：461.

243. 上海古籍出版社，法国国家图书馆.法藏敦煌西域文献（第22册）［M］.上海：上海古籍出版社，2002：145-146.

244. 李景荣.《备急千金要方》校释［M］.北京：人民卫生出版社，2002：171.

245. 王焘.《外台秘要方［M］.高文铸校注.北京：华夏出版社，1997：352.

246. 马继兴.敦煌古医籍考释［M］.南昌：江西科学技术出版社，1988：239.

247. 季羡林.敦煌学大辞典［M］.上海：上海辞书出版社，1999：347.

248. 敦煌研究院编，施萍婷主撰稿.敦煌遗书总目索引新编［M］.北京：

中华书局，2000：320.

249. 季羡林.敦煌学大辞典［M］.上海：上海辞书出版社，1999：4.

250. 上海古籍出版社，法国国家图书馆.法藏敦煌西域文献（第24册）
［M］.上海：上海古籍出版社，2002：52-56.

251. 季羡林.敦煌学大辞典［M］.上海：上海辞书出版社，1999：774-
775.

252. 马继兴，王淑民，陶广正，等.敦煌医药文献辑校［M］.南京：江
苏古籍出版社，1999：299.

253. 马继兴.敦煌古医籍考释［M］.南昌：江西科学技术出版社，
1988：223-224.

254. 李应存.浅谈敦煌医学卷子中的诃黎勒组方［J］.中医药通报，
2005，（3）：29-31.

255. 马继兴，王淑民，陶广正，等.敦煌医药文献辑校［M］.南京：江
苏古籍出版社，1999：301.

256. 敦煌研究院编，施萍婷主撰稿.敦煌遗书总目索引新编［M］.北京：
中华书局，2000：269.

257. 马继兴，王淑民，陶广正，等.敦煌医药文献辑校［M］.南京：江
苏古籍出版社，1999：319.

258. 李叔还.道教大辞典［M］.杭州：浙江古籍出版社出版，1988：
690.

259. 李时珍.本草纲目（下册）［M］.刘衡如、刘山永校注.北京：华
夏出版社，2002：1717.

260. 季羡林.敦煌学大辞典［M］.上海：上海辞书出版社，1999：780.

261. 季羡林.敦煌学大辞典［M］.上海：上海辞书出版社，1999：578.

262. 马继兴，王淑民，陶广正，等.敦煌医药文献辑校［M］.南京：江
苏古籍出版社，1999：788.

263. 王淑民.敦煌石窟秘藏医方［M］.北京：北京医科大学中国协和医
科大学联合出版社，1999：1-2.

264. 王雪苔.辅行诀脏腑用药法要校注考证［M］.北京：人民军医出版社出版，2008.

265. 钱超尘.辅行诀脏腑用药法要传承集［M］.北京：学苑出版社出版，2008.

266. 王淑民.敦煌卷子《辅行诀脏腑用药法要》考［J］.甘肃中医学院学报，1990，7（4）：15–17.

267. 马继兴，王淑民，陶广正，等.敦煌医药文献辑校［M］.南京：江苏古籍出版社，1999：202–204.

268. 马继兴，王淑民，陶广正，等.敦煌医药文献辑校［M］.南京：江苏古籍出版社，1999：195–202.

269. 上海古籍出版社，法国国家图书馆.法藏敦煌西域文献（第23册）［M］.上海：上海古籍出版社，2002：63–63.

270. 马继兴.敦煌古医籍考释［M］.南昌：江西科学技术出版社，1988：110–111，113.

271. 马继兴，王淑民，陶广正，等.敦煌医药文献辑校［M］.南京：江苏古籍出版社，1999：7–8.

272. 程士德.素问注释汇粹（上册）［M］.北京：人民卫生出版社，1984：310–311.

273. 孟列夫（俄罗斯），钱伯城.俄藏敦煌文献（第5册）［M］.上海：上海古籍出版社，1994，294.

274. 李景荣.《备急千金要方》校释［M］.北京：人民卫生出版社，2002：373.

275. 孟列夫（俄罗斯），钱伯城.俄藏敦煌文献（第5册）［M］.上海：上海古籍出版社，1994：295.

276. 熊曼琪.伤寒学［M］.北京：中国中医药出版社，2004：3.

277. 马继兴，王淑民，陶广正，等.敦煌医药文献辑校［M］.南京：江苏古籍出版社，1999：821.

278. 季羡林.敦煌学大辞典［M］.上海：上海辞书出版社，1999：821.

279. 敦煌研究院编，施萍婷主撰稿.敦煌遗书总目索引新编［M］.北京：中华书局，2000：137.

280. 季羡林.敦煌学大辞典［M］.上海：上海辞书出版社，1999：765-766.

281. 马继兴，王淑民，陶广正，等.敦煌医药文献辑校［M］.南京：江苏古籍出版社，1999：444.

282. 季羡林.敦煌学大辞典［M］.上海：上海辞书出版社，1999：781.

283. 敦煌研究院编，施萍婷主撰稿.敦煌遗书总目索引新编·索引［M］.北京：中华书局，2000：153.

284. 郑阿财，朱玉凤著.敦煌蒙书研究［M］.兰州：甘肃教育出版社，2002：388-399.

285. 李正宇.敦煌史地新论［M］.中国台北：新文丰出版公司，1985：85-86.

286. 上海古籍出版社，法国国家图书馆.法藏敦煌西域文献》（第24册）［M］.上海：上海古籍出版社，2002：35-36.

287. 上海古籍出版社，法国国家图书馆.法藏敦煌西域文献》（第26册）［M］.上海：上海古籍出版社，2002：47-51.

288. 马继兴，王淑民，陶广正，等.敦煌医药文献辑校［M］.南京：江苏古籍出版社，1999：751.

289. 中国社会科学院，中国敦煌吐鲁番学会，英国国家图书馆，等.英藏敦煌文献（汉文佛经以外部分）（第8册）［M］.成都：四川人民出版社，1992：119.

290. 马继兴，王淑民，陶广正，等.敦煌医药文献辑校［M］.南京：江苏古籍出版社，1999：754.

291. 上海古籍出版社，法国国家图书馆.法藏敦煌西域文献（第22册）［M］.上海：上海古籍出版社，2002：208-211.

292. 任继愈.宗教大辞典［M］.上海：上海科学技术出版社，1985：978.

293. 马继兴.敦煌古医籍考释［M］.南昌：江西科学技术出版社，1988：471-483.

294. 马继兴，王淑民，陶广正，等.敦煌医药文献辑校［M］.南京：江苏古籍出版社，1999：715.

295. 王冀青.敦煌唐人写本备急单验药方［J］.中华医史杂志，1991，21（2）：71.

296. 王淑民.敦煌《备急单验药方卷》首次缀辑［J］.中华医史杂志，2001，31（1）：49-54.

297. 孟列夫（俄罗斯），钱伯城.俄藏敦煌文献（第七册）［M］.上海：上海古籍出版社出版，1996：201-202.

298. 李景荣.《备急千金要方》校释［M］.北京：人民卫生出版社，2002：42.

299. 李时珍.本草纲目（下册）［M］.刘衡如、刘山永校注.北京：华夏出版社，2002：1470-1471.

300. 上海古籍出版社，法国国家图书馆.法藏敦煌西域文献（第30册）［M］.上海：上海古籍出版社，2003：212-215.

301. 陈明.出土文书与西域医学［M］.北京大学出版社，2005：142-152.

302. 马继兴，王淑民，陶广正，等.敦煌医药文献辑校［M］.南京：江苏古籍出版社，1999：246.

303. 王冀青.敦煌唐人写本备急单验药方［J］.中华医史杂志，1991，21（2）：71.

304. 张瑞贤.龙门药方释疑［M］.郑州：河南医科大学出版杜，1999：77-79.

305. 王淑民.敦煌《备急单验药方卷》首次缀辑［J］.中华医史杂志，2001，31（1）：49-54.

306. 季羡林.敦煌学大辞典［M］.上海：上海辞书出版社，1999：780.

307. 马继兴，王淑民，陶广正，等《敦煌医药文献辑校［M］.南京：

江苏古籍出版社，1999：692.

308. 中国社会科学院，中国敦煌吐鲁番学会，英国国家图书馆等编．英藏敦煌文献（汉文佛经以外部分）（第4册）［M］．成都：四川人民出版社，1991：68-73.

309. 马继兴，王淑民，陶广正，等．敦煌医药文献辑校［M］．南京：江苏古籍出版社，1999：702.

310. 马继兴，王淑民，陶广正，等．敦煌医药文献辑校［M］．南京：江苏古籍出版社，1999：760.

311. 季羡林．敦煌学大辞典［M］．上海：上海辞书出版社，1999：729.

312. 马继兴．敦煌古医籍考释［M］．南昌：江西科学技术出版社，1988：506-507.

313. 龚廷贤．寿世保元·卷四·补益［M］．上海：上海科学技术出版社，1987：241.

314. 李时珍．本草纲目（下册）［M］．刘衡如、刘山永校注．北京：华夏出版社，2002：1269.

315. 谭真．从一份资料谈藏经洞的封闭［J］．敦煌研究，1988（4）：36-39.

316. 马继兴，王淑民，陶广正，等．敦煌医药文献辑校［M］．南京：江苏古籍出版社，1999：689.

317. 李叔还．道教大辞典［M］．杭州：浙江古籍出版社出版，1988：637-638.

318. 王明．抱扑子内篇校释（增订本）［M］．北京：中华书局，1985：208-209.

319. 陈明．印度梵文医典〈医理精华〉研究［M］．北京：中华书局，2002：120.

320. 赵健雄，苏彦玲．敦煌遗书藏医文献初析［J］．甘肃中医，1991（4）：28-29.

321. 王尧，陈践．敦煌本藏医学残卷介绍（上）［J］．中华医史杂志，

1982（4）：247–250.

322. 洪武娌，蔡景峰（指导）. 敦煌石窟〈藏医杂疗方〉的医史价值［J］. 中华医史杂志，1982（4）：251–253.

323. 王尧，陈践译注. 敦煌吐蕃文献选［M］. 成都：四川民族出版社，1983：174–184.

324. 罗秉芬，黄布凡. 敦煌本吐蕃医学文献选编［M］. 北京：北京民族出版社，1983：82.

325. 李应存. 法藏敦煌藏医文献 P.T1057〈藏医杂疗方〉的科学价值探讨［C］. 兰州：丝绸之路民族古文字与文化学术会议［全国性学术会议，2005 年 8 月：20–24.

326. 王尧，陈践. 敦煌本藏医学残卷介绍（上）［J］. 中华医史杂志，1982（4）：247.

327. 罗秉芬，黄布凡. 敦煌本吐蕃医学文献选编［M］. 北京：北京民族出版社，1983：83.

328. 陈明. 殊方异药——出土文书与西域医学》［M］. 北京：北京大学出版社，2005：32–33.

329. 陈明. 殊方异药——出土文书与西域医学》［M］. 北京：北京大学出版社，2005：35.